Neue

Kleine Bibliothek 103

Conrad Taler

Der braune Faden

Zur verdrängten Geschichte
der Bundesrepublik

PapyRossa Verlag

Luxemburger Str. 202, D–50937 Köln
Tel.: ++49 (0) 221 – 44 85 45
Fax: ++49 (0) 221 – 44 43 05
E-Mail: mail@papyrossa.de
Internet: www.papyrossa.de

Umschlag: Willi Hölzel
Satz: Alex Feuerherdt
Druck: Interpress

Die Deutsche Bibliothek verzeichnet diese Publikation in der Deutschen Nationalbibliografie; detaillierte bibliografische Daten sind im Internet über http://dnb.ddb.de abrufbar

ISBN 3-89438-319-4

Inhalt

Um was geht es in diesem Buch?

Deutsche Spießbürger sind gefährlich.
(Aus: »Vorwärts«, Central-Organ der Sozialdemokratie Deutschlands, 1. Oktober 1876)

Nutzlos, völlig nutzlos seien alle Proteste gegen »die ungeheure Niedertracht des Antisemitismus« schrieb der Historiker Theodor Mommsen vor mehr als einhundert Jahren. Kein Antisemit höre auf logische oder ethische Argumente. Man müsse »geduldig warten, bis das Gift sich selbst aufgezehrt und seine Virulenz verloren« habe.

Das geduldige Warten war vergebens. Der Antisemitismus ist virulent wie eh und je. Wann immer sich eine Gelegenheit bietet, lassen die Unblehrbaren ihrem Hass freien Lauf. Selbst der millionenfache Mord an den Juden während der Zeit des Nationalsozialismus hat daran nichts geändert. Dass die Abgeordneten der rechtsextremen NPD im sächsischen Landtag demonstrativ eine Schweigeminute für die Opfer des Holocausts boykottierten, geht letztlich auf die Verdrängung des furchtbaren Geschehens zurück.

Für diese Verdrängung waren zwei Gründe ausschlaggebend: Nachdem die Siegermächte des Zweiten Weltkriegs sich überworfen hatten, galt die Sorge nicht mehr in erster Linie dem Kampf gegen den Ungeist des Nationalsozialismus, sondern der Abwehr des Kommunismus. Nutznießer des Kalten Krieges zwischen West und Ost waren die Nazis. Als Demokraten verkleidet spielten viele von ihnen in der bundesdeutschen Justiz, in der Polizei und beim Verfassungsschutz eine wesentliche Rolle bei der Treibjagd auf Kommunisten und deren vermeintliche Mitläufer. Eindringlich wie kein anderer hat Thomas Mann die Folgen des Kalten Krieges beschrieben:

»Dieser chronische Konflikt hält die Völker nieder, hält sie gebunden in Hass und Furcht, zwingt sie, ihre besten Kräfte im Dienst von Hass und Furcht zu vergeuden, hält alles auf, alles zurück, hindert jeden Fortschritt, bringt die Menschen intellektuell herunter, lähmt in großen

> Nationen das Rechtsgefühl, beraubt sie des Verstandes und macht sie durch Narreteien, zu denen Verfolgungswahn und Verfolgungssucht sie verleiten, voreinander lächerlich. Das Bild des heißen Krieges malt niemand sich aus. Dasjenige des chronischen kalten haben wir vor Augen und sehen, dass er zerstört, was er bewahren will: die Demokratie.«
> (Thomas Mann, Über mich, Fischer Taschenbuch 1994, S. 23)

Niemand sollte glauben, ein solcher Amoklauf könne sich niemals wiederholen. Was seit einigen Jahren unter dem Signum des Kampfes gegen den Terrorismus geschieht, ähnelt gelegentlich durchaus jenem irrationalen Verhalten, das unter der Ägide eines zur Staatsdoktrin erhobenen Antikommunismus gang und gäbe war. Und wenn es den Konservativen in den Kram passt, werden sie die antisozialistischen Affekte, die der deutsche Spießbürger mit der Muttermilch zu sich nimmt, jederzeit bedenkenlos reaktivieren. Einen Vorgeschmack bot das Echo aus dem Unternehmerlager auf den Gesetzentwurf zur Offenlegung der Gehälter einzelner Vorstandsmitglieder von Aktiengesellschaften. Damit werde »der Sozialismus auf Vorstandsetagen eingeführt«, ließ sich – nach einer Meldung der Deutschen Presse-Agentur vom 13. März 2005 – Porsche-Chef Wendelin Wiedeking vernehmen.

Vom Verfolgungswahn und den Narreteien des Kalten Krieges ist in diesem Buch die Rede. Beleuchtet wird jene Seite deutscher Nachkriegsgeschichte, die nicht vom Glanz eines vermeintlichen Wirtschaftswunders beherrscht wird, sondern von menschlichen Tragödien, von bizarren Verzerrungen des politischen Meinungsstreits und der Geringschätzung des politischen Erbes, das der deutsche Widerstand gegen Hitler der Nachwelt hinterlassen hat.

Die Sammlung von Aufsätzen und Rundfunkbeiträgen aus vier Jahrzehnten sollte als Warnung vor einem Nachlassen im Kampf gegen weltanschaulichen Fanatismus, gegen Neonazismus und Antisemitismus verstanden werden, aber auch als Mahnung, unser Ansehen in der Welt nicht von militärischer und wirtschaftlicher Macht, sondern von moralischer Kompetenz herzuleiten.

Conrad Taler

I.
Der braune Faden

Die Bagatellisierung des Antisemitismus in Deutschland*

Einer der wenigen, die nach Kriegsende frühzeitig laut über die Wurzeln faschistischen und nationalsozialistischen Handelns nachgedacht haben, war der hessische Generalstaatsanwalt Dr. Fritz Bauer. Was der von den Nazis aus politischen und rassischen Gründen verfolgte Jurist zu sagen hatte, entsprach allerdings nicht den Klischees, die das politische Denken während des kalten Krieges bestimmten. »Sachlich fragwürdig und von einseitiger Betrachtungsweise geprägt« nannte Anfang der sechziger Jahre der rheinland-pfälzische Kultusminister Eduard Orth (CDU) eine Broschüre Bauers zu diesem Thema. Sie durfte auf seine Weisung hin an den höheren Schulen von Rheinland-Pfalz nicht verteilt werden. Das empörte wiederum den Landesjugendring, der ein Streitgespräch zwischen dem Minister und dem Generalstaatsanwalt anregte. Statt die Gelegenheit zu einem direkten Meinungsaustausch zu nutzen, schickte Orth einen jungen Landtagsabgeordneten der CDU ins Gefecht, der den hesssischen Generalstaatsanwalt, dessen Haar in den Jahren der Verfolgung ergraut war, in rüdem Ton darüber belehrte, dass der zeitliche Abstand zur NS-Zeit noch viel zu kurz sei für ein abschließendes Urteil über den Nationalsozialismus. Helmut Kohl hiess der Abgeordnete, der später als Bundeskanzler das Wort von der »Gnade der späten Geburt« in die Welt setzte, was wohl heißen sollte, dass nur das Geburtsdatum vor Mittäterschaft bewahrte.

Fritz Bauer hatte sich 1960 den Zorn der CDU zugezogen, als er gegen den Staatssekretär im Bundeskanzleramt, Dr. Hans Globke, wegen dessen Tätigkeit während der NS-Zeit ein Ermittlungsverfahren einleitete. Anlass war Globkes Mitwirkung an dem offiziellen

* Erweiterte Fassung eines Kapitels aus Conrad Taler: »Die Verharmloser«, Donat Verlag, Bremen 1996

Kommentar zur Umsetzung der nationalsozialistischen Rassengesetze, die im Jerusalemer Prozess gegen den SS-Führer Adolf Eichmann wieder ins Blickfeld gelangt war. Dem hessischen Generalstaatsanwalt wurde unterstellt, er handle in stillem Einvernehmen mit den kommunistischen Machthabern in Ostberlin. Neue Angriffe zog Fritz Bauer Anfang 1963 durch ein Interview auf sich, das er der dänischen Zeitung »B. T.«, der Boulevardausgabe des angesehenen Kopenhagener Blattes »Berlingske Tidende«, unter dem Eindruck von Berichten über einen aufkeimenden Antisemitismus in Deutschland gab. Auf die Frage, ob Hitler heute leichtes Spiel mit dem deutschen Volk hätte, antwortete er: »Wenn ich vollkommen aufrichtig sprechen soll – ja. Wenn Hitler heute in Deutschland erscheinen würde, dann würde er vom deutschen Volk nicht abgelehnt werden. Ich glaube nicht, dass die junge deutsche Demokratie stark genug wäre, ihn abzuweisen. Unter der Oberfläche wartet ein glühender Antisemitismus, obwohl in Deutschland kein Judenproblem existiert. Der beherrschende Einfluss der Juden im Geschäfts- und Kulturleben ist gebrochen. Aber der Hass ist noch der gleiche.«

Die Leser in Deutschland erfuhren von dem Interview durch eine Meldung der Nachrichtenagentur UPI vom 27. Februar 1963. Als hätte Fritz Bauer in einer Wespennest gestochen fielen die Sprecher der Bonner Parteien über ihn her, vorneweg der Vorstandssprecher der SPD, Barsig. Es hagelte Vorwürfe bis hin zu der Anschuldigung, mit seinen Äußerungen habe der Generalstaatsanwalt auf ungeheure Weise dem deutschen Ansehen in der Welt geschadet. Obwohl alle wussten, dass Fritz Bauer Mitglied der SPD war, wurde behauptet, anscheinend sei Bauer Kommunist. Anders als die Bonner Parteispitze stellten sich die hessischen Parteifreunde schützend vor den Attackierten. Sie wiesen einen Antrag der CDU auf Suspendierung des Generalstaatsanwalts im Wiesbadener Landtag mit ihrer Stimmenmehrheit zurück. Den Gegnern Fritz Bauers wurde entgegengehalten, wenn das Ansehen Deutschlands überhaupt Sachaden genommen habe, dann nicht durch vielleicht überspitzte Formulierungen des Generalstaatsanwalts, sondern durch die heftige Reaktion so vieler, die selbst im Glashaus säßen.

Fritz Bauer, auf dessen Initiative hin 1963 der Frankfurter Prozess gegen Mitverantwortliche an den Auschwitzverbrechen zustande kam, starb 1968 an Herzversagen. Die »unbußfertige Verschwörung des allgemeinen Nichtwissens«, die er bei den Angeklagten beobachtete, war nach seiner tiefen Überzeugung nicht auf den Kreis der unmittelbar an den Verbrechen der Nationalsozialisten Beteiligten beschränkt; er hielt sie für ein weit verbreitetes Phänomen. (Näheres über Fritz Bauers Wirken als politischer Mensch in: Conrad Taler, »Asche auf vereisten Wegen«, PapyRossa Verlag Köln 2003, S. 135 f.).

Nach dem Tod Fritz Bauers übernahm der ehemalige Auschwitzhäftling Heinz Galinski die Rolle des Rufers in der Wüste. Als Vorsitzender der Jüdischen Gemeine zu Berlin und später als Vorsitzender des Zentralrates der Juden in Deutschland hielt er den Politikern in Bund und Ländern immer wieder vor, sie hätten den Rechtsextremismus »von Anfang an falsch eingeschätzt« und würden Warnungen vor dieser Gefahr als Übertreibungen abtun. Berichte über ausländerfeindliche Parolen und zunehmende Gewalttaten neonazistischer Gruppen veranlassten ihn Ende der siebziger Jahre zur Frage »nach den Versäumnissen, die unserem Staat und unserer Gesellschaft unterlaufen« seien. Nachdrücklich verlangte er, dass nun »nicht länger versucht werde, das alles zu bagatellisieren«.

Als Mitte der achtziger Jahre abermals eine Welle antisemitischer Exzesse über das Land schwappte, wollte die Vizepräsidentin des Bundestages, Annemarie Renger (SPD) wissen, »welches geistige und politische Klima solche Sumpfblüten gedeihen« lasse. Aber das Interesse an einer gründlichen Erörterung des Themas war nicht groß. Vor fast leerem Haus setzte Bundeskanzler Kohl sich am 27. Februar 1986 im Bundestag zwar dafür ein, die NS-Verbrechen niemals zu vergessen, allerdings müsse man dabei die Proportionen wahren. Es gehe entschieden zu weit, von einem aufkeimenden Antisemitismus zu sprechen.

Kohls Parteifreund Philipp Jenninger hielt das für einen Freibrief zur Rundum-Relativierung der Nazi-Ideologie. Seine Rede zum 50. Jahrestag des antijüdischen Pogroms vom 9. November fiel so unsäglich aus, dass Jenninger sein Amt als Präsident des Deutschen Bundestages zur Verfügung stellen musste. Gekränkt jammerte er: »Nicht alles darf man beim Namen nennen in Deutschland.«

Eine antisemitische Provokation der besonderen Art leistete sich kurz darauf die mit öffentlichen Mitteln geförderte Zeitung »Der Schlesier«. Das offizielle Organ der Schlesischen Landsmannschaft schrieb in einem Artikel über die Gedenkfeiern zur Pogromnacht, Politiker verkleideten sich aus diesem Anlass »als Juden und dreschen einmütig auf das Volk herunter«. Voller Empörung distanzierten sich Vertreter aller politischer Richtungen von der Flegelei des Vertriebenenblattes; überrascht sein durften sie allerdings nicht, hatten doch um jene Zeit Wandschmierereien in Berliner Schulen für Furore gesorgt, in denen es hiess: »Warum die Zeit totschlagen – es gibt doch Juden und Türken«. Auf einer Sondersitzung des Schulauschusses im Berliner Abgeordnetenhaus warnte Galinski damals eindringlich davor, die antijüdischen und ausländerfeindlichen Ausschreitungen an den Schulen zu vertuschen. Wissenschaftler der Freien Universität, die die Vorgänge untersuchten und unter anderem mangelndes antifaschistisches Bewusstsein als Ursache registrierten, berichteten, sie seien bei ihrer Arbeit von den Behörden behindert worden. Berlin war kein Einzelfall. Die Landesschülervertretung von Nordrhein-Westfalen wusste zu berichten, dass an rund 60 Prozent der Schulen des Landes rechtradikales Propagagandamaterial verteilt werde; an ebenso vielen Schulen sei es zu ausländerfeindlichen Schmierereien und tätlichen Angriffen auf ausländische Schüler gekommen. Der Vorsitzende des Zentralrates der Juden in Deutschland verlangte Gegenmaßnahmen, zumal mittlerweile die rechtsextremistischen Jungwähler auch aus »gut situierten Familien« kämen. »Warum müssen immer wieder die Juden bei jeder alarmierenden Gelegenheit die Stimme erheben?« fragte er (AP, 18. April 1989). Drei Jahre darauf starb Galinski. In einem Nachruf würdigte Bundespräsident Richard von Weizsäcker den unermüdlichen Mahner als »Vorbild für Bürgersinn, ohne den jede politische Verantwortung zum Scheitern verurteilt« sei.

Neonazismus – eine »Waffe Moskaus«

An Verdammungsurteilen gegenüber dem Antisemitismus hat es niemals gefehlt, aber es fehlte auch nicht an Versuchen, die Verantwortung für die wiederkehrenden Ausbrüche des Judenhasses von Anfang an auf einen Sündenbock abzuschieben. Als am Morgen des 17. Januar 1959 Hakenkreuze an der Synagoge in Düsseldorf entdeckt wurden, nahm die Polizei einen jungen Kommunisten namens Helmut Klier als Verdächtigen fest. Der nordrhein-westfälische Innenminister Josef Hermann Dufhues (CDU) sah »bestimmte politische Kräfte am Werk, denen in der derzeitigen politischen Lage an einer Schädigung des deutschen Ansehens im Ausland gelegen sei, um Deutschland moralisch und politisch zu isolieren.« Diese Argumentation erinnerte die »Frankfurter Rundschau« an den Reichstagsbrand von 1933. Auch damals hätten sich viele Deutsche von dem Argument bluffen lassen, »dass nur die Kommunisten an der Vernichtung des Reichstagsgebäudes ein Interesse haben könnten«. Vielleicht dämmere es »auch denen im Ausland, die jetzt mit Bestürzung die Kette der antisemitischen Vorfälle in der Bundesrepublik zur Kenntnis nehmen, was sie angerichtet haben, als sie bereit waren, aus einem kurzsichtigen Opportunismus antibolschewistischer Solidarität und eventueller zukünftiger Waffenbrüderschaft jeden deutschen Antikommunisten als Demokraten zu akzeptieren.« (9. Februar 1959) Zehn Monate dauerte es, ehe die Düsseldorfer Staatsanwaltschaft das Ermittlungsverfahren gegen den Kommunisten einstellte und ihn vom Verdacht der Synagogenschändung befreite. Während dieser Zeit waren Polizei und Staatsschutzbehörden der Notwendigkeit enthoben, die Täter in anderer Richtung zu suchen. Gefasst wurden sie nie.

Das Bundesamt für Verfassungsschutz fand damals nach eigenen Angaben nicht den geringsten Anhaltspunkt für eine angebliche Steuerung der antisemitischen Vorfälle aus dem Osten, doch zwanzig Jahre später wurde der Popanz einer Steuerung des Antisemitismus von außen abermals ins Feld geführt. Der CDU-Bundestagsabgeordnete Hans Graf Huyn behauptete in seinem im Molden-Verlag erschienenen Buch »Der Angriff«, bei den Übergriffen auf jüdische Friedhöfe und andere Einrichtungen handle es sich um »vom KGB inszenierte Hakenkreuzschmiereien«. Das konservative »Deutschland-Magazin« schrieb: »Der angebliche Neonazismus ist in Wahrheit eine Waffe Moskaus«. (Juni/Juli 1978). Die sozialliberale Bundesregierung ging den Vorwürfen nach, aber sie fand »keine konkreten Hinweise, dass rechtextremistische Organisationen in der Bundesrepublik von kommunistischer Seite aus gesteuert« würden, wie Staatssekretär Andreas von Schoeler am 31. Mai 1978 vor dem Bundestag mitteilte.

Ungerührt behauptete der CSU-Vorsitzende Franz Josef Strauß gleichwohl das Gegenteil. Dem »Deutschland-Magazin« erzählte er – wie vor ihm schon Graf Huyn – der KGB oder andere kommunistische Geheimdienste veranlassten »Hakenkreuzschmiereien auf jüdischen Friedhöfen bei uns. DKP und SED schulen Subversanten, die rechtsradikale Mini-Organisationen gründen und mit stupiden neonazistischen Sprüchen für weithin sichtbares Ärgernis sorgen. Ein paar kommunistische Hetzblätter und anschließend auch offizielle SPD-Organe übernehmen es, Verbindungslinien zwischen diesen Umtrieben und Namen wie Springer, Löwenthal und Strauß zu konstruieren«. (Heft 8 / 1979). Selbst nachdem ein Anhänger der neonazistischen »Wehrsportgruppe Hoffmann« am 26. September 1980 mit einer Bombe dreizehn Besucher des Münchner Oktoberfestes getötet und mehr als 200 verletzt hatte, suchte Strauß die vermeintlich Schuldigen weiterhin in den Reihen seiner politischen Gegner. In der »Bild-Zeitung« vom 29. September 1980 hielt er dem von der FDP gestellten Bundesinnenminister vor Gerhart Baum: »Herr Baum ist schuld, dass unsere Nachrichtendienste systematisch gelähmt, demoralisiert und zerschlagen wurden. Das nützt den links- und rechtsradikalen Verbrechern.« Die rechtsradikale »Deutsche Wochenzeitung« zog am 24. Oktober 1980 mit der Behauptung nach, in fast allen Fällen rechtsextremistischen Terrors hätten Agenten des Ostberliner Ministerium für Staatssicherheit »ihre Hände im Spiel«. Beweise wurde nie vorgelegt.

Diese Haltet-den-Dieb-Rufe deckten sich auf erschreckende Weise mit der Nazipropaganda nach dem Reichstagsbrand. So behauptete der damalige Reichsminister Hermann Göring am 1. März 1933 in einer über alle deutschen Sender verbreiteten Rede, die Kommunisten beschäftigten sich mit der Bildung von Terrorgruppen, die die Aufgabe hätten, »sich die SA-Uniform anzuziehen und dann auf Autos, Warenhäuser, Läden usw. Überfälle zu unternehmen«. So wie das »Deutschland-Magazin« mit der Aussage, der Neonazismus sei »eine Waffe Moskaus«, die Verantwortung für neonazistische Übergriffe auf die Sowjetunion abzuschieben versuchte, so wurde nach dem Reichstagsbrand behauptet, der Attentäter Marinus van der Lubbe sei »in Rußland ausgebildet« worden, obwohl er in Wahrheit sowjetischen Boden niemals betreten hat. (»Lokal-Anzeiger«, 28. Februar 1933) Und so wie nach der Düsseldorfer Synagogenschändung das Verfahren gegen den verhafteten Kommunisten Klier eingestellt werden musste, nachdem der politische Zweck anscheinend erfüllt war, mussten die nach dem Reichstagsbrand verhafteten Kommunisten Ernst Torgler, Georgi Dimitroff, Blagoi Popoff und Wassil Taneff vom Reichsgericht freigesprochen werden. Zuvor allerdings hatten die Nazis die Behauptung von einer »kommunistischen Verschwörung« dazu benutzt, alle demokratischen Grundrechte außer Kraft zu setzen und ihre Gegner brutal zu unterdrücken.

Aufrechnung – das »Verfahren von moralisch Anspruchslosen«

Im Oktober 1981 legte der sozialdemokratische Bundesjustizminister Jürgen Schmude dem Kabinett einen Gesetzentwurf vor, der die Herstellung und die Einfuhr von Nazi-Propagandamaterial sowie die Leugnung des Völkermordes an den Juden mit Strafe bedrohen sollte. In der Einleitung zu diesem 21. Strafrechtsänderungsgesetz – so die offizielle Bezeichnung – hieß es, bislang könne der im Rahmen neonazistischer Propaganda zunehmend zu beobachtenden Leugnung und Verharmlosung schwerer nationalsozialistischer Gewaltmaßnahmen nicht ausreichend begegnet werden. Künftig solle, auch ohne Strafantrag eines Betroffenen, von Amts wegen jeder verfolgt werden. der »unter der Herrschaft des Nationalsozialismus begangene Handlungen des Völkermordes leugne oder verharmlose«. Am 10. Oktober 1982 – inzwischen hatte die CDU unter Helmut Kohl die Regierungsgeschäfte übernommen – brachte die SPD den Gesetzentwurf im Bundestag ein. Der Bundesrat befasste sich am 29. April 1983 mit dem Entwurf; dann geschah Merkwürdiges. Ein Jahr lang war von der Vorlage nicht mehr die Rede, bis die Sozialdemokraten argwöhnten, sie sei anscheinend im Justizministertium »spurlos verschwunden«. Erst dann rückte Schmudes Amtsnachfolger Hans Engelhard (FDP) damit heraus, dass die CSU die weitere Beratung blockiere. Sie wollte sich nicht damit abfinden, dass nur die Leugnung der Naziverbrechen mit Strafe bedroht werden sollte. Vielmehr müsse, wie ihr Abgeordneter, der Vertriebenenpolitiker Fritz Wittmann, erklärte, das Leugnen des Völkermordes allgemein strafbar werden, auch das Leugnen der Vertreibung der Deutschen aus den Ostgebieten.

Der Vorsitzende des Zentralrates der Juden in Deutschland, Galinski, wandte sich gegen eine solche »Aufrechnungsformel« und nannte es unerträglich, dass die CSU »andere Faktoren« einzubeziehen versuche. Der Mord an Millionen Juden sei »derart einmalig in der Geschichte, dass jeder Hinweis auf andere Verbrechen zurückgewiesen werden« müsse. Für die SPD handelte es sich um eine »Verschlimmbesserung«, die den gesicherten Bereich der Naziverbrechen verlasse und die Richter vor unlösbare Probleme stelle. Auch in den Reihen der Koalitionsparteien gab es Bedenken. Der CSU-Abgeordnete Eicke Götz, der die von seiner Partei geforderte Änderung zunächst verteidigt hatte, legte sein Amt als Berichterstatter für den Gesetzentwurf nieder. Wie es hiess, war Götz zu der Überzeugung gelangt, dass der Völkermord in den Vernichtungslagern der Nazis nicht mit Vertreibungsverbrechen in einen Topf geworfen werden dürfe..

Justizminister Engelhard wurde nicht nur von den Aufrechnern innerhalb der Koalition bedrängt, sondern bekam nach seiner Schilderung auch den Druck einer – wie er formulierte – lautstarken Minderheit zu spüren, die an der Leugnung der Massenmorde von Auschwitz festhalte und ihn mit Briefen und Drucksachen überschwemme; dieser Druck habe eine »gespenstische Dimension« erreicht. Der Minister bat schließlich Bundeskanzler Kohl, die Verzögerung des Gesetzes zu beenden. Tatsächlich billigte das Kabinett kurze Zeit später mit den Stimmen der vier CSU-Minister die Vorlage. Sie war an der entscheidenden Stelle so verändert worden, dass sie mit Schmudes Intention nichts mehr zu tun hatte. Verboten werden sollten nun alle Schriften, in denen die Verbrechen der Nazis »oder besonders schwere Verbrechen eines anderen Gewaltregimes gegen Deutsche geleugnet, verharmlost oder gebilligt werden«.

Ungeachtet dessen setzten die Unionsvertreter im Rechtsausschuss des Bundestages alles daran, die weitere Beratung des Gesetzentwurfes hinauszuzögern. Der Vorsitzende der CDU/CSU-Fraktion, Alfred Dregger, sprach sich dafür aus, den Entwurf überhaupt nicht mehr zu behandeln. Unterstützt wurde er dabei vom Vorsitzenden der CSU-Landesgruppe im Bundestag, Theo Waigel, der am 13. März 1985 verlangte, »den Irrweg dieses Gesetzs zu beenden«. Waigel übernahm damit eine Formulierung der »Frankfurter Allgemeinen Zeitung« vom selben Tag. Unter der Überschrift »Irrweg einer rechtspolitischen Idee« hatte es Johann Georg Reißmüller als seltsam bezeichnet, dass die Bundesregierung unter Helmut Kohl den aus dem Kabinett des Vorgängers Helmut Schmidt stammenden Entwurf überhaupt übernommen habe. Das sei »offensichtlich eine Panne« gewesen. Reißmüller erinnerte daran, dass die von der Union regierten Länder den Entwurf mit ihrer Stimmenmehrheit im Bundesrat bereits abgelehnt hätten.

Schließlich wurde für den Paragraphen 194 des Strafgesetzbuches eine Formulierung gefunden, die besagte, dass ein Antrag auf Strafverfolgung nicht mehr erforderlich sei, »wenn der Verletzte als Angehöriger einer Gruppe unter der nationalsozialistischen oder einer anderen Gewalt- oder Willkürherrschaft verfolgt wurde, diese Gruppe Teil der Bevölkerung ist und die Beleidigung mit dieser Verfolgung zusammenhängt«. Dieses juristische Kauderwelsch, in das die Gleichsetzung des Massenmordes an den Juden mit der Vertreibung der Deutschen verpackt wurde, fand tatsächlich Eingang in das 21.

Strafrechtsänderungsgesetz, das am 25. April 1985 gegen die Stimmen der SPD und der Grünen vom Bundestag verabschiedet wurde; den Namen Gesetz gegen die Auschwitzlüge, wie die Vorlage landläufig genannt wurde, verdiente es nicht mehr.

Gesiegt hatte eine Denkweise, die der Vorsitzende des Deutschen Richterbundes, Helmut Leonardy, als »widerliche Aufrechnungsmentalität« bezeichnete. Alle Warnungen vor einer Verwässerung der ursprünglich zur Bekämpfung des Rechtsextremismus gedachten Sanktionen waren ungehört verhallt. Dabei hatte bereits Theodor Heuß das gegenseitige Aufrechnen kritisiert und als das »Verfahren von moralisch Anspruchslosen« verurteilt. In seiner Rede zur Einweihung des Mahnmals für die Opfer des Konzentrationslagers Bergen-Belsen am 1. Dezember 1952 nannte er dieses Aufrechnen eine »verderbliche, banale Angelegenheit«. Aber selbst das hielt die vermeintlichen Begründer eines neuen Nationalbewusstseins nicht von ihrem Tun ab. Eine Mentalität des Schlussstrichs, des »Nur-Vorwärts-Schauens«, des Verharmlosens und der Aufrechnung nach dem Motto: hier Dresden und Vertreibung, da Auschwitz, wie Dirk Cornelsen sich in der Frankfurter Rundschau ausdrückte, hatte die Oberhand gewonnen.

Denkwürdige intellektuelle Allianzen

Dass Neonazismus und Antisemitismus nach Kriegsende wie ein Krebsgeschwür weiter wuchern konnten, rührte unter anderem auch daher, dass der Antifaschismus, der die zivilisierte Welt im Kampf gegen das Hitlerregime zusammengeführt hatte, als kommunistisches Schlagwort diffamiert und viele aktive Gegner der Neonazis als Staatsfeinde stigmatisiert wurden. Die intellektuellen Allianzen, die sich dabei mitunter ergaben, sprechen für sich. Angefangen vom ehemaligen SS-Untersturmführer Erich Kernmayer über Franz Josef Strauß bis hin zur Politikwissenschaftlerin und ehemaligen Adorno-Schülerin Antonia Grunenberg spannt sich der Bogen derer, die im Antifaschismus nicht den Reflex auf die Bedrohung der Welt durch den Faschismus sahen, sondern das Phantasieprodukt antideutscher kommunistischer Weltverschwörer.

Für Erich Kernmayer, unter dem Schriftstellernamen Erich Kern Verfasser rechtsradikaler Bücher und zeitweiliger Bundespressereferent der Waffen-SS-Hilfsorganisation HIAG, hatten Hitlergegner seit ihrer Emigrationszeit »ein innerlich gestörtes Verhältnis zum deutschen Volk, das ja in seiner erdrückenden Masse weder emigriert ist noch sich in einem Widerstand befand«. (Erich Kern, SPD ohne Maske, National-Verlag Hannover 1971, S. 42). Der CSU-Vorsitzende und bayerische Ministerpräsident Strauß erklärte: »Diese Volksfront- und Antifa-Mythologie birgt die Gefahr der Selbstzerstörung eines normalen Geschichtsbildes.« (Frankfurter Rundschau, 14. Januar 1987). Bei Antonia Grunenberg liest sich das so: »Der Antifaschist war innerlich zerrissen...Der Antifaschist war im Grunde ein unpolitischer Mensch... er war heimatlos, nicht nur weil man ihm die Heimat genommen hatte, sondern weil er die demokratische Republik zugrunde gerichtet hatte, das sozialistische Reich der Zukunft nicht hatte aufbauen können und schließlich Opfer und Täter im Stalinismus wurde.«

Das Zitat stammt aus Grunenbergs Buch »Antifaschismus – Ein deutscher Mythos«, erschienen 1993 im Rowohlt Taschenbuchverlag. Es ruft die Erinnerung wach an Publikationen mit ähnlichem Titel, etwa an das zu Beginn der achtziger Jahre erschienene Buch »Der Auschwitz-Mythos«, das die Massenvernichtung der Juden durch die Nazis leugnete; es wurde eingezogen und der Verleger wegen Volksverhetzung verurteilt, oder an Alfred Rosenbergs »Mythos des 20. Jahrhunderts«, die ideologische Grundlage der nationalsozialistischen Rassentheorie. Da klingt »Antifaschismus – eine deutcher Mythos« nicht sonderlich originell, aber immerhin erweckt der Titel den Anschein, als handle das Buch vom Widerstand gegen Hitler. In Wirklichkeit wird zum wiederholten Male die Geschichte der deutschen Kommunisten abgehandelt. Für Antonia Grunenberg sind Antifaschismus und Kommunismus beliebig austauschbar. Sie argumentiert im Grunde wie die DDR-Führung argumentiert hat: Antifaschisten waren in der Regel Kommunisten. Wäre es nur dies, könnte es damit sein Bewenden haben. Aber da gibt es Schlimmeres. Antonia Grunenberg macht alle Antifaschisten zu Mitverantwortlichen für die Verbrechen Stalins. Unter Hinweis auf die Moskauer Prozesse der dreißiger Jahre gegen Josef Stalins Rivalen Nicolai Bucharin, Grigorij Sinowjew, Karl Radek und Lew Kamenew schreibt sie: »Ihre Ermorderung geschah auch im Namen der antifaschistischen Moral.« (S. 68). Stalins antijüdische Affekte nennt sie Ausdruck eines »antifaschistischen Antisemitismus«. (S. 190).

Wer wie Antonia Grunenberg meint, der Widerstand gegen den Nationalsozialismus sei zu einem »totalitären Mythos« geworden, der setzt nicht nur das Ansehen der Hitlergegner herab, die ja aus allen Bevölkerungsgruppen stammten, sondern er lässt auch außer acht, dass der Antifaschismus für die Völker Europas nicht deswegen bedeutungslos geworden ist, weil ihn die SED zur Staatsideologie gemacht und als Herrschaftsmittel benutzt hat. Vergessen werden sollte auch nicht, dass von 1.400 führenden deutschen Kommunisten weit über 400 gewaltsam ums Leben gekommen sind, also fast jeder dritte. 222 wurden unter der Hitlerdiktatur ermordet, 178 unter dem Schreckensregime Stalins. Wer sein Publikum mit der banalen Botschaft zu beeindrucken versucht, für die Kommunisten sei »die Niederlage des nationalsozialistischen Terrorsystems ein Sieg« gewesen, der übersieht, dass »alle Hoffnung der Menschheit auf der Niederlage Hitlers beruhen musste«, wie Thomas Mann sich 1941 ausdrückte. Für ihn war das Wort antifaschistisch noch fünf Jahre nach Ende des zweiten Weltkrieges eine geläufige Metapher zur Kennzeichnung einer konsequent demokratischen Einstellung. Als der kalte Krieg weltweit Unheil zu stiften begann, warnte er sein Gastland vor der Versuchung, »den Faschismus als Waffenbruder zu akzeptieren« und meinte, »alles wäre besser, wenn Amerika ernsthaft antifaschistisch wäre.« (Aus »Frage und Antwort«, Albrecht Knaus Verlag, Hamburg 1983, S. 317). Erika und Klaus Mann verstanden unter Antifaschismus die Zusammenarbeit »aller edleren Elemente des deutschen Geistes, ... die sich einig sind in ihrer unbedingten, leidenschaftlichen Ablehnung des Naziungeistes«.

Lenkt die Beschäftigung mit der Vergangenheit wirklich ab von den Problemen der Gegenwart, wie manche behaupten? Ist die Beschäftigung mit dem Faschismus wirklich nur die Sache von Leuten, die ein Feindbild brauchen, um »das Abgründige in sich selbst nicht ausloten zu müssen«, wie der Psychologe Arno Plack in seinem Buch »Die Gesellschaft und das Böse« schreibt? Wenn schon nichts anderes, dann haben die Mordanschläge auf Ausländer in der Bundesrepublik gezeigt, dass es der Fixierung auf ein eingebildetes Feindbild nicht bedarf, um eine Gänsehaut zu bekommen.

Der »Aufstand der Unanständigen«

Nach dem Zusammenbruch der DDR und der Sowjetunion hätte es eigentlich – folgte man den Behauptungen von Franz Josef Strauß und Graf Huyn – mit den Überfällen auf jüdische Einrichtungen vorbei sein müssen; denn die vermeintlich kommunistischen Anstifter konnten fortan kein Unheil mehr anrichten. Aber das Gegenteil trat ein. Die neonazistischen Provokationen erreichten von da an ein kaum für möglich gehaltenes Ausmaß. 1991 kam es zu Gewaltakten gegen Ausländer in Hoyerswerda, 1992 folgten die bürgerkriegsähnlichen Ausschreitungen gegen Ausländer in Rostock-Lichtenhagen, die Anschläge auf jüdische Gedenksttätten in Berlin und im ehemaligen KZ Sachsenhausen und der Brandanschlag auf ein Wohnhaus in Mölln, bei dem zwei türkische Frauen und ein zehnjähriges Mädchen starben. Insgesamt registrierten die Behörden bis Ende Oktober 1992 in 200 deutschen Städten und Gemeinden 435 Anschläge gegen Ausländer, Juden, Behinderte und Homosexuelle. 1993 folgte der Brandanschlag auf ein von Türken bewohntes Haus in Solingen, bei dem fünf Menschen ums Leben kamen. 1994 veranstalteten in Magdeburg neonazistische Jugendliche unter den Augen von Passanten und Ausflüglern Jagd auf Schwarzafrikaner; zweimal war die Synagoge in Lübeck das Ziel von Brandanschlägen. 1996 starben bei einem Brand in einem Ausländerwohnheim in Lübeck zehn Menschen. 1999 wurden bei der Schändung des jüdischen Friedhofs in Berlin-Weißensee 103 Grabsteine herausgerissen und umgestürzt.

»Die Schmerzgrenze ist längst überschritten«, sagte damals der Vorsitzende der Jüdischen Gemeinde zu Berlin, Andreas Nachama, gegenüber einer Korrespondentin der Frankfurter Rundschau vom 22. 10. 1999. Er machte darauf aufmerksam, dass in der selben Nacht, in der jüdische Grabsteine in Weißensee umgeworfen wurden, auch das Denkmal für Bertolt Brecht und das Mahnmal für die deportierten Juden an der Putlitzbrücke sowie Gräber auf einem protestantischen Friedhof zerstört wurden. »Heute sind es die Juden, morgen die Behinderten und dann fällt die zivile Gesellschaft wie ein Dominostein hinten runter«, warnte Andreas Nachama.

Zwei Monate davor war Ignatz Bubis gestorben, der 1992 die Nachfolge von Heinz Galinski als Präsident des Zentralrates der Juden in Deutschland angetreten hatte. Als hätte er geahnt, was noch passieren würde, meinte er in einem seiner letzten Interviews: »Ich habe nichts bewirkt.« Dem Magazin »Stern« vom 16. 8. 1999 sagte er: »Im öffentlichen Bewusstsein ist die Verantwortung für Auschwitz nicht verankert. Ein Großteil der Bevölkerung denkt wie Martin Walser. Ende. Zeit, Schluss zu machen, nur nach vorne schauen.« Über das Verhältnis zwischen Deutschen und Juden sagte er bitter: »Wir sind uns fremd geblieben.« Die Paulskirchenrede des Schriftstellers Martin Walser, in der die Erinnerung an die Massenmorde von Auschwitz als »Moralkeule« apostrophiert wird, hatte Ignatz Bubis, der wie versteinert zwischen den applaudierenden Zuhörern saß, zutiefst verletzt. Wie sein Vorgänger Galinski appellierte Bubis immer wieder an die Politiker, sich gegen das »neue Erwachen des Nazismus und Rassismus« zu wenden. Nachdem in Mölln erstmals Menschenleben zu beklagen gewesen waren, übte er massive Kritik an Justiz und Polizei, die den rechtsradikalen Terror bislang verharmlost hätten. Geändert hat sich nichts.

Auf der Trauerfeier für Ignatz Bubis, der von Deutschland so enttäuscht war, dass er nicht hier, sondern in Israel beerdigte werden wollte, fehlte es – wie beim Abschied von Heinz Galinski – nicht an salbungsvollen Worten. Bundeskanzler Gerhard Schröder erklärte, Bubis habe mitgeholfen, ein »neues moralisches Fundament« zu legen. Besser wäre es gewesen, die politisch Verantwortlichen hätten unter anderem rechtzeitig auf die Kritik an der Justiz reagiert. Niemand hat zum Beispiel Anstoß daran genommen, dass der Bundesgerichtshof 1984 den Fremdenhassern und Ausländerfeinden praktisch einen Freibrief ausstellte, als er – vor dem »geschichtlichen Hintergrund der nationalsozialistischen Judenverfolgung« – zwar die Parole »Juden raus« als volksverhetzend einstufte, nicht aber die Parolen »Türken raus« und »Ausländer raus«, bei denen »allgemein bekannte geschichtliche Erfahrungen« fehlten, die sie als Aufforderungen zu Gewalt- oder Willkürmaßnahmen erscheinen ließen. (3 StG 36/84). Diese »geschichtlichen Erfahrungen« haben die Mordanschläge von Mölln und Solingen später nachgeliefert. (Näheres hierzu in »Blätter für deutsche und internationale Politik«, Heft 7/1993, S. 783).

Spiegelbild der Geistesverfasssung, in der sich die deutsche Gesellschaft befindet, ist die Bundeswehr. In seinem Jahresbericht für das Jahr 2000 kam der Wehrbeauftragte des Bundestages zu dem Schluss: »Rechtsextremismus und Fremdenfeindlichkeit sind nicht vorübergehende Krisenerscheinungen, sondern anhaltende, aus der Gesellschaft kommende Gefahren.« Davon wollten die verantwortlichen Politiker zu allen Zeiten nichts wissen. Obwohl sich 1997 mehr als 700 Skandale mit rechtsradikalem Hintergrund in der Bundeswehr ereigneten, bis hin zu simulierten Hinrichtungen und Vergewaltigungen, die auf Video festgehalten wurden (!), sprach der damalige Bundesverteidigungsminister Volker Rühe (CDU) abwehrend von »schamlosen Einzelfällen«. Auch die Einladung des bekannten Rechtsterroristen Manfred Roeder zu einem Vortrag an der Führungsakademie der Bundeswehr in Hamburg war so ein Einzelfall.

Allein dass sich die Zahl der militanten Rechtsextremisten nach Angaben des Bundesamtes für Verfassungsschutz zum Beispiel von 1997 auf 1998 um 600 auf 8.200 erhöhte, entlarvt das Gerede von den »Einzelfällen« als groben Unfug. Eine Forsa-Umfrage ergab 1999, dass jeder fünfte Deutsche latent antisemitisch eingestellt ist. Bundespräsident Johannes Rau behauptete zur selben Zeit, es gebe in Deutschland keine nennenswerte rechtsradikale Bewegung, allerdings ab und zu Untaten, »zum Glück in Einzelfällen« (Frankfurter Rundschau 16. 8. 1999). Im Jahr darauf – das Emnid-Institut hatte bei einer repräsentativen

sentativen Umfrage festgestellt, dass jeder fünfte Jugendliche von Auschwitz als Vernichtungslager noch nie gehört hat – räumte Rau in seiner »Berliner Rede« ein, dass in Deutschland eine »aggressive Intoleranz gegenüber Ausländern« existiere; es gebe »Ausländerfeindlichkeit, ja Hass«. Im selben Jahr ergab eine Shell-Studie, dass jeder vierte Jugendliche ausländerfeindlich eingestellt ist. Nach einer Langzeitstudie der Universität Bielefeld aus dem Jahr 2003 ärgern sich 69,9 Prozent der Deutschen darüber, dass ihnen auch heute noch »die Verbrechen an den Juden vorgehalten werden«. 2004 waren laut Umfragen 56 Prozent der Deutschen der Meinung, die Juden redeteten »immer noch zu viel darüber, was mit ihnen im Holocaust geschehen« sei. Der Vizepräsident des Zentralrates der Juden in Deutschland, Salomon Korn, wies gegenüber dem Nachrichtenmagazin »Der Spiegel« vom 15. 3. 2004 darauf hin, dass – wie Umfragen seit Jahren belegten – 15 bis 20 Prozent der Deutschen, also bis zu 16 Millionen Menschen in Deutschland, judenfeindlich eingestellt seien.

Der »Aufstand der Anständigen« gegen die Umtriebe der Neonazis habe nicht stattgefunden, eher habe es verschiedentlich einen »Aufstand der Unanständigen« gegeben, resümierte der Nachfolger von Ignatz Bubis im Amt des Präsidenten des Zentralrates der Juden, Paul Spiegel, im Jahr 2000 in Anspielung auf ein Wort von Bundeskanzler Schröder. In ungewöhnlich scharfer Form kritisierte Spiegel den damaligen Vorsitzenden der Unionsfraktion im Bundestag, Friedrich Merz, wegen dessen Äußerung, seine Generation wolle sich nicht mehr für Auschwitz und die deutsche Vergangenheit in Haftung nehmen lassen. Dies sei ein »Schlag ins Gesicht der Opfer und Überlebenden des Naziregimes«. Die Äußerungen von Merz stünden »in der fortgesetzten Tradition des neuen Walserismus«. Mit dem »Abstreifen der Verantwortung für die Lehren der Geschichte«, so Spiegel weiter, »wird der untaugliche Versuch unternommen, sich von einem Schuldgespenst freizusprechen, das längst nicht mehr existiert hat, und gleichzeitig der fatale Fehler begangen, rechtsradikale Parolen und Fremdenfeindlichkeit salonfähig zu machen.« (AP 31. 3. 2000).

Damit stand Paul Spiegel wieder dort, wo fünf Jahre zuvor Ignatz

Bubis gestanden hat, als konservative Politiker, Publizisten und Wirtschaftsvertreter zum 50. Jahrestag des bedingungslosen Kapitulation Hitlerdeutschlands den Versuch unternnahmen, die Millionen Opfer des Naziterrors gegen die deutschen Opfer zu verrechnen, die nach Kriegsende zu beklagen waren. In einem gemeinsamen Aufruf erklärten sie, der 8. Mai 1945 habe auch den »Beginn von Vertreibungsterror und neuer Unterdrückung im Osten und den Beginn der Teilung unseres Landes« bedeutet. Ignatz Bubis bezeichnete die Unterzeichner, zu denen unter anderen der frühere Vorsitzende der CDU/CSU-Fraktion im Bundestag, Alfred Dregger, und der Bundesminister Carl-Dieter Spranger (CSU) gehörten, als »Ewiggestrige, die am liebsten alles, was zwischen '33 und '45 passiert ist, fortsetzen würden – vielleicht in einer gemäßigteren Form, ohne gleich Völkermord zu betreiben.« Bundeskanzler Kohl brachte es nicht fertig, sich anlässlich des Gedenktages auf die Seite der Opfer des Naziterrors zu stellen und den 8. Mai 1945 endlich als Tag der Befreiung zu bezeichnen. Er schlug sich auf die Seite der Indifferenten und erklärte, niemand habe »das Recht, festzulegen, was die Menschen in ihrer Erinnerung zu denken« hätten (Chronik '95, Chronik-Verlag, S. 46).

Als zöge er ein Fazit aus diesem Wischiwaschismus erklärte Ende Mai 2000 der Vizepräsident des Zentralrates der Juden in Deutschland, Salomon Korn: »Die Erinnerung an das nationalsozialistische Jahrhundertverbrechen ist nicht wirklich Teil einer nationalen deutschen Identität geworden«. Die Hoffnung, Auschwitz könne vor Rückfällen in Antisemitismus und Rassismus schützen, habe sich als Illusion erwiesen. Drei Jahre später, nach der Aufdeckung eines geplantes Anschlages auf das jüdische Gemeindezentrum in München, machte Korn darauf aufmerksam, dass bei aller berechtigten Empörung über die Untaten des vulgären Rechtsradikalismus nicht übersehen werden darf, was sich hinter dem Verlangen des Bürgertums nach »Normalität« verbirgt. Er sagte: »Man sollte eher ein Auge auf zentrale gesellschaftliche Entwicklungen werfen, weil es in der Mitte der Gesellschaft weiterhin hartnäckige Vorurteile gegenüber Menschen anderer Hautfarbe, anderer Herkunft und anderer Religion gibt.« (Frankfurter Rundschau 24. 9. 2003).

Einer aus jener »Mitte der Gesellschaft«, der CDU-Bundestagsabgeordnete Martin Hohmann, machte in seiner Rede zum Jahrestag der deutschen Wiedervereinigung am 3. Oktober 2003 seinem Herzen endlich Luft. Bei der sowjetischen Geheimpolizei seien auch Juden tätig gewesen und Zar Nikolaus II. sei von einem Juden ermordet worden, parlierte er im Bundestag. Daher könnte man Juden mit einiger Berechtigung als Tätervolk bezeichnen. »Das würde der gleichen Logik folgen, mit der man Deutsche als Tätervolk bezeichnet«, sagte Hohmann. Der sprachlich und juristisch raffiniert abgesicherte Versuch einer Gleichsetzung der Juden mit den Nazimördern von Auschwitz stürzte die CDU/CSU in allergrößte Verlegenheit; sie schloss Hohmann bei 28 Gegenstimmen und 16 Enthaltungen aus der Fraktion aus. Diesem Schritt folgte im Juli 2004 der Ausschluss Hohmanns aus der CDU. Das Parteigericht des hessischen Landesverbandes erklärte zur Begründung, Hohmann habe Judentum und Bolschewismus verquickt und damit ein Klischee verwendet, mit dem schon die Nationalsozialisten die Verfolgung und industriemäßige Tötung von Millionen europäischer Juden begründet hätten. Strafrechtliche Folgen hatte Hohmanns als antisemitisch kritisierte Rede nicht. Die Staatsanwaltschaft Fulda lehnte es ab, gegen Hohmann ein Ermittlungsverfahren wegen Volksverhetzung zu eröffnen. Der Zentralrat der Juden, der Strafanzeige erstattet hatte, nannte die Entscheidung »rechtlich bedenklich und moralisch schwer verständlich«. Die Staatsanwaltschaft hatte argumentiert, Hohmann habe den Begriff »Tätervolk« im Konjunktiv verwendet. Damit sei die Staatsanwaltschaft auf die »infame Dialektik« Hohmanns hereingefallen, sagte dazu der Sprecher der Jury »Unwort des Jahres«, Professor Horst Dieter Schlosser. Das Oberlandgericht Frankfurt am Main verbot dem Magazin »Stern« die Behauptung, Martin Hohmann habe die Juden als »Tätervolk« bezeichnet.

Wieviel Gesinnungsfreunde hat Martin Hohmann? Bei der Abstimmung über seinen Ausschluss aus der CDU/CSU-Fraktion verweigerten 44 Abgeordnete der Fraktionsführung die Gefolgschaft. Da 243 Abgeordnete an der Abstimmung teilgenommen haben, entspricht das einem Anteil von 18 Prozent. Mit anderen Worten: fast jeder fünfte

Abgeordnete hat sich direkt oder indirekt mit Hohmann solidarisiert. Das entspricht exakt dem bei Umfragen ermittelten Anteil von Antisemiten an der Gesamtbevölkerung. Einer der seine Sympathie offen bekundete war Brigadegeneral Reinhard Günzel, Chef des Kommandos Spezialkräfte der Bundeswehr. Verteidigungsminister Peter Struck (SPD) entließ Günzel daraufhin und murmelte etwas von »verwirrten« Äußerungen. Dieser »verwirrte« General war kurz zuvor mit seiner Truppe zur Verteidigung von Freiheit und Demokratie nach Afghanistan geschickt worden.

Die Haltung der Unionsführung in allen Ehren – ein wenig Selbstkritik hätte indes nicht geschadet. Hohmanns Rede war schließlich das Resultat einer seit Jahrzehnten geübten Aufrechnungsmentatlität, angefangen von der Gleichmacherei im Zusammenhang mit dem Gesetz gegen die Auschwitzlüge bis hin zu den Versuchen, die Naziverbrechen mit den Verbrechen während der DDR-Zeit auf eine Stufe zu stellen. Jüngster Vorstoß auf diesem Gebiet war die Beschlussvorlage »Förderung von Gedenkstätten zur Diktaturgeschichte in Deutschland«, die der CDU-Abgeordnete Günter Nooke im Bundestag eingebracht hat. Nachdem die Stiftung Sächsische Gedenkstätten bereits damit begonnen hatte, diese Nivellierung in die Tat umzusetzen, stellte der Zentralrat der Juden in Deutschland die Mitarbeit in der Stiftung mit der Begründung ein, es werde versucht, die »fundamentalen Unterschiede« zwischen den NS-Verbrechen und der kommunistischen Willkürherrschaft einzuebnen. Auch die Bundesvereinigung der Opfer der NS-Militärjustiz, die Vereinigung der Verfolgten des Naziregimes – Bund der Antifaschisten und die Organisation der Sinti und Roma haben ihre Mitarbeit aufgekündigt

Worte und Taten – immer wieder klaffen sie auseinander. Feierlich erklärte der Deutsche Bundestag im Dezember 2003: »Antisemitisches Denken, Reden und Handeln haben in Deutschland keinen Platz«, aber unentwegt geschieht das Gegenteil, und zwar nicht erst seit gestern, sondern seit Jahrzehnten, praktisch seit Bestehen der Bundesrepublik. Auf der einen Seite wird beteuert, die Erinnerung an das Geschehen während der NS-Zeit sei Teil unserer nationalen Identität, auf der anderen Seite nehmen es Regierung und Parteien widerspruchslos hin, dass die Deutsche Bahn das Andenken an Symbolgestalten des Widerstandes gegen die Nazidiktatur auslöscht und aus Gründen der »Vereinfachung« Städtenamen statt der Namen von Sophie Scholl, Graf Stauffenberg oder Carl von Ossietzky auf die ICE-Züge schreibt. Und sie nehmen es hin, dass die Firma Degussa, die während der NS-Zeit das Zahngold der ermordeteten Auschwitzopfer eingeschmolzen und zu Devisen bringender Handelsware gemacht hat, das Berliner Denkmal für die ermordeten Juden Europas mit einem Graffittischutz versehen darf. Schon vor 40 Jahren war den politisch Verantwortlichen die jüngste Vergangenheit so wenig präsent, dass der wegen Auschwitzverbrechen verurteilte IG-Farben-Manager Dr. Heinrich Bütefisch für angebliche Verdienste beim Wiederaufbau mit dem Bundesverdienstkreuz ausgezeichnet werden konnte – ausgerechnet kurz nach Beginn des Auschwitzprozesses. Erst nach dem Anruf einer jüdischen Zeitung aus der Schweiz dämmerte es den beteiligten Herren, was für einen unverzeihlichen Fauxpas sie begangen hatten, und der Geehrte musste den Orden zurückgeben. (Näheres in »Asche auf vereisten Wegen«, PapyRossa Verlag, S.144).

Schwamm drüber hieß die Parole und so heißt sie für viele noch immer, wir sehen nur noch nach vorn im globalen Wettlauf um Absatzmärkte und Profite, die anderen haben auch Dreck am Stekken, vorbei ist vorbei, schon sind wir wieder die Größten in Europa und über kurz oder lang wird uns die Welt einen ständigen Sitz im Sicherheitsrat der Vereinten Nationen nicht verwehren können, damit wir endlich gleichauf stehen mit den Siegermächten des zweiten Weltkriegs. Bescheidenheit, die uns Deutschen, nach allem was passsiert ist, auf Dauer gut zu Gesicht stünde, betrachten manche als Dummheit und als Zeichen der Schwäche.

Salomon Korn, der intellektuelle Vordenker im Zentralrat der Juden in Deutschland, traf den Nagel auf den Kopf, als er sagte:»Der Nationalismus ist in dieser Gesellschaft ein wichtiges Thema geblieben.« In Deutschland gebe es immer noch Menschen, »die an nationalen Minderwertigkeitskomplexen leiden und die einer Anerkennung der deutschen Schuld am nationalsozialistischen Jahrhundertverbrechen seelisch nicht standhalten können. Das ist eine kompensatorische

Reaktion auf Schwächen in der eigenen Persönlichkeit«. (Frankfurter Rundschau 13. 11. 2003) Diese Beschreibung der deutschen Nachkriegsgesellschaft deckt sich auf bestürzende Weise mit der Analyse Fritz Bauers über die Gründe des Abgleitens der Weimarer Republik in den gewalttätigen Nationalismus. In seiner vom CDU-Kultusminister Orth verbotenen Schrift »Die Wurzeln faschistischen und nationalsozialistischen Handelns« erklärte Bauer:

»Statt einer ›Bewältigung der Vergangenheit‹, die auch damals notwendig war und die einen harten Willen zur Wahrheit erforderte, zog man den Betrug und Selbstbetrug eines angeblichen Dolchstoßes vor und suchte nach Sündenböcken. Man fand sie bald in ›Marxisten‹, bald in Juden. Jeder Sündenbockmechanismus erwächst aus Charakterschwäche, er ist ein infantiler Zug. Je schwächer die Leute sind, und je mehr sie von Minderwertigkeitskomplexen geplagt werden, desto mehr rufen sie nach Härte und desto gewalttätiger und brutaler treten sie auf, um ihr eigenes Unvermögen und das Fiasko ihres Daseins zu verbergen. Die Kraftmeierei des Nazismus, sein Geschrei, seine Demonstrationen, seine Verbrechen, waren die Maske von neidischen Schwächlingen.« (Vollständiger Text beim Verfasser).

Wo stehen wir 60 Jahre nach dem Ende der Nazityrannei? Augenscheinlich an einem Wendepunkt. Kaum war das Bekenntnis des Deutschen Bundestags verklungen, antisemitisches Denken, Reden und Handeln hätten keinen Platz in Deutschland, da erlaubte das höchste deutsche Gericht erstmals in der Nachkriegsgeschichte eine Demonstration gegen den Bau einer Synagoge in Bochum. Der von der NPD angemeldete provozierende Aufmarsch war von den örtlichen Behörden und dem zuständigen Oberverwaltungsgericht verboten worden. Daraufhin beantragte die Partei beim Bundesverfassungsgericht eine einstweilige Anordnung und hatte damit Erfolg. Zur Begründung erklärte der 1. Senat, angeführt vom Präsidenten des Gerichts, Hans-Jürgen Papier, in seinem mit juristischen Spitzfindigkeiten gespickten Beschluss vom 23. Juni 2004 (1 BvQ 19/04) unter anderem: »Das Grundrecht der Meinungsfreiheit ist ein Recht auch zum Schutz von Minderheiten, seine Ausübung darf nicht allgemein und ohne eine tatbestandliche Eingrenzung, die mit dem Schutzzweck des Grundrechts übereinstimmt, unter den Vorbehalt gestellt werden, dass die geäußerten Meinungsinhalte herrschenden sozialen oder ethischen Auffassungen nicht widersprechen.«

Die deutsche Öffentlichkeit nahm den Spruch ohne Wimpernzukken zur Kenntnis. Bekümmert sprach der geschäftsführende Direktor der Berliner Stiftung Topographie des Terrors und Berliner Rabbiner Dr. Andreas Nachama von einem gesamtgesellschaftlichen Paradigmenwechsel. »Ein Marsch gegen den Bau einer Synagoge wäre vor 20 Jahren von einem Bundesverfassungsgericht nicht genehmigt worden.«

Wie lange soll das so weitergehen? Antisemitismus und Neonazismus sind keine biblischen Plagen, mit denen die Menschen sich abfinden müssen, sie haben konkrete Ursachen. Dazu gehören in erster Linie soziale Mißstände. Ihre Beseitigung ist das einzige probate Mittel zur Bekämpfung von Neonazismus und Antisemitismus.

* * * * *

Wo beginnt der Rechtsradikalismus?*

Was hierzulande als linksradikal gilt, war unter guten Bürgern selten strittig. Vor gar nicht langer Zeit galt beispielsweise die Verwendung des Begriffes ›DDR‹ als Indiz für linksradikale Gesinnung. An die Stelle dieses Erkennungsmerkmals ist jetzt die Abkürzung ›BRD‹ getreten. Auch wer das Wort ›Berufsverbot‹ in den Mund nimmt, wird als Träger linksradikaler Ideen eingestuft. Ähnliches gilt für ›Verstaatlichung‹ oder ›Vergesellschaftung‹. Hier kommt es freilich darauf an, *wer* entsprechende Forderungen erhebt. Wenn etwa ein Vertreter der Jungsozialisten erklärte: »Für uns ist die Vergesellschaftung nie ein rotes Tuch gewesen«, und wenn er hinzufügte: »Sie ver-

---

* Aus »Neue Rundschau«, Heft 1/1979, S. Fischer Verlag

gessen, daß die Vergesellschaftung von Produktionsmitteln in Artikel 15 des Grundgesetzes vorgesehen ist unter ganz bestimmten Bedingungen«, dann würde ihm dies bestimmt übel angekreidet, so aber stammt der Satz von dem Unionspolitiker Kurt Biedenkopf;[1] da sieht die Sache anders aus.

Wenn zwei das gleiche tun, ist es ganz offensichtlich nicht dasselbe. Dies gilt auch für rechtsradikale Gedanken. Vieles von dem, was die einen ohne weiteres dem Rechtsradikalismus zuordnen, gehört nach dem Verständnis der anderen zum guten Ton der politischen Auseinandersetzung beispielsweise zwischen konservativen Unionskreisen mit den regierenden Sozialliberalen in Bonn. Auch die jeweils amtierenden Bundesinnenminister hatten Schwierigkeiten, den Rechtsradikalismus als politische Strömung zu definieren. Im Bericht des Bundesinnenministeriums über die 1966 beobachteten rechtsradikalen Bestrebungen heißt es: »In der politischen Wissenschaft besteht Übereinstimmung darüber, daß der Begriff ›Rechtsradikalismus‹ nur bedingt geeignet ist, politische Erscheinungsformen zu bezeichnen, die nicht – wie der Marxismus – einer wissenschaftlich entwickelten und systematisch faßbaren Ideologie entstammen.« Deshalb werde versucht, das Wesen rechtsradikaler Bestrebungen weniger durch Definitionen zu beschreiben, als durch die Aufzählung verschiedener *Merkmale* zu kennzeichnen, die für diese Erscheinungsformen typisch seien. »Dabei ist zu beachten«, wird in dem unter der Verantwortung des CDU-Innenministers Paul Lücke veröffentlichten Bericht weiter ausgeführt, »daß nicht alle diese Merkmale gegeben sein müssen, um die Anwendung des Begriffes Rechtsradikalismus auf eine Gruppe zu rechtfertigen, und daß andererseits das Vorliegen des einen oder anderen dieser Merkmale allein noch nicht eine Charakterisierung als rechtsradikal erlaubt. Das entscheidende Kriterium liegt vielmehr in der Häufigkeit ihres Auftretens.« Besonders typische Merkmale seien ausgeprägter Nationalismus und damit verbundene Feindseligkeit gegen fremde Gruppen; irrationales völkisches Gedankengut und Vokabular, meist verbunden mit Antisemitismus; Kompromißlosigkeit in der politischen Auseinandersetzung; Intoleranz und Diffamierung Andersdenkender; Elitebewußtsein; Neigung zu Konspirationstheorien, die sich unter anderem darin äußere, daß Regierung, Wirtschaft, Kultur und Organe der öffentlichen Meinung als von kleinen Gruppen kontrolliert und korrumpiert dargestellt würden.[2] Als Beispiele rechtsradikaler Agitation der Nationaldemokratischen Partei Deutschlands (NPD) erwähnt der Lücke-Bericht unter anderem deren Wortschöpfung von den ostpolitischen »Verzichtsaposteln« und die Behauptung, im Fernsehen mache »eine Handvoll kommunistisch infizierter Intellektueller die öffentliche Meinung«. Auch das Verlangen nach »Aufhebung der zersetzenden Meinungsmonopole in Fernsehen, Funk und Film« wird in diesem Zusammenhang genannt.

Fünf Jahre später – inzwischen war der FDP-Politiker Hans-Dietrich Genscher an die Stelle Paul Lückes getreten – dokumentiert das Bundesinnenministerium in seinem Verfassungsschutzbericht 1971 den Rechtsradikalismus der Nationaldemokraten unter anderem mit deren Forderung nach einem »starken Staat mit Autorität«. Angekreidet wird der NPD, daß sie eine »Synthese zwischen Freiheit und Ordnung« verlange, die den »chaotischen Überindividualismus des Liberalismus« und das »menschenfeindliche Kollektiv des Sozialismus in seinen sämtlichen Spielarten« überwinden solle. Den Hang der Rechtsradikalen zur Diffamierung des politischen Gegners belegt der Bericht mit folgenden Zitaten: Die Bonner Regierung sei »Zwangsvollstrecker fremder Mächte«, sie sei eine »Bankrott-Regierung«, ein »Verhängnis für die deutsche Zukunft« und betätige sich als »Handlanger ... der Sowjetunion«. Provokativ frage die Parteizeitung der Nationaldemokraten: » ... Aber konnten wir von einem ehemaligen norwegischen Major oder einem im damals neutralen Schweden mit Zuchthaus wegen Spionage und Sabotage zugunsten der Sowjetunion Vorbestraften jemals die Vertretung deutscher Interessen erwarten?« (Gemeint sind Willy Brandt und Herbert Wehner.)[3]

Diesen Indizien rechtsradikaler Gesinnung werden im Verfassungsschutzbericht 1975 weitere hinzugefügt. Für diesen Bericht zeichnet der FDP-Politiker Werner Maihofer verantwortlich, der in einem Vorwort die ursächliche Erforschung und geistige Durchdringung der Erscheinungsformen vor allem des politischen Extremismus als notwendiger denn je bezeichnete. Als Beispiele rechtsextremistischer

Agitation werden in dem Bericht unter anderem Auszüge aus der einschlägigen Presse zitiert, in denen von einem »Sumpf sozialdemokratischer Mißwirtschaft« die Rede sei, von einem »Bonner Korruptionsstall« und vom »betrügerischen Bankrott«. Auch die Behauptung, das Verlangen nach paritätischer Mitbestimmung habe eine »Verschwörung der roten Kapitalisten ... gegen unsere Volkswirtschaft« verursacht, ist da zu finden; ebenso die Forderung, man könne eine Volkswirtschaft nicht »liberalen oder sozialistischen Traumtänzern« überlassen. Zum Sündenregister rechtsextremistischer Agitation rechnet das Bundesinnenministerium in diesem Bericht auch das Wort von den »sozialistischen Systemzerstörern« und das Verlangen nach einer »sozial-kontrollierten Marktwirtschaft der nationalen Solidarität aller Schaffenden und Leistenden unseres Volkes«. Das Bekenntnis, die Zukunft liege »jenseits von Kapitalismus und Marxismus«, wird gleichfalls als Ausfluß rechtsextremistischen Denkens gewertet. In der Ostpolitik gilt dies nach den Erkenntnissen des Verfassungsschutzes zum Beispiel für die Aussage über angeblich »stümperhaft zusammengeflickte Verträge«, und in der Sicherheitspolitik wird als rechtsextremistisch die Behauptung eingestuft, die »beiden Linksparteien« hätten jene Atmosphäre geschaffen, »in der Mörderbanden diktieren ..., die Staatsgewalt aber zittert und kuscht«.[4]

Schließlich seien noch einige Details aus dem Verfassungsschutzbericht 1976 zitiert. Als hetzerische und zum Teil primitive rechtsextremistische Agitation werden unter anderem die Behauptung, »sechs Jahre sozialliberaler Politiker hätten genügt, unsere Wirtschaft in den Ruin zu treiben«, sowie die Darlegung angeführt, »verrückte, schädliche, kostspielige Reformen, verschwenderische Großmannssucht« bewiesen die »Verantwortungslosigkeit des Staates«. Beanstandet wird auch, daß die Rechtsextremisten erklärten, der Deutsche Gewerkschaftsbund begreife sich als »politische Kampforganisation mit dem Endziel der Einführung einer sozialistischen Gesellschaftsordnung«. Genannt wird ferner die Auslassung, mit der »sogenannten Reformpolitik« vollziehe sich »die Abkehr von freiheitlich geprägten Normen und die schleichende Hinwendung zu marxistisch-sozialistischen Lebensformen«. Was die Ostpolitik angeht, so moniert der Verfassungsschutzbericht unter anderem, daß die Rechtsradikalen die SPD als »Wegbereiter der Volksfront« bezeichnen und daß Brandt und Wehner unterstellt wird, sie versuchten »die Bundesrepublik und schließlich ganz Europa in den Sog des kommunistischen Strudels zu stürzen«. Als rechtsextremistisch stuft der vom Bundesinnenministerium herausgegebene Bericht für 1976 schließlich auch die Behauptung ein, Entspannungspolitik sei »die Einbahnstraße zum Bankrott der Freiheit«.[5]

Diese Beispiele sind durchaus hilfreich für denjenigen, der sich ein Bild von den Tendenzen der öffentlichen Diskussion zu machen versucht. Leider haben anscheinend bei weitem nicht alle Politiker, die sich an dieser Diskussion beteiligen, Kenntnis von den Klassifizierungen, die von den staatlichen Instanzen im Hinblick auf den Rechtsradikalismus vorgenommen worden sind. Dies gilt in gewissem Sinne auch für Journalisten. Wäre den Beteiligten geläufiger, wo die Grenze hin zum Rechtsextremismus verläuft, würde das innenpolitische Klima sehr viel weniger der Gefahr ausgesetzt sein, in einer Weise vergiftet zu werden, wie dies den Älteren aus der Weimarer Zeit in Erinnerung geblieben ist. Bedauerlicherweise hat das Bundesinnenministerium unter seinem neuen Chef Gerhart Rudolf Baum im Verfassungsschutzbericht 1977 darauf verzichtet, rechtsextremistische Bestrebungen anhand konkreter Beispiele aus der Agitation und Propaganda zu dokumentieren. Vielleicht entschließt sich der FDP-Politiker, bei dem noch ausstehenden Bericht 1978 die Verfahrensweise seiner Vorgänger wieder aufzunehmen, um der unerfahrenen jungen Generation deutlich zu machen, daß allzuviel Nachsicht gegenüber einem um sich greifenden Verbalradikalismus zwangsläufig zur Wiederbelebung der unseligen Weimarer Umgangsformen in der Politik führen muß. Dieser Verbalradikalismus, der von der Gedankenlosigkeit lebt, ist keineswegs ein unvermeidlicher Bestandteil der Demokratie, sondern eine Kinderkrankheit, die sich überwinden läßt. Notwendig ist allerdings eine gewisse Selbstzucht.

Hätten sich in den zurückliegenden Jahren mehr Politiker und Journalisten damit vertraut gemacht, was die mit dem Schutz der Verfassung betrauten Personen und Institutionen für rechtsradikale Hetze halten, wäre mancher Satz ungesagt geblieben; dies soll jedenfalls zugunsten der Angesprochenen unterstellt werden. Eine Reihe von Äußerungen aus dem Unionslager, und zwar bezogen speziell auf jene Jahre, die den erwähnten Verfassungsschutzberichten zugrunde lagen, erwecken nämlich den Eindruck, als wüßten die Urheber überhaupt nichts von der wenig reputierlichen Nachbarschaft. Vor dem Hintergrund dieser Berichte mag jeder selbst beantworten, in wessen Nähe sich z.B. ein Parteiausschuß der CSU bewegte, der 1971 die Ostpolitik der sozialliberalen Bundesregierung als »in Anlage und Durchführung illusionär und dilettantisch, in der Zielsetzung gefährlich und in ihren Auswirkungen für Deutschland und Europa verhängnisvoll« abqualifizierte.[6] Das gleiche gilt für den CDU-Politiker Manfred Wörner, der in jenem Jahr in Frageform anzweifelte, daß der damalige Bundeskanzler Brandt auf dem Boden der Gesellschaftsordnung der Bundesrepublik stehe.[7] Wie würden die Verfassungsschützer am Ende den Vorwurf zur Bonner Innenpolitik einschätzen: »Der Zug fährt nicht in Richtung Reform, die wir als Daueraufgabe bejahen und vollziehen, sondern in Richtung Umsturz«, wenn er nicht vom CSU-Vorsitzenden Strauß stammte?[8] Oder wie hielten sie es mit folgender Anmerkung zu der These Egon Bahrs vom »Wandel durch Annäherung«: »Dieser Bewegungsfetischismus, der jede Veränderung als solche bereits mit dem Terminus ›Erfolg‹ belegt, hat zum ›Wandel durch Kapitulation‹ geführt.« Dieser Satz stand im ›Bayernkurier‹[9], und im ›CSU-Kurier‹ war zu lesen: »Die derzeitige Bundesregierung hat ... unsere westlichen Verbündeten zur Kapitulation in wichtigen Fragen ermuntert. «[10]

Aus dem Jahr 1975 stammen Äußerungen wie diese: »Eine Schar Terroristen randaliert und mordet und wird dennoch poussiert.«[11] »Eigentlich müßte es eine ›Diktatur zur Verteidigung der Demokratie‹ geben.«[12] Beide waren in dem von Strauß herausgegebenen ›Bayernkurier‹ zu lesen, der im übrigen schrieb, daß »in Bonn nur noch erlaubt ist, was Moskau gefällt«[13] und der die SPD als eine Partei bezeichnete, »die sich dadurch die Macht erschlich, daß sie die Bürger systematisch betrog«.[14] Über Brandt und Wehner äußerte sich der damalige CSU-Generalsekretär und jetzige bayerische Innenminister

Gerold Tandler nach einem Pressebericht in dem Sinne, »daß, während Franz Josef Strauß mit Zehntausenden an der Front gestanden hat, Willy Brandt die Zeit in Norwegen und Herbert Wehner wegen Spionage im Zuchthaus verbracht hat«.[15] Strauß selber sprach vom »eklatanten Versagen« derer, die ausgezogen seien, Deutschland zu reformieren »und einen ›Saustall‹ ohnegleichen angerichtet« hätten.[16] Ein gutes halbes Jahr später, kaum daß der Wirbel um die »Saustall«-Äußerungen sich gelegt hatte, konnte der ›Bayernkurier‹ unwidersprochen erklären, der Kern dessen, was Strauß bei vielen Gelegenheiten öffentlich gesagt habe, sei »gemeinsames Konzept der Opposition«. Darüber seien sieh CDU und CSU weitgehend einig.[17] Schließlich gehört in das Jahr 1975 auch die Behauptung des CSU-Organs, was der DGB-Vorsitzende Heinz Oskar Vetter zur paritätischen Mitbestimmung ausgeführt habe, das sei» Umsturz im Sinne des Anarchisten Michail Bakunin«[18]

Über die politische Einordnung solcher und ähnlicher Äußerungen läßt sich möglicherweise streiten, obwohl die Darlegungen der Verfassungsschützer über die Charakteristika extremistischer Agitation das Auslegungsfeld schon beträchtlich eingrenzen. Unstrittig dürfte hingegen das Urteil über folgende Auslassungen des Sprachrohrs konservativer Unionskreise sein. Unter der Überschrift »Der Bonner Bankrott« schrieb der ›Bayernkurier‹: »Unser Staat befindet sich in einer tiefen und schweren Krise. Dilettanten, Scharlatane, Spruchbeutel und Gernegroße, denen nichts fremder ist als das Wort Redlichkeit, machen sich endgültig daran, das Erbe des Fleißes und des Einfallsreichtums, der Tapferkeit, der Geduld und des Freiheitswillens der Deutschen aufs Spiel zu setzen. .. Sie nennen sich ›Sozialisten‹, diese Leute, in deren Namen dies geschieht... Man weiß nicht, was man an den Bankrotteuren mehr bewundern soll: ihre Kaltblütigkeit im Chaos oder die Dreistigkeit, mit der sie den Millionen gegenüber auftreten ... Leithammel Schmidt, befiehl! Wir folgen! Und Pferde-Apel (gemeint ist der SPD-Politiker Hans Apel; d.Verf.) galoppiere wieder an!«[19] »Das einzige, was an der Bonner Wirtschaftspolitik funktioniert, ist der Betrug am Volk.«[20]

Sind das Entgleisungen? Einmalige Fehltritte? Mitnichten. Im Jahr

1976 behielt das Wochenblatt der Christlich-Sozialen Union den gleichen Ton bei. Da wurde über Willy Brandt ausgeführt, er trage »sein wahres Volksfrontgesicht immer unverhüllter zur Schau«[21], und von den Sozialdemokraten hieß es: »Der ›demokratische Sozialismus‹ aber heißt Marxismus, kennt keine Parteien, sondern nur Diktatur ... Brandt und Vetter sind keine sozialen Demokraten, sondern demokratische Sozialisten.«[22] In einem Werbeinserat erklärte die CSU beschwörend: »Unser Land darf nicht unter eine sozialistische Zwangsherrschaft geraten.«[23] Franz Josef Strauß spann die Gedankenkette mit dem Satz weiter. »Sozialisten, besonders solche, die zum Marxismus tendieren, haben genauso ein autoritäres Denken, wie es manche Rechtsradikale haben.«[24] Aber nicht nur in der Nähe der Nachfahren Hitlers siedelten die Propagandisten des nationalkonservativen Lagers der Union führende Sozialdemokraten im Jahr der Bundestagswahl von 1976 an, sondern auch im Schatten der Moskauer Kremltürme. Für den ›Bayernkurier‹ war der Nachfolger Willy Brandts im Kanzleramt, Helmut Schmidt, ein »williges und lautstarkes Sprachrohr der kommunistischen Diktatoren in Moskau«.[25] Als dann die Unionsparteien bei der Wahl trotz alledem die erforderliche Mehrheit im Parlament nicht erreichten, wähnte das Münchner CSU-Blatt die beiden christlichen Schwesterparteien dennoch im Besitze der Mehrheit und schalt die siegreichen Bonner Koalitionspolitiker als »eine Clique machtbesessener Leute, die sich den Teufel scheren um den eindeutigen Willen der Mehrheit in unserem Staat. Es sind Leute, die... auch vor den Augen der Nation den letzten Rest von Schamgefühl verloren haben«. Sie handelten »mit einer Gewissenlosigkeit ohnegleichen ... « »Der Sowjetkommunismus ist befriedigt«, hieß es schließlich, »wenn Schmidt und Genscher auch weiterhin als seine ›nützlichen Idioten‹ fungieren. «[26]

Im Sommer des folgenden Jahres 1977 warnte der SPD-Vorsitzende Brandt in einem Brief an Bundeskanzler Schmidt vor einem Wiederaufleben des Rechtsradikalismus. Angesichts der Erregung über die Morde terroristischer Gewaltverbrecher blieb Brandts Warnung zunächst weithin unverstanden. Die CSU-Zeitung echauffierte sich auf erstaunliche Weise, so, als hätte Brandt Verrat an geheiligten Gütern der Nation begangen. »Entlarvend« nannte das Blatt die Warnung des SPD-Vorsitzenden. Damit hätten die »Ostblockverleumder ein gewichtiges Argument in die Hände bekommen«.[27] Der CSU-Vorsitzende sprach laut ›Bayernkurier‹ davon, daß Brandt eine »notorische deutschfeindliche Einstellung habe«.[28] In einem anderen Zusammenhang nannte Strauß den Regierungschef der Bundesrepublik Deutschland einen »Kanzler des Verfassungsbruchs«.[29] Im übrigen siegt nach Ansicht der zitierten Kreise »in der Regierungspolitik dieser Koalition der sozialistische Fanatismus über die humanitäre Idee der Menschenrechte«.[30]

Wer diese Beispiele einer eifernden Agitation politisch einzuordnen versucht, der findet nicht nur in den Berichten des Verfassungsschutzes über extremistische Bestrebungen gewisse Orientierungspunkte, sondern auch in der ultrakonservativen Publizistik aus der Zeit nach dem Ersten Weltkrieg. Für jene Kreise stand Deutschland unentwegt am Rande des Abgrundes, seit an die Stelle des obrigkeitsstaatlichen Kaiserreiches im November 1918 die demokratische Republik unter maßgeblicher Führung der deutschen Sozialdemokratie getreten war. »Seitdem geht es mit uns abwärts «, klagte 1931 die ›Neue Preußische/Kreuz-Zeitung‹, » und nun stehen wir vor dem offenen Grabe deutscher Staatlichkeit und sehen schaudernd in den schwarzen Abgrund. Was nationale Arbeit und Opferbereitschaft in Jahrhunderten mühsam aufgebaut haben, hat hemmungsloser Internationalismus und weicher Pazifismus in zwölf Jahren zerschlagen.«[31]

Die ungebrochene Linie deutsch-nationaler Kampfparolen wird insbesondere auch in den Behauptungen über eine angebliche nationale Würdelosigkeit der Sozialdemokraten deutlich. Vor nahezu einem halben Jahrhundert mußten sich die verantwortlichen Politiker der Weimarer Republik von reaktionären Kritikern sagen lassen, sie begegneten »dem Vernichtungswillen des Feindes mit bis zur Selbstverachtung gesteigerter Unterwürfigkeit«; sie hätten »kein Gefühl mehr für die Grenzen nationaler Würde und Selbstachtung«.[32] Haben die Politiker der sozialliberalen Bonner Koalition sich während der Auseinandersetzungen um die Ostpolitik nicht Ähnliches anhören müssen? Und die polemischen Angriffe aus den Reihen der Union im

Zusammenhang mit terroristischen Anschlägen – ähneln sie nicht den Behauptungen aus den zwanziger Jahren, die Sozialdemokraten hätten »durch die Revolution (von 1918) selbst den Boden« für die Ermordung des Außenministers Walther Rathenau geschaffen? Die schlechten Geister seien »erst am 9. November (1918) zu hemmungslosem Walten freigeworden, als man den historisch gewordenen Staat über den Haufen warf und damit freie Bahn für die Verbrechen schuf. Die Mordatmosphäre ist ein Teil des Fluches jener Tat geworden, die nun zwangsläufig fortzeugend das Böse gebären muß.«[33] Welchem liberalen Politiker von heute erschienen nicht die Gespenster der Vergangenheit, wenn er liest, was den maßgeblichen Politikern der Weimarer Republik vorgehalten wurde: »Der Vorwurf den man der heutigen Republik machen muß, besteht darin, daß sie den Grundfehler der sozialistischen Politik nicht erkannt und noch viel weniger die Willenskraft gezeigt hat, jene Fehler des Marxismus und Novembrismus wiedergutzumachen«.[34]

Es wäre hilfreich, wenn die Parteien einige ihrer Abgeordneten beauftragten, kontinuierlich die rechtsextremistische Presse von heute und den Inhalt deutsch-nationaler und konservativer Publikationsorgane aus der Weimarer Zeit zu studieren. Aufgabe dieser ›Späher‹ müßte es sein, Alarm zu schlagen, wenn aus den eigenen Reihen – aus welchen Gründen auch immer – Argumente laut werden, die ihnen während ihrer Pflichtlektüre so oder ähnlich begegnet sind. Eine solche Selbstkontrolle könnte dazu beitragen, das Abgleiten in die Diskussionsniederungen einer unseligen Vergangenheit zu verhindern. Denn darüber sollten sich alle klar sein: die Gefahr für die Zukunft steckt immer in den eigenen Köpfen. Den gewöhnlichen Rechtsradikalismus zu bekämpfen und dabei auch erfolgreich zu sein, fällt angesichts der Scheußlichkeiten der Hitlerzeit nicht schwer. Größere Wachsamkeit und Selbstdisziplin erfordern z.B. die teils gedankenlosen, teils leichtfertigen oder im Übereifer betriebenen Reglementierungsmaßnahmen unter dem löblichen Vorzeichen der Verteidigung der demokratischen Grundordnung. Hier kann des Guten sehr schnell zu viel getan werden, und hier findet dann auch der gewöhnliche Rechtsradikalismus, dessen Gefährlichkeit keinesfalls unterschätzt werden darf, seinen Nährboden. Das gleiche gilt für die emotional aufgeladenen Verdammungs- und Verteufelungsschelten gegenüber dem politischen Gegner. Mehr Vernunft, von der Heinrich Heine beiläufig sagte, sie sei demokratischer Natur, erscheint in vielen Fällen am Platze. Dies könnte dem Rabaukentum auf der politischen Bühne durchaus entgegenwirken und einem zivilisierteren Umgang miteinander zugute kommen.

Natürlich gibt es kein Allheilmittel etwa gegen antisemitische Amokläufer, wie sie unter anderem in der ›Deutsch-Völkischen Gemeinschaft‹ zu finden sind, deren öffentlich vertriebene Pamphlete einen Vergleich mit den Hetzblättern der Nazis sehr wohl aushalten. In einer dieser deutsch-völkischen Flugschriften heißt es: »Juden regieren in den USA – Juden regieren in der UdSSR ... Da nicht anzunehmen ist, daß die Juden freiwillig ihre Schlüsselpositionen aufgeben, müssen wir sie eben ›ganz demokratisch‹ dazu zwingen.«[35] Aus der gleichen Quelle stammt die Forderung: »Da sich in der Geschichte nichts wiederholt, und mangels geeigneter Führungskräfte an die Wiedererrichtung der NSDAP nicht gedacht werden kann, sollte zumindest freie Diskussion über den Nationalsozialismus erlaubt werden. Dem steht Artikel 139 des Grundgesetzes entgegen. Wir fordern: Weg mit Artikel 139 GG!«[36] Die ›Deutsch-Völkische Gemeinschaft‹ ist nach eigener Darstellung »gegen Kapitalismus, Zionismus, Kommunismus« und für eine »Volksgemeinschaft aller Deutschen«.[37] Kein Wunder, daß die überlebenden Opfer des Rassenwahns der Nationalsozialisten von einer »Renaissance der Schreckensmänner« sprechen. Ganz offensichtlich geschieht viel zu wenig zur Bekämpfung dieses Ungeistes, dessen Trägern nicht erlaubt werden dürfte, sich auf das Recht der Meinungsfreiheit zu berufen. Zu den Lehren der Geschichte gehört Unnachgiebigkeit gegenüber jedweden Versuchen einer Wiederbelebung des Nazismus. Bedauerlicherweise wird der Büchermarkt überschwemmt mit Publikationen, die einer ›seriösen‹ Aufarbeitung der NS-Vergangenheit oder einer ›Objektiven‹ Darstellung des sogenannten Phänomens Hitler dienen wollen. Solche Veröffentlichungen mögen lautere subjektive Motive haben, objektiv aber leiten sie den unbelehrbaren Hitleranbetern Wasser auf die Mühle. Die

Verfasser sollten sich nicht der Illusion hingeben, die Jugend von heute sei viel zu stark realitätsbezogen, als daß sie Gefallen finden könnte am Irrationalismus der Naziideologie. Von ungefähr kommt es schließlich nicht, daß die Bundesregierung sich unlängst veranlaßt sah, öffentlich vor einer »zunehmenden Bereitschaft« von Rechtsextremisten zu bewaffneter Gewaltanwendung zu warnen. Bei rund 120 Hausdurchsuchungen im Jahr 1977 und im ersten Halbjahr 1978 wurden bei Angehörigen rechtsextremistischer Organisationen in 15 Fällen Waffen, Munition oder Sprengstoff gefunden. Für 1977 registrierten die Behörden insgesamt 607 rechtsextremistische Ausschreitungen, zumeist Hakenkreuz-Schmierereien, Friedhofsschändungen und sonstige ähnliche Vorkommnisse. Im ersten Halbjahr 1978 wurden 379 Ausschreitungen dieser Art gezählt.

Die Neonazis fühlen sieh von solchen brutalen Übergriffen mitunter peinlich berührt; deshalb muß nach ihrer Logik ein Sündenbock her, am besten ein Kommunist. Auch konservative Kreise argumentieren so. Das ›Deutschland-Magazin‹ beispielsweise erklärte, »Handlanger des KGB«, also des sowjetischen Geheimdienstes, beschmierten Synagogen, Grabsteine und Kirchen mit Nazi-Symbolen; sie schrieben Drohbriefe an jüdische Bürger und planten »Rufmordkampagnen gegen führende konservative Politiker«.[38] Der CSU-Abgeordnete Otto Regenspurger schrieb im Unionspressedienst, »die vereinzelten rechtsradikalen Umtriebe« seien zum größten Teil »von östlichen Geheimdiensten inszeniert«.[39] Regenspurger beschuldigte in diesem Zusammenhang die SPD, in auffälliger Weise mit der Presse des Ostblocks über einen angeblich sich ausbreitenden Neonazismus in der Bundesrepublik Deutschland zu lamentieren. In der rechtsradikalen ›Deutschen Wochen-Zeitung‹ war davon die Rede, die »von Moskau ferngesteuerte Volksfront-Propaganda« betreibe eine »Neonazi-Kampagne«.[40] Aufgrund einer parlamentarischen Anfrage untersuchten die zuständigen staatlichen Stellen diese und ähnliche Behauptungen. Aber die Bundesregierung hatte keine konkreten Hinweise darauf, daß rechtsextremistische Organisationen in der Bundesrepublik von kommunistischer Seite aus gesteuert würden. Daher bestand für sie kein Anlaß zu besonderen Maßnahmen.[41] Eine kleine Anfrage anderen Inhalts, aber zum selben Thema, brachten am 9. November 1978 einige Unionsabgeordnete im Bundestag ein. Die Fragesteller, unter ihnen die Abgeordneten Dr. Dregger und Regenspurger, wollten von der Bundesregierung wissen: »Welche Tatsachen, insbesondere welche programmatischen Aussagen und welche Aktivitäten der Organisationen und ihrer führenden Funktionäre, tragen im einzelnen die Feststellung, daß a) die Nationaldemokratische Partei Deutschlands und die JN (Junge Nationaldemokraten), b) die National-Freiheitliche Rechte, c) die 17 im Verfassungsschutzbericht genannten ›neonazistischen Gruppen‹ verfassungsfeindliche Ziele verfolgen?« Vermutlich wird der Bundesinnenminister nachholen müssen, was er in dem Verfassungsschutzbericht 1977 ausgelassen hat, nämlich die früher übliche Aufzählung von Beispielen rechtsextremistischer Agitation. Aus der Anfrage der Unionsabgeordneten spricht Unsicherheit über die Beurteilung rechtsextremistischer Äußerungen. Es könnte auch der Schluß gezogen werden, den Fragestellern erscheine die Einstufung der erwähnten Organisationen als verfassungsfeindliche Gruppierungen zweifelhaft und die Regierung müsse noch den Beweis dafür antreten, daß es sich tatsächlich um Organisationen mit verfassungsfeindlichen Zielen handelt. Die bloße Bekräftigung des Standpunktes, die NPD und andere rechtsextremistische Gruppierungen verfolgten verfassungsfeindliche Ziele und verherrlichten das NS-Regime, reicht als Antwort nicht aus. Auch pauschale Hinweise auf einen »völkischen Kollektivismus« mit rassistischen Zügen helfen nur wenig.

Auf dem linken Flügel des politischen Spektrums läßt sich – wie gesagt – der Verfassungsfeind für manche eben viel leichter ausmaßen – da genügt das Wort ›Berufsverbot‹.

Anmerkungen

1 Kennzeichen D (Fernsehsendung 24. 6. 75, zit. aus Frankfurter Rundschau vom 28. 10. 78).

2 Offiz. Bericht über »Rechtsradikalismus in der Bundesrepublik im Jahr 1966«, Beilage der Wochenzeitung ›Das Parlament‹ 14. 6. 67.

3 ›Verfassungsschutz 1971‹, hsg. v. Bundesmin. d. Innern.
4 ›Verfassungsschutz 1975‹.
5 ›Verfassungsschutz 1976‹.
6 AP 26.9.71.
7 ›Frankfurter Rundschau‹ 4.2.71.
8 ›Weser-Kurier‹ 20. 9.71.
9 ›Bayernkurier‹ (BK) 2. 10.71.
10 BK 2. 10. 71 (Beilage ›CSU-Kurier‹).
11 BK 11.1. 75.
12 BK 22. 2. 75.
13 BK 8. 2. 75.
14 BK 1. 2.75.
15 ›Frankfurter Rundschau‹ 14.4.75.
16 BK 22. 2. 75 (Aschermittwoch 12. 2. 75 Passau).
17 BK 20. 9.75.
18 BK 15.11.75.
19 BK 6.9.75.
20 BK 31.5.75
21 BK 17.1.76.
22 BK 31.1.76.
23 BK 14.2.76.
24 BK 13.3.76.
25 BK 25.9.76.
26 BK 9.10.76.
27 BK 27.8.77.
28 BK 3. 1 2. 77.
29 BK 2.7.77.
30 BK 30. 7. 77.
31 ›Neue Preußische/Kreuz-Zeitung‹ 17.7.31.
32 dto.
33 ›Preußische Zeitung‹ 18.7.22.
34 dto. 17.9.22.
35 ›Mitteilungsblatt der Deutsch-Völkischen Gemeinschaft‹ Nr. 7/7 7.
36 dto. Nr. 9/77.
37 dto. Nr. 8/77.
38 ›Deutschland-Magazin‹ Nr. 5/78.
39 dpa 28.4.7 8.
40 Deutsche Wochen-Zeitung 30.6.78.
41 ddp 31. 5. 78.

Auf gleicher Wellenlänge*

Zur Mobilisierung antigewerkschaftlicher Affekte durch korrespondierende Politik von NPD, CDU/CSU und Industrie

»Die NPD ist nicht gewerkschaftsfeindlich«, beteuerte der stellvertretende NPD-Vorsitzende und frühere NSDAP-Gauredner Wilhelm Gutmann im November 1967, und es hörte sich an, als säusele der Fuchs: ›Glaubt mir, liebe Leute, ich habe nichts gegen Gänse, aber dem zarten Duft ihres Fleisches kann ich nun einmal nicht widerstehen.‹ Auch ›Fuchs‹ Gutmann (NSDAP-Mitglied seit 1. März 1932) ließ der Versicherung, seine Partei habe nichts gegen Gewerkschaften, ein ›Aber‹ folgen. Er sagte: *»Die NPD ist nicht gewerkschaftsfeindlich, warnt aber vor einem Abgleiten in bürgerkriegsähnliche Zustände.«*[1]

Ohne ›aber‹ kam auch der sozialpolitische Ausschuss der NPD bisher nicht aus. Seine Stellungnahme zu den Gewerkschaften lautet:

> »Wir Nationaldemokraten bekennen uns nachdrücklich zu parteipolitisch unabhängigen Gewerkschaften. Als Nationaldemokraten und Gewerkschafter sind wir aber besorgt, wenn gewisse Funktionäre der Meinung sind, die deutsche Gewerkschaftsbewegung sei der verlängerte Arm einer bestimmten Partei.«[2]

Die NPD weiß natürlich, dass derartige Aussagen ihr schwieriges Verhältnis zu den Gewerkschaften kaum grundlegend zu bessern vermögen. Deshalb machte sie in einem Sonderdruck des NPD-Organs »Deutsche Nachrichten« ihrem Ärger mit den Worten Luft: *»Die Gegner sagen, wir seien Gegner der Gewerkschaften... Wie verlogen sie doch sind.«*

Wie steht die »Nationaldemokratische Partei Deutschlands« tat-

---

* Aus »sozialistische Hefte«, Hefte 1 und 2, Januar und Februar 1969

sächlich zu den deutschen Gewerkschaften? Diese Frage zu beantworten, ist Aufgabe der vorliegenden Untersuchung. Sie fällt in eine Zeit, in der – wie selbst von liberaler Seite festgestellt wird – »*der Lack der widerspruchslosen Wohlstandsgesellschaft ... zerspringt*« und »*so etwas wie ein Klassenbewusstsein oder Gruppensolidarität wieder sichtbar wird.*« Die zurückliegenden Jahre waren gekennzeichnet »*durch die Konzentration aller Energien auf den wirtschaftlichen Wiederaufbau (und die Neugründung der persönlichen Existenz), durch die mit zunehmendem Wohlstand weit verbreitete Illusion von der Aufhebung der Widersprüche und Klassengegensätze, vom Weg in die Einheitsgesellschaft.*«[3] Diese Phase der Nachkriegszeit ist zu Ende. Die sozialen und politischen Spannungen nehmen zu. Die unterschiedlichen Interessen der Unternehmer und der Arbeitnehmer werden wieder deutlich sichtbar.

Die Gewerkschaften – so steht es im Godesberger Programm der SPD – kämpfen um einen gerechten Anteil der Arbeitnehmer am Ertrag der gesellschaftlichen Arbeit.[5] Wer den Gewerkschaften diese Aufgabe streitig zu machen und ihre Position zu schwächen versucht, handelt zum Nachteil der Arbeitnehmer, die wesentliche Interessen nur über die Gewerkschaften wahrnehmen können. Pauschale Bekenntnisse der NPD zum gewerkschaftlichen Gedanken und zur Solidarität der Arbeitnehmer können nicht darüber hinwegtäuschen, dass die Nationaldemokraten einen erheblichen Teil ihrer Kraft ausschließlich zur Bekämpfung der Gewerkschaften einsetzen.

NPD im Spiegel von Gerichtsurteilen

Mit der Behauptung, in der deutschen Gewerkschaftsbewegung seien »*Kräfte am Werk, die durch den Missbrauch ihrer augenblicklichen Macht auf die Dauer gesehen eine Gefahr für die Demokratie darstellen*«[6], versucht die NPD, sich selbst in die Position eines Verteidigers der Demokratie zu manövrieren, während sie gleichzeitig die Gewerkschaften, die sich in ihrer langen Geschichte noch immer als zuverlässige demokratische Kraft erwiesen haben, als antidemokratischen Störenfried hinzustellen bemüht ist.

Viele »Amtsträger« der NPD betreten mit der Kampfansage an die Gewerkschaften kein politisches Neuland, sondern setzen praktisch nur fort, worin sie sich in der Zeit vor und nach der Machtübernahme durch die Nationalsozialisten schon geübt haben. Nach *Auskunft des Bundesinnenministeriums sind 73 Prozent der Mitglieder des Parteivorstandes durch ehemals aktive Tätigkeit in der NSDAP und in rechtsradikalen Nachkriegsorganisationen belastet. Bei den Funktionären in den Ländern beträgt diese Belastungsquote 67 Prozent, bei den sogenannten Bundesrednern der NPD 91 Prozent und bei den Gesellschaftern des Parteiorgans ›Deutsche Nachrichten‹ gar 100 Prozent.*[4]

Mehrere deutsche Gerichte ließen gelten, dass die NPD als »*Nachfolgeorganisation der Nationalsozialisten*« erscheine, dass es sich um den »*zweiten Aufguss der Führerpartei*« handle, dass die NPD »*noch nicht einen solchen Abstand von dem als nationalsozialistisch geltenden Bereich gewonnen habe, dass jede ihr unerwünschte Missdeutung ausgeschlossen wäre*«. Das Landgericht Konstanz befand, es sei »*glaubhaft gemacht, dass weite Kreise ... der Ansicht sind, die NPD setze sich mindestens im wesentlichen aus früheren Nationalsozialisten zusammen*«. Die Stuttgarter Staatsanwaltschaft konstatierte: »*Die NPD hat personell und sachlich keine so klare Distanz vom Nationalsozialismus gewonnen, dass vergleichenden Betrachtungen jeglicher Boden entzogen wäre*«.[5] Das Landgericht Hannover bescheinigte dem DGB das Recht, »die NPD auch weiterhin öffentlich als arbeitnehmerfeindlich, antidemokratisch, neonazistisch und rechtsradikal zu bezeichnen«. Dem DGB sei es nicht verwehrt,

> »die Tatsache anzuprangern, dass die NPD gegen das Streikrecht, die Tarifautonomie und die Mitbestimmung eingestellt ist. Ebenso zulässig ist die Feststellung: »Die NPD verherrlicht neonazistisches Gedankengut, gefährdet die demokratische Grundordnung und betreibt skrupellos politische Gaukelei«.[6]

Der Leiter des Referats für Sozial- und Gewerkschaftsfragen beim Bundesvorstand der NPD und Beauftragte für die Erfassung der Arbeitnehmer im Sinne der neonazistischen NPD, der niedersächsische Landtagsabgeordnete Kurt Knüpfer hat »*als NSDAP-Mitglied von 1930 und SA-Mann von 1927 Adolf Hitler seine Dienste bei der Beseitigung der Weimarer Republik nicht versagt. Er versagt sie auch nicht seinem neuen Parteiführer Adolf von Thadden«.*[7]

Auf dem NPD-Parteitag in Hannover vom 10. bis 12. November 1967 offerierte von Thadden seine Partei als Hilfstruppe bei den Auseinandersetzungen mit den Gewerkschaften und anderen linksoppositionellen Gruppen. Raffiniert kalkulierte er dabei gewisse Ressentiments ein, von denen das Denken vieler Deutscher beeinflusst wird. Er sagte:

> »Wir haben weder vor den Dutschkes noch vor den Brenners Angst, sondern nehmen die Herausforderung von dieser Seite an, weil wir nicht zulassen wollen, dass unsere freiheitliche Ordnung in Westdeutschland von innen angenagt und ausgezehrt wird, bis sie schließlich wie eine reife Frucht die Beute der Kommunisten wird.«

Sympathiewerbung durch Unternehmerpresse

Wenn der NPD-Vorsitzende von Thadden seine Partei in Hannover ausdrücklich als Rammbock gegen Gewerkschaften und linksgerichtete Gruppen empfahl, dann rechnete er offenbar damit, dass solche Offerten auch in Unternehmerkreisen gebührend beachtet werden, zumal er davon ausgehen kann, dass der Chefredakteur der offiziellen Zeitschrift der Bundesvereinigung der deutschen Arbeitgeberverbände (BDA), Dr. Jürgen Heinrichsbauer, geneigt zu sein scheint, *»eine neue ›nationale‹ Partei auch im Kreise der Arbeitgeber gesellschaftsfähig zu machen«*.[8] Als die Nationaldemokratische Partei wenige Monate nach ihrer Gründung erste Erfolge bei Kommunalwahlen in Bayern und bei der Bürgerschaftswahl in Hamburg errang, hatte Heinrichsbauer geschrieben, die NPD sei *»fast über Nacht ... zur Hoffnung der National-Konservativen,...zum Hecht im Karpfenteich geworden«*. Weiter erklärte er:

> »Unsere Meinungsäußerung beginnt damit, dass wir – im Gegensatz

zum größten Teil der in der Presse veröffentlichten Leitartikel, Kommentare und Glossen – bis zum Beweis des Gegenteils – nicht der unabdingbaren Meinung sind, bei der NPD handle es sich um eine ›Nachfolgeorganisation der NSDAP‹.«

Heinrichsbauer verteidigte die NPD gegen Vorwürfe wegen einer missbräuchlichen Verwendung des Wortes »national«. Er schrieb:

»Wer heute, in welchem Zusammenhang immer, das von Hitler diabolisch pervertierte Wort ›national‹ in den Mund zu nehmen wagt, erntet alles, was menschliche Reaktionsfähigkeit zwischen zynischem Grinsen und wohlwollender Herablassung zu bieten hat. Denn auch die drei großen Parteien haben es bis jetzt nicht für nötig gehalten, den bundesrepublikanischen Wirtschaftswunder-Wähler in geziemender Form darauf vorzubereiten, dass die nationale Frage eines Tages virulent werden würde. Nach allem, was aus Franken, Hamburg und anderen deutschen Landen (über die Erfolge der NPD, d.V.) zu hören ist, scheint dieser Tag gekommen zu sein. Wir halten das nicht von vornherein für ein Unglück«.[9]

Der Präsident des Bundesverbandes der Deutschen Industrie (BDI), Fritz Berg, übte kurze Zeit später scharfe Kritik an der besorgten Reaktion des Auslandes auf die Stimmengewinne der Nationaldemokraten bei den Landtagswahlen in Hessen und Bayern. Er verwahrte sich dagegen, dass *»wegen der sieben bis acht Prozent ausmachenden Stimmenanteile der NPD bei zwei Länderwahlen die Deutschen pauschal mit Anwürfen überschüttet«* würden, und fuhr fort:

»Ähnliche, immer wieder aufs neue wiederholte Kampagnen in den letzten Jahren, die alle positiven Leistungen in Deutschland, die das festgefügte und in der Bevölkerung fest verwurzelte demokratische System ignorierten, und die stattdessen jede negative Randerscheinung maßlos aufbauschten, haben wesentlich zu den Erfolgen der NPD beigetragen«.[10]

So wie Fritz Berg versuchte auch der CSU-Vorsitzende Franz Josef Strauß die Schuld am Aufkommen der NPD zu verlagern. Obwohl niemand ernsthaft bestreitet, dass die Politik der Verantwortlichen in Bonn entscheidende Voraussetzungen für einen neuen Nationalismus schuf, wälzte Strauß die ganze Schuld ausgerechnet auf jene ab, die beispielweise in der Besetzung führender Posten durch ehemalige Parteigänger Hitlers eine Gefährdung des deutschen Ansehens erblicken und die vor der Möglichkeit eines Rückfalls in Fehler der Vergangenheit warnen. In einem Interview mit dem Bayerischen Rundfunk behauptete er:

> »Was wir heute an Reaktion in der Öffentlichkeit zugunsten der NPD erleben, das ist die Antwort auf die jahrelange Verhöhnung und Verspottung der Bundesrepublik, die Antwort auf die jahrelange Methode, alles, was deutsch ist und was national heißt, in den Dreck zu ziehen.«[11]

Die Lohnpolitik der NPD

Angesichts der wohlwollend abwartenden Haltung maßgeblicher Sprecher der deutschen Industrie gegenüber der NPD nimmt es nicht wunder, dass die Partei Adolf von Thaddens jeden Seitenhieb in diese Richtung tunlichst vermeidet, dafür aber umso heftiger auf die Gewerkschaften einschlägt. Nicht von ungefähr, so scheint es, hat die NPD mit ihrem Hannoverschen Programm den Unternehmern eine Vorzugsstellung eingeräumt. Während das bis dahin gültige »Manifest« der Partei die Unternehmer in der Rangfolge der gesellschaftspolitisch relevanten Gruppen an letzter Stelle nannte, räumt das neue Programm nun einer »kapitalkräftigen Großindustrie« den ersten Platz ein. Gleichzeitig wurden die Arbeiter auf den letzten Platz verwiesen. Früher lautete die Rangordnung: Bauern, Mittelstand, Arbeiter, Unternehmer. Jetzt lautet sie: kapitalkräftige Großindustrie, Mittelstand, Bauern und Arbeiter.

Obwohl die NPD ihre »Wertskala‹ zu ungunsten der Arbeiter verändert hat, gebärdet sie sich nach außen hin weiter als »Partei des kleinen Mannes«. An zahlreichen Beispielen lässt sich indessen beweisen, dass die NPD alle Bemühungen zur Verbesserung der sozialen Lage des »kleinen Mannes« bekämpft und dabei Seite an Seite mit den Arbeitgebern Front gegen die Gewerkschaften macht. Das gilt im besonderen für die Tarifpolitik, dem wichtigsten spezifischen Arbeitsgebiet der Gewerkschaften. Die NPD behauptet, in trauter Übereinstimmung mit der Unternehmerpropaganda, die Lohnpolitik der Gewerkschaften gefährde die Arbeitsplätze, bedrohe die Währungsstabilität und die Weiterentwicklung der Wirtschaft, sie ruiniere kleinere und mittlere Betriebe eigens zu dem Zweck, damit die Gewerkschaften diese Betriebe in die Hand bekämen. So schrieb das NPD-Organ »Deutsche Nachrichten« am 9. Februar 1968:

> »Die überhöhten Lohn-, Gehalts- und Sozialforderungen der Gewerkschaften haben dazu geführt, dass im Verlaufe der letzten Jahre eine ganze Reihe von mittleren und kleineren Privatbetrieben ihre Pforten schließen musste, weil die Unternehmer nicht in der Lage waren, diese Forderungen zu verkraften. Bedauerlicherweise liegt keine Statistik darüber vor, wie viele von diesen Unternehmen dann vom DGB selbst oder von einer der ihm angeschlossenen Gewerkschaften übernommen wurden. Tatsache ist jedoch, dass die Gewerkschaften als Unternehmer ihren Bestand in den letzten Jahren vergrößert haben. Und es besteht kein Zweifel darüber, dass es das Ziel der Gewerkschaften ist, durch weitere Lohn-, Gehalts- und Sozialforderungen auch noch den Rest der Mittel- und Kleinbetriebe in ihre Hand zu bekommen.«

Die Behauptung, die Gewerkschaften wollten nun »auch noch den Rest« der Mittel- und Kleinbetriebe in die Hand bekommen, erweckt zwangsläufig den Eindruck, als hätten sie den größten Teil bereits »okkupiert«. Der Bundesvorstand des DGB erklärte dazu auf Anfrage:

> »Die Behauptung, dass die Gewerkschaften mit ihrer Lohnpolitik die kleinen und mittleren Betriebe erst ruinieren, um sie dann in die

> Hand zu bekommen, ist völlig aus der Luft gegriffen. Der scharfe Konzentrationsprozess in unserer Volkswirtschaft geht so gut wie ausschließlich auf das Konto rein unternehmerischer Entscheidungen. Es ist völlig absurd, zu behaupten, die Gewerkschaften im DGB hätten es bei ihrer Lohnpolitik ganz besonders auf die kleineren und mittleren Betrieben abgesehen. Wer auch nur eine leise Ahnung von dem Ablauf von Tarifverhandlungen hat, der weiß, dass gerade bei großräumigen Tarifverträgen, wie etwa im Bereich der Metallindustrie, des grafischen- oder des Baugewerbes, auf die kleinen und mittleren Unternehmen Rücksicht genommen wird.«

So wie hier hat die NPD sich auch in einem anderen Fall nicht an den Realitäten orientiert, sondern ausschließlich an den Erfordernissen einer zweckbestimmten antigewerkschaftlichen Propaganda. Um den Gewerkschaften am Zeuge zu flicken, erklärte das NPD-Parteiblatt am 28.4.1967:

> »Der radikale Gewerkschaftsführer Brenner erhebt erneut die Forderung auf eine vierprozentige Lohnerhöhung, obwohl feststeht, dass die Eisen- und Stahlindustrie in diesem Jahr nicht mit einem Produktionszuwachs, sondern voraussichtlich sogar mit einem Produktionsrückgang rechnen muß. Man könnte das als Sabotage am Abbau der Restriktionen bezeichnen. Das scheint dem DGB gleichgültig zu sein, wenn dadurch nur seine egoistische Lohnpolitik zum Zuge kommt.«

Abgesehen davon, dass der DGB als Dachorganisation der Einzelgewerkschaften überhaupt nicht Tarifpartei ist und folglich gar keine Lohnforderungen anmelden kann, handelte es sich bei der Prognose, die Eisen- und Stahlindustrie habe 1967 mit einem Produktionsrückgang zu rechnen, um eine Zweckbehauptung, mit der ein diffamierender Vorwurf gegenüber den Gewerkschaften »abgesichert« werden sollte. In Wirklichkeit war die Produktion von Walzstahlerzeugnissen 1967 mit 24,9 Millionen Tonnen um rund 700.000 Tonnen größer als 1966, und sie übertraf um etwa 100.000 Tonnen die Produktion des Jahres 1965.[12]

Als die Gewerkschaften im Sommer 1967 einige Tarife kündigten, malte die NPD in den »Deutschen Nachrichten« (vom 21. 7. 1967) abermals das Gespenst eines wirtschaftlichen Niederganges an die Wand. *»Angesichts der ungünstigen gesamtwirtschaftlichen Situation«*, so erklärte sie, *»muß hier sehr vorsichtig operiert werden. Zunächst einmal sollten die Gesundung der Wirtschaft und der neue konjunkturelle Aufschwung im Vordergrund stehen, so berechtigt auch in einigen Branchen Lohnforderungen sein mögen«*.

Mit dieser Ansicht befand sich die NPD in voller Übereinstimmung mit der Bundesvereinigung der deutschen Arbeitgeberverbände, die ebenso wie Bundeswirtschaftsminister *Schiller* den Gewerkschaften Zurückhaltung empfahl. Tatsächlich war die gesamtwirtschaftliche Situation aber keineswegs so ungünstig, denn immerhin konnte die deutsche Wirtschaft den Außenhandelsüberschuss der Bundesrepublik 1967 mehr als verdoppeln (UPI-Meldung vom 23. 1. 68). Im Gegensatz zu ihren düsteren Prophezeiungen räumte die NPD später hinsichtlich der weiteren Entwicklung selbst ein: *»Insgesamt verspricht das Jahr 1968 für die Eisen- und Stahlindustrie der europäischen Gemeinschaft – zumindest mengenmäßig gesehen – einen günstigen Verlauf.«*[13]

Auf dem NPD-Parteitag in Hannover unterstellte Thadden den Gewerkschaften und den Arbeitnehmern, sie würden die nationalen Belange ignorieren:

> »Die Wertskala, die jedes Volk braucht, um sich auf dieser Erde zu behaupten, steht in der Bundesrepublik auf dem Kopf. Ganz oben stehen die persönlichen Dinge, die Lohntüte oder der Tarif. ... Wir fordern eine neue Wertskala, an deren Spitze die Männer und Frauen stehen, für die Deutschland noch ein höherer Wert ist als die eigene Brieftasche.«

Wie unberechtigt der Vorwurf war, die Gewerkschaften würden sich über wirtschaftliche Gesamtinteressen hinwegsetzen, bestätigte eine Aufstellung des Benelux-Generalsekretariats in Brüssel vom Mai 1968. Danach war die Bundesrepublik mit einer Zunahme der Bruttostundenlöhne von 3,6 Prozent in den ersten neun Monaten des Jahres 1967 erheblich hinter der Lohnentwicklung in anderen vergleichbaren Ländern zurückgeblieben. Für Frankreich wurde ein Lohnanstieg von 5,2 Prozent, für Italien von 5,7 Prozent, für die Niederlande von 6,9 Prozent und für Belgien von sieben Prozent errechnet. In Großbritannien stiegen die Bruttostundenlöhne um vier und in den USA um 4,2 Prozent (dpa vom 9. 5. 68). Kennzeichnend für die Zurückhaltung der deutschen Gewerkschaften in den davor liegenden Jahren ist das zweite Jahresgutachten des von der Bundesregierung berufenen Sachverständigenrates zur Begutachtung der gesamtwirtschaftlichen Entwicklung vom 15. 12. 1965, in dem es hieß: *»Die Gewerkschaften haben auch in der jüngsten Vergangenheit keine aggressive Lohnpolitik betrieben.«* Ein Jahr zuvor hatte der Sachverständigenrat am 20. 6. 1964 in einem Brief an den Bundeskanzler betont: *»Die Gewerkschaften ... werden in der Öffentlichkeit darauf hinweisen können, dass trotz ihrer Zurückhaltung die Konsumgüterpreise während der Laufzeit der alten Verträge nicht unerheblich gestiegen sind.«*

Das NPD-Engagement im Tarifstreit

Das alles hindert die NPD freilich nicht, die Gewerkschaften mit Vorwürfen zu überhäufen. So behauptete sie ihr Blatt »Deutsche Nachrichten« vom 12.1. 1968: *»Eine ganze Reihe von Arbeitsplätzen wurden und werden noch ausschließlich infolge der überhöhten sozialen Forderungen gefährdet, die niemand anderer als die Gewerkschaften selbst stellen.«* Über die zentralen Verhandlungen der IG Metall mit der Arbeitsgemeinschaft der metallindustriellen Arbeitgeberverbände vom Frühjahr 1968 unterrichtete das NPD-Organ seine Leser tendenziös und sachlich unzutreffend. Obwohl die IG Metall die Verhandlungen nicht wegen Lohn- und Gehaltsfragen für gescheitert erklärt hatte, sondern wegen der Weigerung der Unternehmer, akzeptable Vorschläge für ein Rationalisierungs-Schutzabkommen zu machen, schrieb das Blatt am 10.5.1968:

> »Bei den zentralen Tarifverhandlungen ... hatten sich Lohnforderungen und Angebot für den Durchschnitt der nächsten 18 Monate bis auf eine Differenz von 0,17 Prozent angenähert. Der Abbruch der Verhandlungen durch die Gewerkschaften musste also wirklich überraschen und zeigt wieder einmal, worum es den Gewerkschaften geht: um die Macht!«

Im Gegensatz zur unablässigen Kritik an den Gewerkschaften toleriert die NPD das Verhalten der Unternehmer in Tariffragen oder spendet ihm offen Beifall. Als alle Landesverbände der metallindustriellen Arbeitgeber im Sommer 1967 bei den zuständigen 14 Bezirksleitungen der IG Metall die zum 30. 6. 1967 kündbaren Lohn- und Gehaltstarife kündigten und gleichzeitig verlangten, sie unverändert um neun Monate bis Ende März 1968 zu verlängern – was auf eine entsprechende Lohnpause hinauslief – sprach das Parteiblatt der Nationaldemokraten lobend von einem »geschickten Schachzug der Arbeitgeber im Tarifstreit« und von einer »Lehre für radikale IG-Metall-Funktionäre«. Auch bei der Diskussion um die Höhe der Sozialausgaben im Bundeshaushalt stand die NPD auf seiten der Unternehmer. Sie kritisierte, dass die Ansätze im »konsumtiven Bereich« gegenüber 1967 »geradezu überproportionale Erhöhungen« aufwiesen (»DN« vom 13. 10. 67). Ähnlich äußerte sich auch das Deutsche Industrie-Institut in Köln. Es bemängelte, dass man in Bonn glaube, sich den *»notwendigen Kürzungen der Sozialausgaben entziehen zu können«.*[14]

Gelegentlich verwickelt sich die NPD bei Aussagen zu sozialen Problemen in eklatante Widersprüche. So kritisierte und rechtfertigte sie 1967 in ein und derselben Ausgabe ihres Parteiorgans (vom 14.4.67) die Erhöhung des Trinkmilchpreises. Während auf Seite 1 zu lesen war: *»Mit allgemeinen Verteuerungen werden wieder einmal gerade die kinderreichen Familien betroffen. Bestes Beispiel ist die falsche und unzureichende Agrarpolitik, die nun zu einer Anhebung des Milchpreises führt«*, hieß es auf Seite 4: *»In der bereits stark erhitzten Diskussion um die Milchpreiserhöhung wird geflissentlich darüber hinweggesehen, dass der Trinkmilchpreis in der Bundesrepublik ganz am Ende der EWG-Statistik* *rangiert. In der ganzen Diskussion wird mit zweierlei Maß gemessen, besonders von gewerkschaftlicher Seite.«* Widersprüche dieser Art, von denen die NPD hofft, sie würden unentdeckt bleiben, erklären sich aus dem Bestreben der Nationaldemokraten, jedem alles zu versprechen. Sie gleichen mit dieser Demagogie den Nationalsozialisten.

Die von der NPD befürwortete *»arteigene deutsche Lebenshaltung«* (»DN« vom 1. 9. 67) verlangt offenbar von den Arbeitnehmern, sie sollten soziale Belastungen widerspruchslos hinnehmen. Thaddens »neue Wertskala, an deren Spitze die Männer und Frauen stehen, für die Deutschland noch ein höherer Wert ist als die eigene Brieftasche«, ist freilich nicht so neu, wie es auf den ersten Blick scheint. Bereits um die Jahrhundertwende benutzten die deutschen Unternehmer die *»Idee von der grundsätzlichen deutschen Überlegenheit, um die organisierte Arbeiterschaft, die höhere Löhne und einen höheren Anteil an den Früchten dieser Tüchtigkeit verlangten, der undeutschen Einstellung zu bezichtigen«.*[15]

Die Mitbestimmungspolitik der NPD

Doch nicht nur in der Lohn- und Sozialpolitik verficht die NPD den Standpunkt der Unternehmer, sondern auch in der Diskussion um die Mitbestimmung. Die Arbeiter und Angestellten, die den entscheidenden Beitrag zum Ergebnis der Wirtschaft leisten, sind bisher von einer wirksamen Mitbestimmung ausgeschlossen. Demokratie aber – so heißt es im Godesberger SPD-Programm – verlangt Mitbestimmung der Arbeitnehmer in den Betrieben und in der gesamten Wirtschaft. Die Entwicklung in der Bundesrepublik hat zur Wiederherstellung der alten Besitz- und Machtverhältnisse geführt. Die Großunternehmen sind erstarkt, die Konzentration des Kapitals schreitet ständig fort. Die Arbeitnehmer, d. h. die übergroße Mehrheit der Bevölkerung, sind nach wie vor von der Verfügungsgewalt über die Produktionsmittel ausgeschlossen. Ihre Arbeitskraft ist auch heute noch ihre einzige Einkommensquelle. Die Gewerkschaften kämpfen um die Ausweitung der Mitbestimmung der Arbeitnehmer.

Damit wollen sie eine Umgestaltung von Wirtschaft und Gesellschaft einleiten, die darauf abzielt, alle Bürger an der wirtschaftlichen, kulturellen und politischen Willensbildung gleichberechtigt teilnehmen zu lassen (Grundsatzprogamm des DGB).

Die NPD lehnt die gewerkschaftliche Forderung nach Erweiterung der Mitbestimmung scharf ab. Sie behauptet, diese Wünsche seien »zur Zeit nicht realisierbar«, weil es den Arbeitnehmern – wie auch die Unternehmer meinen – an den notwendigen Kenntnissen fehle. Ausbildung und Bildung müssten erst *»weit über dem heutigen Niveau stehen, und gerade daran hapert es zur Zeit«* (»DN« vom 22. 12. 67). Nach Ansicht des Vorstandsmitgliedes der Vereinigung der Arbeitgeberverbände in Bayern, Wilhelm Hübsch, haben Gewerkschaftsvertreter in der wirtschaftlichen Führung eines Unternehmens, in der »kaufmännischen Leitungseinheit«, nichts zu suchen. Auf überbetrieblicher Ebene gebe es für die Gewerkschaften eine Reihe von Möglichkeiten, mitbestimmend tätig zu sein, beispielsweise in der *Bildungsarbeit.*[16] Auch die NPD möchte die Gewerkschaften hauptsächlich mit Bildungsarbeit beschäftigen. Sie empfahl, *Grundlage jeder sozialpolitischen Arbeit (sollte) die Erhaltung der Arbeitsplätze und die Verbesserung des Bildungsniveaus sein, um auch weiterhin auf dem Weltmarkt zu bestehen«.* (»DN« vom 22. 12. 67).

Um sich nicht von vornherein jede Möglichkeit zur Agitation unter Arbeitern und Angestellten zu verbauen, legen die Nationaldemokraten gelegentlich auch unverbindliche Bekenntnisse zur Mitbestimmung ab. Worauf es ihnen ankommt, geht unzweideutig aus dem *NPD-Programm* hervor, in dem es heißt: *»Die Mitbestimmung hat nicht durch betriebsfremde Funktionäre, sondern ausschließlich durch Arbeitnehmer der Betriebe zu erfolgen.«* Die Arbeitnehmer in den Betrieben wären dabei in der Lage eines Stabhochspringers, der ohne Stab die Latte überspringen soll. Im Grunde geht es der NPD wie den Unternehmern darum, die Gewerkschaften aus dem Zentrum des wirtschaftlichen Geschehens, nämlich aus den Betrieben, herauszuhalten. Ohne unmittelbaren Rückhalt bei ihrer Organisation und ohne Hilfe erfahrener Gewerkschaftsfunktionäre wären die Arbeitnehmer dann praktisch jeder möglichen Willkür ausgesetzt. Darüber hinaus würde damit jeder fortschrittlichen Entwicklung in Richtung auf eine Demokratisierung der Wirtschaft der Todesstoß versetzt, weil diese Art der Mitbestimmung zur Aufsplitterung der Arbeitnehmer führen müsste und jeden Versuch einer koordinierten Verbesserung der Stellung der Arbeitnehmer im Leben der Gesellschaft ausschlösse.

Zu den beliebtesten Einwänden gegen die Vorschläge der Gewerkschaften gehört die Behauptung, dem DGB gehe es nur um mehr Macht für seine Funktionäre. So wurde zum Beispiel auf einer Konferenz von 50 Betriebs- und Personalräten der NPD vor einem »weiteren Machtzuwachs des Funktionärkaders gewarnt«. (»DN« vom 25.8.67) Die NPD machte sich damit unter anderem Argumente der Christlichen Gewerkschaftsbewegung zu eigen, die zuvor schon im Parteiorgan »Deutsche Nachrichten« verbreitet worden waren. Das Blatt schrieb am 19.5.67:

> »Weiter lehnt die CGB die Erweiterung der Mitbestimmung zumindest so lange ab, wie die geltenden Gesetze nur die Macht der Funktionäre fördern und der einzelne Arbeitnehmer nur in neue Abhängigkeit gezwungen wird.«

Die NPD möchte den im DGB zusammengeschlossenen Gewerkschaften offenbar grundsätzlich das Recht absprechen, die Interessen der Arbeitnehmer in den Betrieben wahrzunehmen. »Eine bedingungslose Akzeptierung des DGB-Konzeptes zur Mitbestimmung oder zu anderen Themen muß von uns abgelehnt werden, da unsere Gesellschaftsordnung eine doktrinäre Meinungsbildung nicht kennt und auch nicht dulden darf«, hieß es dazu in einem DN-Artikel vom 22.12.67, der eine »sinnvolle« Mitbestimmung verlangte.

Die NPD befindet sich damit in Übereinstimmung mit der Bundesvereinigung der Deutschen Arbeitgeberverbände. Sie führte gegen die Mitbestimmung ins Feld, die im DGB zusammengeschlossenen Einzelgewerkschaften mit ihren 6,5 Millionen Mitgliedern repräsentieren nur eine Minderheit der Arbeitnehmer. Und weil nur eine Minderheit dieser Minderheit, nämlich die »verselbständigten Funktionäre« der Gewerkschaften, die Entscheidung in einer demokratisierten Wirtschaft treffen würde, wäre die Beteiligung der Arbeitnehmer an der Mitbestimmung »nur fingiert.«[17] Ins gleiche Horn stieß auch der »Industriekurier«. Er behauptete in der Ausgabe vom 25.3.65, schon die bloße Mitbestimmung bedeute *»die Abschaffung des Unternehmers und seine Ersetzung durch eine Gewerkschaftsdiktatur«*. Ähnlich äußerte sich auch die NPD. Sie unterstellte, die Erfüllung der gewerkschaftlichen Mitbestimmungsforderungen würden bedeuten, *»dass die Gewerkschaften über den Weg der überbetrieblichen Mitbestimmung die Unternehmer in eine Abhängigkeit bringen würden, die es sehr schnell ermöglichen könnte, dass sich Gewerkschaften und Arbeitnehmer miteinander einrichten und ein Kartell bilden, um sich mit Leichtigkeit jeglicher öffentlichen Einflussnahme zu entziehen«*. (»DN« vom 22.12.67).

Wie wenig die NPD selbst vor billigster Demagogie zurückschreckt, beweist ihre Behauptung, die Gewerkschaften erstrebten die erweiterte Mitbestimmung, damit ihre Funktionäre sich an Aufsichtsratsbezügen bereichern können. Gespräche mit Arbeitern hätten ergeben, *»dass diese mehr an einer verstärkten Vermögensbildung interessiert sind, die ihnen zugute kommt, als an einer ›Mitbestimmung‹, von der sie selbst nichts zu sehen bekommen, wohl aber ihre Funktionäre. Man sieht, wohin die Karre läuft, bzw. laufen soll. Es geht nicht um den kleinen Arbeitnehmer, sondern ganz einfach darum, dass die an sich schon bezahlten DGB-Funktionäre weiterhin auf unsere Kosten aus dem Vollen schöpfen können.«* (»DN« vom 9.2.68)

Mit ihrem Einwand, die Arbeitnehmer wollten gar keine Mitbestimmung, sondern seien viel mehr an Vermögensbildung interessiert, präsentiert die NPD keine eigene Erfindung. Kurz zuvor hatte sich der von der BDA vorgeschlagene Berater in der Mitbestimmungskommission der Bundesregierung, *Dr. Wolfgang Heintzeler,* in gleicher Weise ausgelassen. Er sagte, der einzelne Arbeitnehmer solle die Möglichkeit haben, über den Erwerb von Aktien *Miteigentum* an den Produktionsmitteln und damit »Mitbestimmung« zu erreichen.[18]

Die Hoffnung auf Brosamen, die vom Tisch der Reichen fallen, soll also die Arbeitnehmer davon abhalten, ihren Platz in der Gesellschaft grundlegend zu verbessern. Anscheinend verspricht man sich davon selbst bei der CDU nicht viel. Der »Arbeitnehmerflügel« der

Union bemüht sich jedenfalls nicht von ungefähr darum, den Unwillen über die Weigerung der CDU, im Bundestag ohne Zeitverlust eine erweiterte Mitbestimmung zu beraten, zu kanalisieren. Aber selbst von diesen »Auffangversuchen« will der Wirtschaftsrat der CDU nichts wissen. Der Vorsitzende dieses Gremiums, Klaus Scheufelen, erklärte, die Behauptung einer Bundeskonferenz für Betriebs- und Personalräte der Sozialausschüsse der christlich-demokratischen Arbeiterschaft, die Ausweitung des Mitbestimmungsrechtes könne nicht mehr aufgehalten werden, lasse *»jegliches Verständnis der wirtschaftlichen Zusammenhänge vermissen«*.[19]

Mit welch zwielichtigen Methoden der CDU-Wirtschaftsrat die gewerkschaftlichen Forderungen bekämpft, machte ein Protestbrief der CDU-Sozialausschüsse an den Generalsekretär der Partei, Familienminister Bruno Heck, deutlich. Nach Angaben der Wochenzeitung »Echo der Zeit« stellte der Wirtschaftsrat der CDU e. V. der Hamburger Jungen Union Mittel in Höhe von »mehreren tausend Mark« für eine Kampagne gegen die Mitbestimmung zur Verfügung. Das Motto sollte lauten: »Mitbestimmung – mehr Macht für Gewerkschaftsbosse«.[20] Das Gespenst einer gewerkschaftlichen Machtzusammenballung wird also von NPD, CDU und Unternehmern in trauter Gemeinsamkeit beschworen; um von der tatsächlichen Machtballung und Alleinherrschaft des Großkapitals abzulenken.

Als der DGB am 12. März 1968 seine Vorstellungen von einem Gesetz zur Ausdehnung der im Montanbereich praktizierten paritätischen Mitbestimmung auf weitere 380 Kapitalgesellschaften veröffentlichte, antworteten Unternehmer, NPD und CDU/CSU mit einem vielstimmigen Nein. Der Vorstand der BDA erklärte, damit sei »die Frage nach der Verteilung der Macht im demokratischen Staate aufgeworfen.«[21] Die NPD behauptete, dem DGB-Vorsitzenden *Ludwig Rosenberg* gehe es *»ganz einfach um eine Machtergreifung, die für das ganze Volk gefährlich wäre«*. (»DN« vom 22.3.68) Und das CDU-Organ »Bayern-Kurier« (vom 23.3.68) sprach davon, eine Erfüllung der gewerkschaftlichen Forderungen brächte *»eine Ausdehnung und Zementierung der Macht der Gewerkschaften in unserem Staate, die nicht nur von Skeptikern als höchst bedenklich angesehen werden«* müsste.

Zustimmend äußerten sich NPD und CSU auch zu anderen Einwänden der Unternehmer. So meinten die »Deutschen Nachrichten« (vom 22.3. 68), es sei *»keinesfalls verwunderlich«*, dass die Arbeitgeber von einem *»Rückfall in vergangene Klassenkampfzeiten«* sprächen, und der »Bayern-Kurier« (vom 23. 3. 68) bemängelte *»verzopfte Klassenkampfkategorien«* Rosenbergs. Der DGB-Vorsitzende schlug nach Ansicht der NPD *»Töne an, die ebenso gut in eine Versammlung des linksradikalen SDS gepasst hätten, der ja bekanntlich die in der Bundesrepublik Deutschland bestehende Gesellschaftsordnung zu stürzen gedenkt«*. (»DN« vom 29. 3. 68). Schließlich machte sich das nationaldemokratische Parteiblatt auch wörtlich die Behauptung der Arbeitgeberverbände zu eigen, die Gewerkschaften seien im Begriff, zu einem »Staat im Staate« zu werden.

Ähnlich wie die NPD bei der Auseinandersetzung um die Verbesserung des Betriebsverfassungsgesetzes (siehe unten) sah sich das CSU-Organ »Bayern-Kurier« vom 23.3.68 in der Mitbestimmungsdiskussion zu der Warnung veranlasst, die Gewerkschaften erstrebten eine »Monopolstellung«, die in ihrer *»syndikalistischen Ausprägung für unser demokratisches System von erheblicher Gefahr wäre«*. Die »Deutschen Nachrichten« (vom 29. 3. 68) ergänzten diesen Kassandraruf durch die Bemerkung, die gewerkschaftlichen Wünsche bildeten *»die Vorstufe zu einer in einigen Jahren stattfindenden Enteignung«*.

Der DGB-Vorsitzende Ludwig Rosenberg stellte dazu fest:

> »Die Deutsche Gewerkschaftsbewegung hat sich zu dem Standpunkt durchgerungen, dass ein ›sozial verpflichtetes‹ Eigentum akzeptabel sei. Sie hat deshalb in ihrem neuen Grundsatzprogramm den Begriff ›Überführung in Gemeinwirtschaft‹ nur noch als ›eines der Mittel‹ und nicht mehr als ›das Ziel‹ ihrer gesellschaftspolitischen Zielsetzung herausgestellt. Wenn aber von den anderen der Eigentumsbegriff so statisch und absolut ausgelegt wird, wie es aus der Diskussion um die Mitbestimmung erkennbar wird, dann wird sich zwangsläufig die Frage nach der Überführung von Produktionseigentum erneut wieder anders stellen und diese Überführung könnte wieder als das einzig übrigbleibende wirksame Mittel erscheinen.«

Zu dem Vorwurf, die Beteiligung von Gewerkschaftsfunktionären in den Aufsichtsräten führe zu einer »Machtkonzentration« der Gewerkschaft, sagte Rosenberg:

> »Niemals wird von den gleichen Leuten, die ständig solche Argumente vorbringen, von der tatsächlichen Machtkonzentration einiger weniger Banken gesprochen. Diese Großbanken sitzen in nahezu allen Aufsichtsräten, und an der zentralen Lenkung der von ihnen gestellten Aufsichtsräte kann kein Zweifel sein.«[22]

Um die Mitbestimmungsforderungen der Gewerkschaften zu diffamieren, behauptete die NPD, es gehe einzig darum, *»noch mehr Funktionären des DGB fette Aufsichtsratsposten zu verschaffen«*. (»DN« vom 29.3.68) Diese Legende soll den Anschein erwecken, als gebe es bereits ein ganzes Heer von DGB-»Mitbestimmungsgewinnlern«. Tatsächlich werden in der gesamten Bundesrepublik nur etwa 160 Aufsichtsratsposten von Gewerkschaftsvertretern bekleidet. Im übrigen scheint die Sachkenntnis auf diesem Gebiet selbst bei Leuten, die es »eigentlich wissen müssten«, nicht sehr groß zu sein, sprach doch der »Industriekurier« davon, die Gewerkschaften hielten 10.000 Aufsichtsratspositionen besetzt. In Wirklichkeit gab es in den Unternehmen mit paritätischer Mitbestimmung vor der großen Konzentrationswelle insgesamt überhaupt nur 1250 Aufsichtsratsmitglieder. 578 davon waren Arbeitnehmer, darunter ganze 28 Prozent Gewerkschaftsvertreter. Die verbleibenden mehr als zwei Drittel entfielen auf Belegschaftsmitglieder der jeweiligen Betriebe und auf Repräsentanten des öffentlichen Lebens. In den Unternehmen, die dem Betriebsverfassungsgesetz, also nicht der paritätischen Mitbestimmung, unterliegen, wird das eine Drittel der Aufsichtsratssitze, das den Arbeitnehmern zugebilligt wird, fast ausschließlich von Belegschaftsmitgliedern eingenommen.[23]

NPD und Betriebsverfassung

Die Vorschläge des DGB zur Änderung des Betriebsverfassungsgesetzes werden von der NPD scharf zurückgewiesen. Die Partei spekuliert dabei auch auf antikommunistische Affekte. So erklärt sie z. B.: *»Ein Betriebsverfassungsrecht nach diesem Modell wäre von kommunistischen oder syndikalistischen Systemen kaum noch zu unterscheiden«*. Der Gesetzentwurf des DGB sei ein *»Strangulierungsgesetzentwurf«*, mit dem die Betriebsräte zum *»verlängerten Arm der DGB-Gewerkschaften«* würden (»DN« vom 8.12.67). Unverkennbar tritt hier der Wunsch zu Tage, den Einfluss der DGB-Gewerkschaften in den Betrieben zu brechen und die Arbeitnehmer ihrer Organisation zu berauben. Ihre Stelle soll offenbar eine nach dem NS-Prinzip vom »Betriebsführer« und der »Gefolgschaft« ausgerichtete »Gewerkschaft« à la »Deutsche Arbeitsfront« einnehmen.

Im »Politischen Lexikon« der NPD wird die Ansicht, Arbeitnehmer und Arbeitgeber müssten »grundsätzlich in getrennten Organisationen stehen«, als »ewig gestrig« bezeichnet. Damit greift die Partei auf Vorstellungen zurück, die in der NS-Zeit zur »Gleichschaltung« der Tarifpartner in der »Deutschen Arbeitsfront« geführt und die Arbeitnehmer in entscheidenden Fragen rechtlos gemacht hatten. (Davon später mehr.)

Die Einwände der NPD gegen die DGB-Konzeption zur Stärkung der Stellung der Betriebsräte decken sich im Prinzip mit denen der Arbeitgeber. Das Vorstandsmitglied der Badischen Anilin- und Sodafabriken, Dr. Heintzeler, der – wie schon erwähnt – von der Bundesregierung in die Mitbestimmungskommission entsandt wurde, warnte vor einer »Salamitaktik« der Gewerkschaften, durch zunächst kleine Schritte über das Betriebsverfassungsgesetz hinaus die derzeitige Wirtschaftsordnung »planvoll auszuhöhlen«.[24] Das Vorstandsmitglied der Vereinigung der Arbeitgeberverbände in Bayern, Wilhelm Hübsch, verkündete düster, wollte man nach den Vorstellungen der Gewerkschaften verfahren, müßte es unweigerlich zu einer Störung der gesellschaftlichen Ordnung kommen.[25]

Die NPD sieht in der Existenz von Gewerkschaften, die sich als

Interessenorganisation der Arbeitnehmer verstehen, augenscheinlich ein Hindernis bei der Wiederbelebung des nationalsozialistischen »Volksgemeinschafts«-Gedankens. So behauptete sie beispielsweise: *›Wäre die DGB-Hierarchie gesonnen abzutreten,... könnte man direkt hoffen, aus einer klassenkämpferisch zerfressenen pluralistischen Gesellschaft zu einem deutschen Volk zu kommen.‹* (»DN« vom 14.7.67) Das Wort »klassenkämpferisch« wird von den Nationaldemokraten (aber nicht von ihnen allein) bei der Auseinandersetzung mit den Gewerkschaften nicht ohne Hintergedanken verwendet. Mit ihm verbinden viele Menschen die Vorstellung von Unruhe, Straßenschlachten und Umsturz, kurz: von »kommunistischen Umtrieben«. Dabei wirkt offensichtlich die nationalsozialistische Propagandaparole fort, die Existenz von Klassen und Klassengegensätzen sei eine auf purer Einbildung beruhende kommunistische »Erfindung«. Die NPD spekuliert anscheinend darauf, mit einer Wiederbelebung dieser Parole besonderen Anklang bei mittelständischen Schichten und dem gehobenen Bürgertum zu finden. In den Jahren um 1930 mißfiel den »guten Bürgern« zwar das Demagogische und Vulgäre an der NSDAP, aber sie erweckte – und das gefiel – den *›alten Patriotismus und Nationalismus, die in den ersten zehn Jahren der (Weimarer) Republik gedämpft worden waren, zu neuem Leben‹*. Die NSDAP versprach, *das deutsche Volk von Kommunisten, Sozialismus, von den Gewerkschaften und den Fehlschlägen der Demokratie fortzuführen«*.[26] Das sicherte ihr schließlich die Unterstützung der gesamten politischen Rechten. Als Hitler 1932 *»dem nationalen Deutschland den Sieg und seinen marxistischen Zerstörern und Verderbern die Vernichtung«* wünschte[27], sprach er vor allem jenen aus dem Herzen, die Hinweise auf den Zwang der Arbeitnehmer, sich zur Durchsetzung ihrer Forderungen auf starke Gewerkschaften stützen zu müssen, seit jeher als »kommunistische Verhetzungstaktik« betrachteten.

Fünfunddreißig Jahre später, im November 1967, schlug Adolf von Thadden auf dem NPD-Parteitag in Hannover ähnliche Töne an, als er erklärte: *»Es ist ein nationaler Notstand, wenn in einer wirtschaftlichen Krisenlage der Klassenkampf in den Kategorien des Karl Marx wieder aufbricht.«* Nach Ansicht der NPD muß an die Stelle der *»Solida-*

rität von Klassen« die *»Solidarität der Nation«* treten. Die Negierung objektiv vorhandener gesellschaftlicher Gegensätze hat indes wenig mit der Wirklichkeit zu tun. Sie entspringt dem Wunsch nach Unterordnung der Arbeitnehmer unter die gegebenen Verhältnisse und läuft darauf hinaus, den Gewerkschaften das Recht zur Entwicklung von Modellen einer modernen, fortschrittlichen Gesellschaft abzusprechen. Thaddens Absage an die »Solidarität der Klassen« richtete sich offenbar besonders an die Adresse des Vorsitzenden der IG-Metall, Otto Brenner, der die Bundesrepublik als *»Klassengesellschaft mit ihren sozialen Gegensätzen und Ungerechtigkeiten, dem Luxus und der Macht der wenigen auf der einen, und der bescheidenen Existenz und der Abhängigkeit der vielen auf der anderen Seite«* charakterisierte.[28] Der liberale Publizist Karl Hermann Flach bezeichnete es als »Illusion«, anzunehmen, die Widersprüche und Klassengegensätze seien in der Wirtschaftswundergesellschaft aufgehoben worden.[29] Ähnlich äußerte sich Harry Pross:

> »Wenn noch so viele wunschdenken mögen, so ist doch eindeutig, dass zwei Klassen existieren: eine Oberklasse, der es möglich ist, sich anderer Menschen zu Zwecken zu bedienen, die ihrer Freiheit nicht zugute kommen, und die Unterklasse, die sich verwenden lassen muß, auch gegen das wohlverstandene eigene Interesse. Rationalisierung und Massenproduktion haben das Proletariat gehoben, zugleich aber auch die Abhängigkeit verstärkt. ... Die Hebung des Lebensstandards ändert an der Grundstruktur wenig oder nichts, und von einer ›Einebnung‹ der Klassengegensätze kann kaum die Rede sein. ... Auch goldene Ketten bleiben halt Ketten.«[30]

Als Klassen bezeichnet man nach Lenin *»große Menschengruppen, die sich voneinander unterscheiden nach ihrem Platz in einem geschichtlich bestimmten System der gesellschaftlichen Produktion, nach ihrem (größtenteils in Gesetzen fixierten und formulierten) Verhältnis zu den Produktionsmitteln, nach ihrer Rolle in der gesellschaftlichen Organisation der Arbeit und folglich nach der Art der Erlangung und der Größe des Anteils am gesellschaftlichen Reichtum, über den sie verfügen. Klassen sind Grup-*

pen von Menschen, von denen die eine sich die Arbeit der anderen aneignen kann infolge der Verschiedenheit ihres Platzes in einem bestimmten System der sozialen Wirtschaft.«[31]

Theorie der »Volksgemeinschaft«

Die NPD möchte verhindern, dass die Arbeiter, die als Klasse vom Besitz an Produktionsmitteln ausgeschlossen sind, den Unternehmer als gesellschaftlichen Widersacher erkennen, dem ein größerer Anteil am Ertrag der gesellschaftlichen Arbeit nur durch Kampfentschlossenheit abgerungen werden kann. Sie identifiziert die Interessen der Unternehmer mit denen der Arbeiter und Angestellten und versucht durch den Appell an die Arbeitnehmer, sie sollten *»ihre persönlichen Interessen dem Wohle des Ganzen unterordnen«*[32], einen Schutzwall vor den Unternehmern aufzurichten. In ihrem Programm erklärt die NPD: *»Die endgültige Überwindung des Klassenkampfes und die Bildung einer Leistungsgemeinschaft aller Schaffenden ist unser Auftrag in der industriellen Massengesellschaf«*. Sie übernimmt damit programmatische Ausführungen des früheren CDU-Bundeskanzlers Ludwig Erhard, der in seiner Regierungserklärung vom 10. November 1965 sagte:

> »Nach den geschichtlichen Erfahrungen unseres Volkes, die das Bewußtsein der Abhängigkeit aller von allen geweckt und bestärkt haben, hat die deutsche Gesellschaft den Charakter einer Klassengesellschaft verloren. An ihre Stelle ist eine Leistungsgemeinschaft getreten.«

Wenige Monate zuvor hatte Erhard gedroht:

> »Wer dem deutschen Arbeiter einreden wollte, es herrschten immer noch Zustände eines Klassenkampfes vor, der muß sich gefallen lassen, von mir mit aller Härte angegriffen zu werden. Diese innere Verlogenheit darf nicht Bestand haben.«[33]

Der CSU-Vorsitzende Strauß versucht der Öffentlichkeit einzureden: *»Die Zeit des Klassenkampfes von oben nach unten und von unten nach oben gehört der Vergangenheit an.«* (Bayernkurier 18. 1. 1969)

In gleichem Sinn äußerte sich auch die Bundesvereinigung der Deutschen Arbeitgeberverbände: *»Unser Grundgesetz will nicht den Klassenkampf, sondern die soziale Befriedung.«*[34]

Ähnliche Versuche, den Klassengegensatz zum Vorteil der Unternehmer durch die Idee einer »Leistungsgemeinschaft« oder der »Gemeinschaftsarbeit« des ganzen Volkes zu verschleiern, wurden bereits von den Nationalsozialisten unternommen. Sie rückten *»im Streit gegen den marxistischen Klassenkampf und den ihm dienstbaren nivellistischen Kollektivismus die verantwortliche Unternehmerpersönlichkeit in den Vordergrund, (um so) die Voraussetzung für eine vertrauensvolle Gemeinschaftsarbeit zu schaffen«*, wie es im »Nationalsozialistischen Handbuch für Recht und Gesetzgebung« hieß.[35]

Mit ihrem Verlangen nach »endgültiger Überwindung des Klassenkampfes« setzt die NPD also konsequent die nationalsozialistische Praxis fort, durch »Gleichschaltung« der sozialen Interessen die Voraussetzung zur Gleichschaltung der gesamten Nation unter der Oberherrschaft des Kapitals zu schaffen. Dass sie sich dabei auf Äußerungen prominenter Unions-Politiker berufen kann, beweist allenfalls, dass der angebliche »Neubeginn« nach Kriegsende ein Trugbild war. Das Fortbestehen der traditionellen Tendenz, die Arbeitnehmer durch nationale Phrasen zum Stillhalten zu bewegen, wurde nicht aus der Welt geschafft. Indessen muß jede Form einer staatlich erzwungenen Leistungsgemeinschaft, jeder Zwang nach Formierung, *»in ein politisches System einmünden, wie es Deutschland schon einmal für 12 Jahre erlebt hat. Für freiheitliche Gewerkschaften, die ihren sozialen Gegenspielern wie auch der Regierung unbequem sein dürfen und müssen, wäre in einem ›Gemeinschaftswerk‹ kein Platz mehr.«*[36]

Vor dem Wirtschaftstag der CDU erklärte Ludwig Erhard am 8. August 1965, *»wenn die Gruppen in ihrem Egoismus sich überbieten wollen, wenn sie gegeneinander kämpfen, anstatt ... die Notwendigkeit des Miteinanders zu erkennen«*, werde es nie zur Erfüllung von Gemeinschaftsaufgaben kommen. Der damalige Bundeskanzler bezeichnete es als sein *»Anliegen, dass wir über den Gruppenegoismus hinwegfinden«*. Im NPD-Programm heißt es zu diesem Thema: *»Wenn einzelne Gruppen nur noch ihre Interessen durchsetzen wollen und diese für wichtiger halten als das Wohl des Ganzen, dann beginnt die Auflösung des Volkes.«*

Die These vom »Arbeitsfrieden«

Besondere Hoffnungen werden bei der Auseinandersetzung mit den Gewerkschaften auf das Wort »Arbeitsfrieden« gesetzt, das nach Meinung der CDU-nahen »Rheinischen Post« vom 18. 2. 66 *»in Deutschland weit über Vorstellungen wie Streik und Aussperrung (rangiert). Nicht Krieg, sondern Frieden ist der allgemeine Wunsch«*. Demgemäß versuchte der Arbeitgeberverband der hessischen Metallindustrie die Öffentlichkeit während eines Tarifkonfliktes durch ein Inserat gegen die Gewerkschaften einzunehmen, in dem er versicherte, die Arbeitgeber wollten gemeinsam mit ihren Mitarbeitern den »Arbeitsfrieden« aufrechterhalten.[37]

Auch die NPD sieht in der Sicherung des Arbeitsfriedens die »vornehmste Pflicht«:

> »Gewerkschaften und Unternehmer haben den Auftrag, gemeinsam für den Interessenausgleich der Sozialpartner zu sorgen. Die Sicherung des Arbeitsfriedens ist ihre vornehmste Pflicht, nicht aber die Anmaßung politischer Vorrechte.« (NPD-Programm)

In einem Sonderdruck des NPD-Organs zur Sozialpolitik heißt es: *»Wir wollen Arbeitsfrieden und keinen Arbeitskampf.«* Auch die Nationalsozialisten kannten schon den Wert des Wortes »Arbeitsfrieden«. Sie benutzten es vorsätzlich, um die Entrechtung der Arbeiterschaft zu vertuschen. So heißt es in einem Kommentar zum NS-»Gesetz zur Ordnung der Nationalen Arbeit«:

> »Durch den Treuhänder der Arbeit, der an die Richtlinien und Weisungen der Reichsregierung als Reichsbeamter gebunden ist, wird für

> die Erhaltung des Arbeitsfriedens Sorge getragen und werden die Tarifforderungen festgesetzt und überwacht.«[38]

Ungeachtet dieser abschreckenden Erfahrungen aus der nationalsozialistischen Zeit will die NPD die Regelung von Tarifangelegenheiten wieder dem Staat übertragen. In ihrem Programm erklärt sie nämlich:

> »Kann bei sozialen Spannungen oder Lohnkämpfen keine Einigung erzielt werden und bleiben eigenverantwortliche Schlichtungs- und Schiedsbemühungen ergebnislos, sind Schiedsgerichte unter verantwortlicher Mitwirkung des Staates zu bilden, die zeitbegrenzte Entscheidungen verbindlich zu treffen haben.«

Ähnlichen Zwecken wie die Verwendung des Wortes Arbeitsfrieden dient die Aufforderung, zum *»Wohle des Ganzen«* zusammen zu wirken. Die NPD verlangt in ihrem Programm:

> »Gewerkschaften und Unternehmer müssen sich als selbstverantwortliche Sozialpartner ihrer Mitverantwortung für das Volksganze in hohem Maße bewußt sein. ... Die Tarifautonomie findet dort ihre Grenze, wo auf Kosten des Ganzen und ohne Rücksicht auf das allgemeine Wohl verfahren wird.«

Auch hier besteht Übereinstimmung mit Forderungen der CDU, in deren Wirtschaftsthesen betont wird:

> »Zur Sicherung einer freiheitlichen Gesellschaft und eines steigenden Wohlstandes müssen in einer formierten Gesellschaft alle gesellschaftlichen Gruppen zusammenwirken. Das gilt insbesondere auch für Unternehmer und Arbeitnehmer, die in gegenseitigem Verständnis und in Anerkennung ihrer besonderen Funktionen die gemeinsame Verantwortung für die Leistungsfähigkeit von Wirtschaft und Gesellschaft tragen.«[39]

Die Nationalsozialisten hielten Begriffe wie »Arbeitgeber« und »Arbeitnehmer« für überflüssig. Sie sprachen vom »Betriebsführer« und von der »Gefolgschaft« und machten auf diese Weise von vornherein deutlich, wer im Betrieb das »Sagen« hatte. Aber auch sie proklamierten die Zusammenarbeit zum »Gemeinnutz« aller. In einem Kommentar zum NS-»Gesetz zur Ordnung der Nationalen Arbeit« hieß es:

> »Nach diesem Gesetz gibt es keine Arbeitgeber und keine Arbeitnehmer mehr. Im Betrieb arbeiten die Unternehmer als Führer des Betriebes, die Angestellten und Arbeiter als Gefolgschaft gemeinsam zur Förderung der Betriebszwecke und zum Gemeinnutz von Volk und Staat.«[40]

Gemeinsame Arbeit »zum Gemeinnutz von Volk und Staat«, »gemeinsame Verantwortung für die Leistungsfähigkeit von Wirtschaft und Gesellschaft«, »Mitverantwortung für das Volksganze« – die Parolen zur Verschleierung der Gegensätze zwischen Kapital und Arbeit haben die Zeiten fast unverändert überdauert.

Auf dem NPD-Parteitag in Hannover sprach Adolf von Thadden pathetisch davon, *»dass alles verspielt sein wird, wenn wir nicht die Notgemeinschaft bilden, die in einer ungeheuren Kraftanstrengung unser Volk, Alte und Junge, alle Stände und Konfessionen, Männer und Frauen, wieder zusammenführt. Völker haben sich nie aus einer Niederlage erhoben, wenn jeder nur gefordert hat, sondern wenn alle bereit waren, ihre persönlichen Interessen dem Wohle des Ganzen unterzuordnen. Nicht die Solidarität von Klassen, sondern die Solidarität der Nation führt zum Aufstieg«.*

Diese Phrasen haben ebenfalls Vorläufer. In der nationaldemokratischen »Notgemeinschaft« des Volkes lebt die nationalsozialistische Propagandaparole von der »Volksgemeinschaft« wieder auf, die einst zur Entrechtung der Arbeitnehmer und schließlich zur Entmündigung des ganzen Volkes diente. Die Industriellen hörten dieses Schlagwort nicht ungern; es verordnete von Staats wegen die »Beseitigung« der Klassengegensätze und garantierte den Unternehmern Schutz vor der »Begehrlichkeit« der Arbeitnehmer.

Die NPD kann bei ihrer Forderung nach einer »Notgemeinschaft« des Volkes allerdings auch auf weniger anrüchige Vorbilder verweisen, nämlich auf Ludwig Erhards Idee einer »formierten Gesellschaft«, die von den Nationaldemokraten in abgewandelter Form übernommen wird. In der Konsequenz münden aber beide Ideen in das gleiche Wunschbild, das den Gegnern einer selbstbewußten Arbeiterschaft zu allen Zeiten vorgeschwebt hat: die freiwillige Unterordnung der Arbeitnehmer unter die Machtverhältnisse der kapitalistischen Gesellschaft und der Verzicht auf jede Demokratisierung der Wirtschaft. Einblick in die Vorstellungswelt gewisser Unternehmerkreise gewährte die apodiktische Feststellung des »Industriekuriers« vom 7.10.65: *»Die Demokratisierung der Wirtschaft ist ebenso unsinnig, wie eine Demokratisierung der Schulen, der Kasernen und der Zuchthäuser.«*

NPD gegen »DGB-Kapitalisten«

Die Sozial- und Gewerkschaftspolitik der NPD fährt doppelgleisig. Gegenüber bürgerlichen Schichten versucht sie, die Gewerkschaften als »kommunistisch verseucht« und als »Mittel des Klassenkampfes«[41] zu diffamieren, gegenüber der linksorientierten Arbeiterschaft als »Kapitalisten«. Die gleiche Methode wandte auch die NSDAP an. Mit der Parole »Gegen Kapitalismus und Marxismus«[42] versuchte sie sowohl den Mittelstand als auch die Arbeiter für sich einzunehmen. Was die NPD mit ihrem Vorwurf, führende Gewerkschaftsfunktionäre seien »smarte DGB-Kapitalisten« (DN vom 8.12.67) erreichen will, liegt auf der Hand. Sie möchte den Eindruck erwecken, die Gewerkschaftsfunktionäre hätten ganz andere Interessen als die einfachen Mitglieder. In einer Besprechung des antigewerkschaftlichen Buches von Hans Stadler, »Die Gewerkschaften – Ein roter Staat im Staate«, dessen wesentliche Passagen vom NPD-Organ »Deutsche Nachrichten« (DN) in elf fast ganzseitigen Fortsetzungen abgedruckt wurden, behauptet das Sprachrohr der NPD (am 3. 2. 67):

»Die Gewerkschaften, durch laufend steigendes Beitragseinkommen

> an finanzieller Überfütterung leidend, suchen immer neue Möglichkeiten zur Investierung, sie sind Großbankiers, Kaufhauseigner, Versicherungsunternehmer und Fabrikanten, kurz gesagt ›Kapitalisten‹.«

Das Schlagwort von den »DGB-Kapitalisten« wird nicht bloß von der NPD in Umlauf gesetzt. Unterstützt werden die Nationaldemokraten dabei vom CSU-Organ »Bayern-Kurier« (Herausgeber Franz Josef Strauß). Das Blatt schrieb am 13.1. 68: *»Der Deutsche Gewerkschaftsbund und seine Gewerkschaften sind Kapitalisten per excellence.«* Dieser Tatbestand sei mittlerweile so weit Allgemeingut geworden, *»dass sich auch mehr und mehr Mitglieder der Gewerkschaften, die durch fleißiges und pünktliches Beitragszahlen den finanziellen Unterbau der gewerkschaftlichen Unternehmen geschaffen haben, fragen, welche Rolle die Gewerkschaften als Kapitalisten in der deutschen Wirtschaft tatsächlich spielen.«*

Damit ist ein Stichwort gegeben: der angebliche Mißbrauch von Mitgliedsbeiträgen durch die Gewerkschaften. Übereinstimmend messen NPD und CSU diesem Vorwurf offenbar einen besonderen Diffamierungswert bei. Die CSU beschränkt sich dabei nicht auf die Behauptung, die Gewerkschaften benutzten Beiträge der Mitglieder, um sich als »Kapitalisten« zu betätigen, sondern sie glaubt hier auch ein wirksames Argument entdeckt zu haben, mit dem ihr Vorsitzender Strauß gegen Kritik aus den Reihen der Gewerkschaften in Schutz genommen werden kann. Als die Zeitung »Metall« (Organ der IG Metall) am 19.3.68 in einer Stellungnahme zur ablehnenden Haltung von Strauß gegenüber dem Atomwaffensperrvertrag bemerkte, der CSU-Vorsitzende habe *»offenbar immer noch nicht den Traum einer deutschen atomaren Machtpolitik aufgegeben«* und man sollte vielleicht *»endlich einmal aufdecken, welche atomaren Absprachen er zum Beispiel mit Südafrika getroffen hat«*, erklärte zunächst Strauß selbst, die gewerkschaftlichen Beitragszahler sollten einmal *»Rechenschaft darüber verlangen, für welche Zwecke ihre Beiträge verwendet werden«*. Anschließend paraphrasierte der »Bayern-Kurier« (vom 30. 3. 68) die Auslassung seines Herrn mit den Worten:

»Die IG Metall, ob ihrer Nachbarschaft zu linksextremen, antiparlamentarischen und kommunistenfreundlichen Elementen berüchtigt, wäre besser beraten, ihre aus Mitgliedsbeiträgen aufgebrachten Gelder ihrem Auftrag gemäß zu verwenden, um nicht in den naheliegenden Verdacht zu geraten, Finanzier staatsfeindlicher Umtriebe zu sein.«

Auf den eigentlichen Kern, nämlich den Vorwurf atomarer Absprachen mit Südafrika, gingen weder Strauß noch der »Bayern-Kurier« ein.

Was die Haltung der NPD zu diesem Thema angeht, so spiegelt sie sich in der Behauptung wider, die Gewerkschaften stellten Lohnforderungen auch zu dem Zweck, ihre Beitragsaufkommen zu erhöhen. So bemerkte das NPD-Organ (»DN« vom 28.4.67) zu einer Lohnforderung der IG Metall: *»Schließlich ist auch bekannt, dass die Gewerkschaftsbeiträge zum Teil erheblich zurückgehen und der Aufbesserung dringend bedürfen.«* Dadurch soll der Eindruck entstehen, die Gewerkschaftsbeiträge dienten den Funktionären zur persönlichen Bereicherung. In Wirklichkeit haben natürlich die Gehälter der Gewerkschaftsfunktionäre nicht das geringste mit der Höhe des Beitragsaufkommens zu tun.

Abgesehen davon wird gelegentlich eingewendet, die Beiträge seien generell zu hoch und müßten unter Einsatz des »Gewerkschaftsvermögens« gesenkt werden. Tatsächlich werfen die gewerkschaftlichen Bankguthaben alljährlich etwas ab. Ein Guthaben in Höhe von 270 Millionen DM bringt bei einem Zinssatz von 5 Prozent eine jährliche Einnahme von 13,5 Millionen DM. Umgerechnet auf die 6,5 Millionen Gewerkschaftsmitglieder ergäbe das für jedes einzelne Mitglied theoretisch eine Beitragssenkung von monatlich 16 Pfennig. Die Einnahmen aus den wirtschaftlichen Beteiligungen der Gewerkschaften machen pro Mitglied einen Jahresgewinn von 1,50 DM aus. Das sind im Monat etwa 12 Pfennig. Wie soll dieses Geld verteilt werden? Das Briefporto für die Benachrichtigung der Mitglieder würde bereits einen erheblichen Teil der Einnahmen verschlingen. Hinzu kämen die Kosten für Formulare, Briefbogen, Umschläge und der unvermeidliche Verwaltungsaufwand, so dass am Ende weder etwas von einer Beitragssenkung noch von einer Gewinnerstattung übrig bliebe.

Das Gerede von einer Übervorteilung der Gewerkschaftsmitglieder erweist sich somit als Bluff. Im übrigen kommen die Gewerkschaftsangehörigen seit langem in den Genuß sinnvoller Rückvergütungen, und zwar in Form von Krankheits-, Invaliditäts- und Altersunterstützungen. Folgende Beträge wurden bisher ausgeschüttet: für *Krankenunterstützung 3,8* Millionen DM; für *Invalidenhilfe* 4,7 Millionen DM; für *Streik- und Gemaßregeltenunterstützung* 880.000 DM; für *Sterbegeldunterstützung* 920.000 DM; für sonstige Unterstützungen 112.000 DM. Dazu der Bundesvorstand des DGB: *»Wenn man das ganze Organisationsvermögen unter die Mitglieder verteilte, bekäme jeder gerade 40,- DM! Wieviel Streiktage könnte eine Familie damit wohl finanzieren?«*[43]

Nach Angaben der Gewerkschaft wird eine Beitrags-DM wie folgt aufgeteilt: 5 Pfennig für Bildungs-, Frauen-, Jugend- und Angestelltenarbeit; 24 Pfennig für die Ortsverwaltungen; 8 Pfennig für die Aufwendungen der Bezirksleitungen; 8 Pfennig für die Gewerkschaftszeitung; 3 Pfennig für Lohn- und Tarifverhandlungen; 15 Pfennig für Aufgaben des DGB und des Internationalen Bundes Freier Gewerkschaften; 20 Pfennig für Verwaltungskosten, Gehälter und Konferenzen.

Die NPD redet nicht aus bloßer Lust am Fabulieren von DGB-Kapitalisten, von gewerkschaftlichem Vermögen, von gutbezahlten Funktionären und von Bereicherung durch die Mitbestimmung. Sie will dadurch die Unzufriedenheit der Arbeitnehmer über zunehmende soziale Belastungen »umpolen«. Die Unzufriedenheit soll sich nicht gegen die Unternehmer und gegen Entscheidungen der Regierung richten, sondern gegen die Gewerkschaften. Außerdem versucht die NPD, sich dadurch bei den Arbeitern anzubiedern. Zu diesem Zweck posiert sie ungeachtet ihrer antisozialistischen Grundeinstellung gelegentlich sogar als Verteidigerin »sozialistischer« Belange und revolutionärer Tendenzen. Ihr Parteiorgan verbreitete z. B. am 10. 2. 67 Stadlers Ansichten über die Anfänge der Gewerkschaften nach dem zweiten Weltkrieg: *»Die Gleichschaltung des DGB mit den Organen des amerikanischen Monopolkapitals geht bis ins Personelle hinein; es gilt, die Schlüsselstellungen mit Garanten korrosiven antisozialistischen Geistes zu besetzen.«* Auf dem NPD-Parteitag in Hannover im November 1967 erklärte Adolf von Thadden:

> »Besonders große Aufregung herrscht nun darüber, dass im Ruhrgebiet rote Fahnen gezeigt werden und die ›Internationale‹ gesungen wird. Dies ist doch nur ein Ausdruck der Verzweiflung, die jene erfaßt, die seit Jahrzehnten im Revier tätig sind und dort über Jahrzehnte schwere Arbeit geleistet haben ... Diese Arbeiter sehen nicht ein, dass sie die Opfer eines liberalistischen Prinzips sein sollen ... Und prompt wird das Gespenst des Kommunismus an die Wand gemalt.«

Wie heuchlerisch diese scheinbare Parteinahme für die Ruhrkumpel ist, geht daraus hervor, dass das von von Thadden herausgegebene Parteiorgan, wenige Monate bevor der NPD-Vorsitzende die roten Fahnen an der Ruhr verteidigte, den DGB beschimpfte, weil er eine »Kommunistenfahne geschützt« habe. (Es handelte sich um die Fahne der spanischen Republik.) Unter der Überschrift: »DGB schützt Kommunistenfahne«, berichteten die »Deutschen Nachrichten« vom 19.5.67 wie folgt über die Mai-Kundgebung des DGB 1967 in München:

> »Die Maidemonstrationen des DGB wurden auch jetzt wieder zu einem beträchtlichen Teil von Gastarbeitern bzw. Gastkommunisten bestritten. In München, wo der Oberboß des DGB sprach, waren auch wieder spanische Kommunisten mit der Flagge der sogenannten spanischen ›Republik‹, als der terroristischen Volksdemokratie der Bürgerkriegsjahre, erschienen. Es gab aber auch eine Gruppe patriotischer Spanier, die mit der offiziellen Staatsflagge angerückt waren. Zwischen den beiden Gruppen kam es zu einer Schlägerei. Die Gralshüter der deutschen Demokratie schlichteten den Streit. Zu wessen Gunsten? Während der Reibereien, bei denen die Polizei nicht eingriff, erschien ein Ordner des DGB und sorgte dafür, dass die Franco-

> Flagge eingerollt und entfernt wurde. In fünf Jahren, wenn nicht früher, kann es schon heißen, wenn die Ulbricht-Flagge mit der des demokratischen Deutschland konkurriert: ... und sorgte dafür, dass die Fahne der Bonner Faschisten eingerollt und entfernt wurde.«

Die gleiche widersprüchliche Haltung nimmt die NPD übrigens auch in Sachen Notstand ein. Während ihr Vorsitzender Thadden sich auf dem Parteitag in Hannover (in der Hoffnung auf Wählerstimmen aus Kreisen der Notstandsgegner) gegen die Einführung von Notstandsermächtigungen aussprach, kritisierte das von ihm herausgegebene Parteiblatt ›Deutsche Nachrichten‹ kurz danach (am 15.3.68) in scharfen Worten die Gegner der Notstandsgesetze. Die Zeitung schrieb:

> »Die ganze heftige Kampagne gegen die Notstandsgesetze ist nur ein Beweis dafür, dass starke Kräfte in der Bundesrepublik der Bonner Regierung, auch der Großen Koalition, unter allen Umständen das Recht absprechen und ihr die Pflicht verweigern, alles Notwendige zu tun ... Wer sie (die Regierung) ihrer Handlungsfreiheit beraubt in einem Notstand, dessen Brisanz uns seit der bolschewistischen Revolution und seit der Atombombe bekannt sein sollte, der schützt nicht die Demokratie, sondern er spielt mit der Freiheit und dem Bestand des Volkes.«

Inzwischen hat sich der NPD-Vorstand offiziell zu den Notstandsgesetzen bekannt.

»Arbeiterfreundlich« wie die NSDAP

Die Sympathie der NPD für das Franco-Regime, das die Arbeiter aller demokratischen Rechte beraubt hat, hindert die Nationaldemokraten nicht, ausgerechnet ihre Partei als Heimstatt für deutsche Arbeiter zu empfehlen. So erklärte Thadden in Hannover: *»Die Soziologen haben vor einem Jahr noch festgestellt, die NPD sei eine Partei des*

Mittelstandes, in der die Arbeiterschaft noch nicht entsprechend ihrem Anteil an der Gesamtbevölkerung vertreten sei. Dies ändert sich seit vielen Monaten zusehends und wird das Gesicht dieser Partei zunehmend prägen.« Zahlen nannte Thadden nicht. Nach Schätzungen des Bundesinnenministeriums beträgt der Anteil der Arbeiter an der NPD-Mitgliedschaft 32 Prozent.[44] Darin könnte sich möglicherweise eine gefährliche Entwicklung widerspiegeln.

Die Resultate der jüngsten Kommunal- und Landtagswahlen haben gezeigt, dass es den Nationaldemokraten gelungen ist, in traditionelle Arbeiterwahlbezirke einzubrechen und zum Nutznießer der Enttäuschung über den Eintritt der SPD in eine Bonner Koalition mit der CDU/CSU zu werden. Ihre Erfolge werden sie ohne Frage veranlassen, sich künftig in verstärktem Maße auch »Linkswählern« als Alternative anzubieten. Damit würde sich eine Entwicklung wiederholen, die schon in der »Kampfzeit« der Nationalsozialisten vor 1933 zu beobachten war. Damals etablierte sich in der NSDAP unter Gregor und Otto Strasser ein »proletarischer Flügel«[45], der an den »Sozialismus« im Nationalsozialismus glaubte und die Partei »aus dem Proletariat heraus« aufbauen wollte. Hitler eliminierte ihn, als er die Zeit für gekommen hielt. Mit Rücksicht auf die sozialistischen Tendenzen bei der deutschen Arbeiterschaft nach dem ersten Weltkrieg hatten die Nazis jedoch ganz bewußt das Wort »sozialistisch« in ihren Parteinamen aufgenommen.

Auf ähnliche Weise versucht nun auch die NPD, das Spektrum ihrer politischen Offerten durch eine »linke« Komponente zu ergänzen, indem sie sich, so wie die NSDAP, als »Arbeiterpartei« geriert. Sozialdemokraten, Sozialisten und Gewerkschaftsmitglieder werden diese Entwicklung sorgfältig zu beobachten haben. Das gilt besonders für das Ruhrgebiet. Hier wird die NPD alles daransetzen, die Gewerkschaften mit pseudo-radikalen Parolen zu unterwandern. Unter Vorsitz des Referenten für Gewerkschaftsfragen beim nordrhein-westfälischen NPD-Landesvorstand, Friedhelm Busse, konstituierte sich im Oktober 1967 ein sozialpolitischer Landesausschuss der NPD. Die 30 Teilnehmer waren sich (lt. DN vom 13.10.67) darin einig, *»dass die Bundestagswahl 1969 maßgeblich mit in Nordrhein-Westfalen ge-*

wonnen werden wird.« Es wurde vereinbart, die Arbeit der NPD im Ruhrgebiet zu intensivieren.

Die ungelösten struktur- und sozialpolitischen Probleme im Revier bieten der NPD auf Gewerkschaftsebene eine Reihe von Ansatzpunkten. Sie setzt offenbar gewisse Hoffnungen auf den »Unabhängigen Bergarbeiterverband e. V.«, der in das Vereinsregister der Stadt Marl eingetragen ist. Unter der Überschrift »Frischer Wind im Ruhrgebiet« berichtete das NPD-Organ am 19.1.68:

> »An Rhein und Ruhr ist seit geraumer Zeit ein Unabhängiger Bergarbeiterverband e. V., Sitz Marl, mit einer bemerkenswerten Aktivität tätig. Aus verschiedenen Regionalzeitungen ist zu ersehen, dass die IG Bergbau und Energie im DGB auf die Aufklärungsarbeit des jungen Verbandes sehr nervös reagiert und bereits zu fragwürdigen Gegenmaßnahmen gegriffen hat. Das wundert uns nicht, wenn man weiß, mit welchen Methoden sie selbst gegen ihre eigenen Kollegen vorgeht, die das ›Verbrechen‹ begingen, Mitglied der NPD zu werden.«

Der letzte Satz bezieht sich auf den Ausschluß von NPD-Mitgliedern aus der IG Bergbau und Energie, die damit entsprechend einem Beschluß des DGB-Bundeskongresses handelte, der die Mitgliedschaft in der Nationaldemokratischen Partei für unvereinbar mit der Mitgliedschaft in der Gewerkschaft erklärte. Unter den Ausgeschlossenen befindet sich auch der niedersächsische NPD-Landtagsabgeordnete und Leiter des Referats Gewerkschaftsarbeit beim Bundesvorstand, Kurt Knüpfer, der nach Angaben von Gewerkschaftsseite bereits vor 1933 der NSDAP und der SA beitrat. Der inzwischen verstorbene Gründer des »Unabhängigen Bergarbeiterverbandes« soll eine ähnliche Vergangenheit gehabt haben. Die IG Bergbau schätzt die Mitgliederzahl dieses Verbandes auf etwa 4000. Verglichen mit den rund 500.000 Mitgliedern der IG Bergbau stellt er eine Splittergruppe dar, die als Tarifpartei nicht zugelassen ist. Kenner des Ruhrgebiets vergleichen den Radikalismus des »Unabhängigen Bergarbeiterverbandes« mit den Propagandamethoden der Nazis. Sie halten es für möglich, dass Kumpel aus Enttäuschung neonazistischen Demagogen zum Opfer fallen. Nach ihrer Ansicht kann dieser Gefahr nur durch verstärkte Aktivität des Hauptvorstandes zur Abwendung sozialer Belastungen entgegengetreten werden.

Einen ersten spektakulären Erfolg erzielte der von der NPD geförderte »Unabhängige Bergarbeiterverband« im März 1968 bei den Betriebsratswahlen im Steinkohlenbergbau an der Ruhr auf der von der Stillegung bedrohten Zeche »Pluto« in Wanne-Eickel. 42 Prozent der Kumpel dieser Schachtanlage entschieden sich für Kandidaten des »Bergarbeiterverbandes«, dessen Liste vom Kreisgeschäftsführer der NPD in Wanne-Eickel, Hermann Riedemann, angeführt wurde. Riedemann war am 19. Dezember 1967 wegen seiner NPD-Mitgliedschaft aus der IG Bergbau und Energie ausgeschlossen worden. Außer dem NPD-Funktionär wurden fünf weitere, angeblich parteipolitisch unabhängige Kandidaten auf der Liste des »Bergarbeiterverbandes« in den Betriebsrat der Zeche »Pluto« gewählt. Während bis dahin alle fünfzehn Mitglieder des Betriebsrates von der IG Bergbau und Energie gestellt worden waren, sind es jetzt nur noch neun. Der Verlust von nahezu der Hälfte aller Stimmen hängt nach Meinung von Beobachtern damit zusammen, dass die Liste der IG Bergbau von Bewerbern angeführt wurde, die den Forderungen der Kumpel nach entschlossenem Kampf gegen die drohende Stillegung der Schachtanlage nicht genügend entsprachen. Sie wurden von den sich radikal gebärdenden Kandidaten des »Bergarbeiterverbandes« und der NPD, deren demagogische Parolen ein erheblicher Teil der Beschäftigten nicht durchschaute, glatt ausmanövriert. Ähnliches ereignete sich auf den beiden »Prosper«- Zechen in Bottrop, wo der »Unabhängige Bergarbeiterverband« jeweils drei Sitze im Betriebsrat erobern konnte. Obwohl insgesamt gesehen weiterhin 95 Prozent aller Betriebsratsmitglieder im Steinkohlenbergbau an der Ruhr der IG Bergbau und Energie angehören, ist der Ausgang der Wahl auf »Pluto« ein nicht zu übersehendes Warnsignal. Höhnisch bemerkten die »Deutschen Nachrichten«:

> »Die selbstgefälligen IG-Bergbau-Funktionäre des Zentralvorstandes sind über das Ergebnis der Wahl bei ›Pluto‹ ebenso schockiert wie ihre SPD-Genossen, die sich über ihre Verluste bei den jüngsten Ge-

> meindewahlen in Unna, Kamen und Hamm noch immer nicht beruhigt haben. Dem parteipolitisch unabhängigen Bergarbeiterverband zu diesem ersten großen Erfolg ein herzliches Glück auf!«

Die NPD scheint aber nicht nur Hoffnungen auf den »Unabhängigen Bergarbeiterverband« zu setzen, sondern anscheinend auch auf die christlichen Gewerkschaften. An sie hat der Leiter des Gewerkschaftsreferats beim NPD-Bundesvorstand, Knüpfer, vermutlich gedacht, als er (lt. DN vom 10. 11. 67) zum Ausschluß von NPD-Mitgliedern aus der IG Metall erklärte: *»Da der Deutsche Gewerkschaftsbund den NPD-Mitgliedern gegenüber nicht den primitivsten Pflichten nachkommt, erachten wir es an der Zeit, zu überprüfen, welche gewerkschaftlichen Gruppierungen wir unseren bisher im DGB organisierten Arbeitnehmern empfehlen können ... Wir beabsichtigen jedoch nicht, Betriebszellenorganisationen entstehen zu lassen.«* Solche Betriebszellenorganisationen hatten einst die Nazis unter dem Namen »Nationalsozialistische Betriebszellen-Organisation« (NSBO) gegründet. Sie schufen sich damit in den Betrieben ein Instrument zur Terrorisierung von Gewerkschaftsmitgliedern und zur Verbreitung der NS-Ideologie unter den Arbeitern. Der Verzicht auf eine Wiederbelebung der Betriebszellen-Idee durch die NPD entspringt offenbar dem Bestreben, sich nicht selbst als Nachfolgeorganisation der NSDAP auszuweisen. Wie wenig bessere Einsicht dabei eine Rolle spielt, geht daraus hervor, dass die Partei bei ihrer Hetze gegen den DGB und die ihm angeschlossenen Gewerkschaften nach dem Muster der Nazipropaganda verfährt. Die NSDAP konzentrierte sich ebenfalls zunächst darauf, die Führungsgremien der Gewerkschaften und leitende Funktionäre zu diffamieren. Den Schlag gegen die Gewerkschaften als Ganzes sparte sie sich für später auf. Diese Erfahrungen müssen bei den pauschalen Bekenntnissen der NPD zum gewerkschaftlichen Gedanken in Rechnung gestellt werden. Das gleiche gilt für die Angriffe auf einzelne Gewerkschaftsführer.

Das Verhältnis zur »demokratischen Grundordnung«

Als Vorwand für massive Beschuldigungen dienen der NPD die von den Gewerkschaften beschlossenen Abwehrmaßnahmen gegen die NPD. Dazu gehören die Forderung an die Bundesregierung, beim Bundesverfassungsgericht einen Antrag auf Feststellung der Verfassungswidrigkeit und damit auf Verbot der NPD stellen; Protestaktionen der Gewerkschaften gegen öffentliche Veranstaltungen der NPD; gewerkschaftsinterne Aufklärung über die Ziele der neofaschistischen Partei und der Ausschluß von NPD-Mitgliedern aus der Gewerkschaft. Auf diese Maßnahmen reagiert die NPD auf zweifache Weise: Sie behauptet, eine »demokratische Partei« und »Teil der bestehenden demokratischen Ordnung« zu sein; sie nimmt sogar für sich in Anspruch, »das stabilisierende Element der Demokratie in Deutschland« zu verkörpern.[46] Die Gewerkschaften dagegen oder einzelne Funktionäre müßten noch »den überzeugenden Nachweis antreten, dass sie unsere Grundordnung uneingeschränkt respektieren«.

Als der Vorsitzende der IG Metall, Otto Brenner, auf einer Tagung in Bremen das Verbot der NPD forderte, verbreiteten die »Deutschen Nachrichten« vom 26. 5. 67 auf der ersten Seite das gesamte Repertoire gewerkschaftsfeindlicher NPD-Argumente: es sei an der Zeit, die Öffentlichkeit darüber aufzuklären, *»dass Brenner und andere IG-Metall-Funktionäre sich fast wörtlich des Vokabulars der Kommunisten bedienten, wenn es um die NPD geht«*; die Ausführungen Brenners wurden als *»die bekannten Hetztiraden des roten Brenner«* bezeichnet; es sei auch *»allgemein bekannt, dass es bei allen Verwaltungsstellen der IG Metall und namentlich auch in deren Frankfurter Zentrale weit geöffnete Türen für jeden gibt, der sich als Linksradikaler oder gar als Kommunist zu erkennen gibt ... Wer die bolschewistischen Methoden der Unterwanderung und Bespitzelung kennt, dem ist bewußt, dass hier Kräfte am Werk sind, denen es nicht um die NPD allein, sondern vielmehr darum geht, den festesten Widerstandskern gegen den Linksextremismus aufzuweichen ... Otto Brenner muß es sich gefallen lassen, dass man Zweifel in die politische und demokratische Redlichkeit seines Tuns setzt.«* Die NPD brauche sich nicht zu legitimieren, dass sie zur freiheitlich demokratischen Grundordnung stehe. *»Demgegenüber dürfte es nun Sache des Herrn Brenner und der Gewerkschaftsspitze sein, jetzt den überzeugenden Nachweis anzutreten, dass sie unsere Grundordnung endlich uneingeschränkt respektieren.«* Das NPD-Blatt fragte abschließend den Bundesinnenminister Lücke, »wie lange« er der »kommunistisch infiltrierten Propaganda zuzuschauen beabsichtigt.«

Auf ähnliche Weise reagierte bemerkenswerterweise auch der CSU-Vorsitzende Strauß, als das Gewerkschaftsorgan »Metall« ihm vorhielt, er habe offenbar »immer noch nicht den Traum einer deutschen atomaren Machtpolitik aufgegeben«. Gegenüber Springers »Welt am Sonntag« (vom 24.3.68) bezweifelte er – so wie dies auch die NPD tut – die demokratische Zuverlässigkeit der IG Metall. Gleichzeitig unterstellte er ihr nach bewährtem Rezept Handlangerdienste für die Kommunisten. Strauß sagte: *»Angesichts dieser seltsamen Auffassung der IG Metall von Meinungsfreiheit möge Gott die Bundesrepublik davor bewahren, jemals unter das Regime von Funktionären zu kommen, die die ›demokratische Substanz‹ der Führung der IG Metall haben.«* Strauß warnte die IG Metall in diesem Zusammenhang davor, zum Bannerträger »kommunistischer Lügenpropaganda« zu werden.

Kennzeichnend für die Unverfrorenheit, mit der die NPD von der größten Einzelgewerkschaft der westlichen Welt den Nachweis demokratischer Zuverlässigkeit verlangt, ist die Tatsache, dass sie sich dabei insbesondere gegen Otto Brenner wendet, einen Mann also, der wegen seiner Treue zur demokratischen Idee von den Nationalsozialisten verfolgt und eingesperrt wurde. Damals erforderte das Bekenntnis zu Demokratie und Freiheit die Bereitschaft zum Einsatz von Gesundheit und Leben, und gerade in jenen Jahren standen maßgebliche Leute der gleichen Partei, die nun von Opfern der NS-Willkür den Beweis demokratischer Zuverlässigkeit fordern, auf der Seite des Terrors und der Unfreiheit. Heute wollen ausgerechnet sie die Gewerkschaften Demokratie lehren. So behauptet die NPD zu einem Aufruf einer DGB-Arbeitstagung in Schleswig-Holstein, bei der Landtagswahl am 23.4.1967 nicht NPD zu wählen, das sei »Gesinnungsterror«, mit dem die »linksradikale Leitung einiger Gewerkschaftsstellen sich autokratisch über freiheitliche Grundrechte hinwegsetze.«[47] Ein Rundschreiben der IG-Metall-Verwaltungsstelle Elmshorn in Schleswig-Holstein von 21.3.1967, in dem dazu aufgefordert wurde, die Aktivität der NPD in den Betrieben zu beobachten, kommentierte die NPD mit der Bemerkung, hier zeige sich, *»wie stark unsere freiheitliche demokratische Ordnung in der Bundesrepublik von linksradikaler Seite ausgehöhlt wird.«* Es handle sich um einen *»anklagenden Beweis dafür, dass ausschließlich von linksradikaler Seite unsere freiheitlich-rechtsstaatliche Ordnung und die demokratischen Grundrechte unseres Grundgesetzes schmählich mißachtet werden«*. Schließlich heißt es: *»Wir lassen uns die zweite deutsche Demokratie nicht zum zweitenmal von Fanatikern und Radikalen von innen her zerstören.«*[48]

Die NPD macht sich die Subsumierung jeder ernsthaften Opposition unter das Etikett »linksradikal« und die allgemeine Sprachregelung von der »linksradikalen Gefahr« zunutze. Daran zeigt sich wiederum, in welchem Maße die offizielle Politik und Propaganda der NPD den Boden bereiten. Die Identität mit NPD-Parolen ist frappierend, wenn z. B. der;Generalinspekteur der Bundeswehr, de Maizière, erklärt, der »Linksradikalismus« sei heute weitaus *»gefährlicher als die Aktivitäten der extremen Rechten.«*[49]

Unter der Überschrift »DGB hetzt zum Landfriedensbruch« bemerkte das NPD-Organ vom 15.9.67 zu der Ankündigung des DGB, die Duldung des NPD-Parteitages in Hannover könne zu Unruhe in der Arbeiterschaft führen: *»Nichts beweist deutlicher, dass sich innerhalb des DGB eine linksradikale Funktionärsclique breitmacht, die ... noch immer glaubt, mit einer Minderheit die mündige Arbeitnehmerschaft beherrschen zu können.«* Diese *»radikale Gruppe«* baue *»künstlich den Popanz von der ›gewerkschaftsfeindlichen NPD‹ auf, um einen Aufhänger für ihre verstaubten Klassenkampfmethoden zu haben ... Unserem Staat droht weniger Gefahr etwa durch die Rote Armee und deren Verbündete, weitaus gefahrvoller sind jene Linksradikalen, die wie die Wölfe im Schafspelz agieren. Sie aufzuspüren, ist das Gebot der Stunde.«* Eine ÖTV-Landesjugendkonferenz in Bayreuth, die sich mit den Gefahren von rechts beschäftigte, bezeichnete die NPD als »albernes Theater«, mit dem die Öffentlichkeit »irregeführt« werden solle. »Gefahr von rechts gibt es nicht für unseren Staat, sondern wohl für die linken Feinde unseres Staates. (So im Original, d.V.) Darum auch das laute Geschrei.« (DN vom 17.11. 67) Zum Auftreten von NPD-Gegnern in öffentlichen Versammlungen der Nationaldemokraten erklärte die NPD (DN vom 2.6.67):

> »Die SPD selbst bleibt beim Terror gegen Andersdenkende immer schön im Hintergrund. Das war zwar nicht immer so. In den zwanziger Jahren übernahm die SPD selbst den Terror in den Versammlungen, an den Arbeitsplätzen und auf der Straße. Heute machen die SPD-treuen Funktionäre der Gewerkschaften das schmutzige Geschäft. Die SPD selbst will nicht in die Nähe der Verfassungsfeindlichkeit geraten...«

Mit dieser Stellungnahme unterläuft der NPD eine interessante »Freudsche Fehlleistung«. Sie setzt ihre eignen Versammlungen ganz offensichtlich denen der NSDAP gleich und sieht im Kampf der demokratischen Kräfte gegen den Nationalsozialismus noch immer ein »schmutziges Geschäft«. Da nähme es nicht wunder, wenn in manchen NPD-Köpfen der Gedanke an ein Verbot der Gewerkschaften spukte. Nicht von ungefähr, so scheint es jedenfalls, wehklagten die »Deutschen Nachrichten« (am 15.3.68):

> »Die Gewerkschaften sind sich darüber im klaren, dass man sie laut Grundgesetz nicht verbieten kann. Sie haben bisher diese ihre Machtstellung ganz offen dazu mißbraucht, um über ihr eigentliches Arbeitsgebiet hinaus sich praktisch in alle öffentlichen Angelegenheiten einzumischen. In keiner anderen Demokratie ist das in einem so weitgehenden Maße der Fall wie in der Bundesrepublik Deutschland, deren Regierungen es nicht verstanden haben, den Machthunger der Gewerkschaftsfunktionäre in den Schranken zu halten, die das Grundgesetz vorschreibt.«

Agenten-Vorwurf

Analog der NS-Propaganda behauptet die NPD, die Gewerkschaften seien Willensvollstrecker ausländischer Mächte und handelten nach den Ratschlägen kommunistischer Funktionäre im Osten. Das geschah unter anderem im Zusammenhang mit den Bemühungen der Gewerkschaft Öffentliche Dienste, Transport und Verkehr, Kontakte zu den Gewerkschaften in sozialistischen Ländern aufzunehmen. So schrieben die »Deutschen Nachrichten« vom 12.1.68 im Anschluß an eine Unterredung des ÖTV-Vorsitzenden Kluncker mit dem Sekretär des tschechoslowakischen Gewerkschaftsverbandes in Prag, Kozelka: *»Was sie besprochen haben, werden wir nie erfahren, aber vielleicht eines Tages zu spüren bekommen.«* Mit den Worten »Genossen unter sich« überschrieb das NPD-Organ am 25.8.67 eine Meldung über ein Rundfunkinterview Klunckers, in dem dieser Kontakte zu FDGB-Vertretern in der DDR als denkbar bezeichnet hatte. Aus anderem Anlaß erklärte das Blatt am 21. 4. 67:

> »Die ÖTV wird es schwer haben, auch in der Zukunft Anklang bei den Soldaten zu finden, wenn ein Teil ihrer Mitglieder immer noch nicht soldatenfreundlich eingestellt ist, wenn diese mit Kriegsdienstgegnern und Ostermarschierern koalieren, die Notstandsgesetze ablehnen und auf sogenannten gesamtdeutschen Arbeiterkonferenzen mit den Zonenkommunisten zusammensitzen und gegen die freiheitliche Ordnung der Bundesrepublik gerichtete Parolen ausbrüten.«

Schließlich äußerten die Deutschen Nachrichten« am 19. 4. 68:

> »Die intensiven Kontakte, die sie (die Gewerkschaften) zu sowjetischen und mitteldeutschen Gewerkschaften pflegen, lassen den Schluß zu, dass ihnen diese Gewerkschaften wesentlich näher stehen als die Arbeitnehmer und schon gar nicht die Unternehmer im eigenen Lande. Hier kommt das marxistische Prinzip zum Durchbruch, das die politische Linie des DGB beherrscht...«

Die gewerkschaftlichen Ostkontakte werden im übrigen von der Springer-, CDU- und NPD-Presse gemeinsam unter Feuer genommen. Als Springers »Welt« dafür gesorgt hatte, dass eine polemische Stellungnahme des außenpolitischen Organs der amerikanischen Gewerkschaft AFL/CIO zu den Ostkontakten des DGB in der Bundesrepublik unter die Leute kam, waren die NPD-»Deutschen Nachrichten« davon so angetan, dass sie die »Welt«-Veröffentlichung in großer Aufmachung aufgriffen und deren Inhalt beifällig kommentierten. Im gleichen Sinne verfuhr auch Straußens »Bayern-Kurier«.[50] Das DGB-Organ »Welt der Arbeit« bemerkte dazu am 29.3.68:

> »Was auf den ersten Blick als Zufall erscheinen mag, verdeutlicht in Wirklichkeit die Bandbreite der offenen und versteckten Gegner der deutschen Gewerkschaften. Sie reicht von Springers ›Welt‹ über das Sprachrohr der neonazistischen NPD bis hin zum Organ der CSU des Herrn Strauß.«

Abschließend fragte die Gewerkschaftszeitung: *»Signalisiert dieses geistige Bündnis den Vorläufer einer neuen reaktionären ›Harzburger Front‹?«*

Zur Begründung der Legende von den deutschen Willensvollstreckern ausländischer Mächte führte von Thadden auf dem NPD-Parteitag in Hannover aus, unser Volk sei in »einen Atommeiler gepreßt« worden, der »mit gefährlichen Zutaten angeheizt« werde:

> »Interessenverbände, Verzichtpolitiker, Kulturbolschewisten, Pornographen, halbstarke Politiker und Funktionäre liefern den Brennstoff, durch den Volk, Nation und Vaterland bis zur Kernspaltung gebracht werden. Die hier freigelegte Energie hat allerdings keine aufbauende Kraft, sondern ist die totale Zerstörung, die unser Land zu einem politischen Vakuum macht, in dem sich fremde Kräfte frei tummeln können.«

Auch die Unruhe unter der Jugend betrachtete Thadden aus diesem Blickwinkel. Die Jugendlichen handelten *»im Auftrag fremder* Mächte«, sagte er, *deren letztes Ziel es stets war, unser Volk von innen her zu zerstören, damit es zum hilflosen Objekt feindlicher Kräfte wird.« (Goebbels* benutzte zur Diffamierung politischer Gegner das Schlagwort von, der »Verschwörung des Weltjudentums«, dessen angebliche Willensvollstrecker in Deutschland »Juden, Marxisten und Intellektuelle« waren.)

Nach Meinung der NPD verhalten sich die Gewerkschaften antinational, wenn sie die Arbeitnehmer zur Abwehr sozialer Belastungen aufrufen. (Thadden: *»Nicht die Solidarität von Klassen, sondern die Solidarität der Nation führt zum Aufstieg.«)* Das »Gegenrezept« der NPD ist einfach; *»Sozialer Streit erscheint als ein Reflex des äußeren Gegensatzes. Der landfremde Gegner sucht Zwietracht im Innern der Gesellschaft zu säen. Solchem Bestreben muß im Namen der nationalen Geschlossenheit und Abwehrkraft begegnet werden.«*[51] Als Abwehrmittel propagierte Hitler die »Nationalisierung der Massen« (»Mein Kampf«). Um die Arbeiter zum Stillhalten zu bewegen, wurde allerdings schon zu Beginn dieses Jahrhunderts versucht,« *den Klassengegensatz nach außen abzuwälzen. Nicht mehr die Anteile am Sozialprodukt, sondern die gemeinsamen Leistungen der Deutschen gegen die ausländische Konkurrenz standen hiernach zur Debatte. Im Innern konnte alles so bleiben, wie es war, wenn nur die fremde Konkurrenz überrannt wurde.«*[52]

Der gleiche Denkansatz findet sich in Äußerungen des CSU-Vorsitzenden und Bundesfinanzministers Franz Josef Strauß vom Februar 1968. Er warnte vor Arbeitszeitverkürzungen und erklärte, *»zum jetzigen Zeitpunkt, in dem die Wirtschaft von einer Rezession umschalte auf einen Boom, sollten sich die Lohnforderungen in Grenzen halten und die Preisgestaltung diszipliniert verlaufen. Was angesichts des Konkurrenzkampfes auf dem Weltmarkt gebraucht werde, sei eine Steigerung der nationalen Produktionskraft.«*[53]

NPD – eine Unternehmerpartei

Für die wirtschaftlichen Schwierigkeiten der Bundesrepublik macht die NPD allein die Gewerkschaften verantwortlich: »Aus den zu-

rückliegenden Zeiten wissen wir«, so behauptet sie in den »Deutschen Nachrichten« vom 9.2.68, dass *der DGB mit der von ihm geschürten ›Unruhe im Betrieb‹ die Wirtschaft der Bundesrepublik an den Rand des Abgrundes getrieben hat.«* Wie wenig die deutschen Gewerkschaften in der Zeit nach dem zweiten Weltkrieg tatsächlich »Unruhe geschürt« haben, geht aus der internationalen Streikbilanz hervor, in der die Bundesrepublik an letzter Stelle steht. Durch Streik und Aussperrung gingen in der Bundesrepublik nur 27 284 Arbeitstage verloren, in Großbritannien, dagegen zum Vergleich 2,4 Millionen, in Japan 2,7 Millionen, in Kanada 5,1 Millionen, in Italien 19,4 Millionen und in den USA 25,2 Millionen Arbeitstage.«[54]

Natürlich sind den Arbeitnehmern Erfolge nicht in den Schoß gefallen. Nicht »*ein einziges wesentliches sozialpolitisches Gesetz (wurde) vom Bundestag ohne das entscheidende Drängen der Gewerkschaften verabschiedet.«*[55] Seinen *sozialen Status verdankt der Arbeitnehmer in erster Linie dem unablässigen zähen Ringen seiner Interessenvertreter mit der Tarifpartei Arbeitgeber und ihrer Einflussnahme auf die Gesetzgebung.«*[56] Angriffe auf die Gewerkschaften sind deshalb zugleich Angriffe auf die sozialen Interessen der Arbeitnehmer. Wenn die NPD in einer Zeit verschärfter sozialer Spannungen Einfluss auf die Arbeitnehmer zu gewinnen sucht, dann haben davon nur jene Vorteile zu erwarten, die im Zeichen der von der Großen Koalition in Bonn verkündeten »konzertierten Aktion« die Lasten einer verfehlten Politik einseitig den Arbeitnehmern aufbürden wollen.

Nicht von ungefähr – so scheint es – hat sich die Bundesvereinigung der deutschen Arbeitgeberverbände bisher in keiner Weise von der wohlwollenden Stellungnahme des Chefredakteurs ihrer offiziellen Zeitschrift, Dr. *Heinrichs*bauer, zu den ersten Erfolgen der neonazistischen NPD distanziert. Alle Äußerungen der NPD zu sozialpolitischen und sonstigen Forderungen der Gewerkschaften beweisen, dass die Nationaldemokratische Partei in der Auseinandersetzung zwischen den beiden großen gesellschaftlichen Gruppen auf seiten der Ar*beitgeber steht. Die NPD ist zwar nicht ihrer sozialen Struktur, wohl aber ihrer politischen Funktion nach eine Unternehmerpartei par excellence.*

Zum Verhältnis der sogenannten »staatstragenden« Parteien zu dieser Reserve- und »Pressure«- Partei schreibt Professor Iring *Fetscher:*

> »Es war (und ist) ein gefährliches Missverständnis, wenn die demokratischen Parteien glauben, durch Bearbeiten der nationalistischen Trommel rechtsextremen Parteien Wähler streitig machen zu können. Sie erreichen damit das Gegenteil von dem, was sie anstreben: statt dem Konkurrenten Wähler abspenstig zu machen, vergrößern sie nur das Potential seiner künftigen Anhänger ... Aus diesem Grund hat die lautstarke Anklage der NPD-Politiker zugleich etwas Scheinheiliges. Man schlägt das Symptom, statt sich um die Ursachen der Krankheit zu kümmern.«[57]

CDU/CSU und FDP haben bisher wenig oder nichts unternommen, die aus der Monarchie und der NS-Zeit herrührenden antigewerkschaftlichen Affekte abzubauen. Sie ließen im Gegenteil keine Gelegenheit verstreichen, das Verantwortungsbewußtsein der Gewerkschaften in Zweifel zu ziehen, so etwa bei Tarifauseinandersetzungen oder im Streit um die Notstandsgesetze. Der Präsident der Bundesvereinigung der deutschen Arbeitgeberverbände, Paulssen, bedauerte es, dass die Unternehmer den gewerkschaftlichen Forderungen eben nachgeben müssten, *»solange es keine Notstandsgesetze gibt. Da sind wir denen wehrlos ausgeliefert bei dieser Situation* auf *dem Arbeitsrnarkt.«*[58]

Der Nährboden neonazistischer Aktivität

Bei ihrer Polemik gegen die Gewerkschaften kommt der NPD zugute, dass der Hang zum Konservatismus von den politisch Verantwortlichen als staatserhaltend gefördert und die Aversion gegen die pluralistische Demokratie sowie die »mangelnde Bereitschaft, ständig mit Konflikten zu leben« (v. Schubert) nicht tatkräftig als Hemmnis einer Öffnung der Gesellschaft für eine fortschrittliche Entwicklung abgebaut wurden. Bestimmend war das autoritäre Ideal von »Ruhe und Ordnung«; typisch dafür die Wahlparole »Keine Experimente«. Wer die gegenwärtige Ordnung nicht für vollkommen hält, schafft nach Meinung mancher Leute auch heute noch »Unruhe«, »Unordnung« und »Unsicherheit«. Diese Denkweise bildet den idealen Nährboden für eine reaktionäre Politik und für neonazistische Aktivitäten.

Das antidemokratische und antiliberale Potential in einigen Teilen der Bevölkerung wird gespeist von der Ideologie des Antikommunismus als der Quasi-Staatsdoktrin der Bundesrepublik Deutschland. Ihr misst die NPD bei der Diffamierung der Gewerkschaften besondere Bedeutung zu. Versteckt oder offen verbreitet sie, in den Gewerkschaften seien kommunistische Kräfte am Werk, die Freiheit und Demokratie zerstören wollten. Damit sollen insbesondere die Vorschläge zur Demokratisierung der Wirtschaft durch erweiterte Mitbestimmung und die gemeinwirtschaftlichen Unternehmen in Misskredit gebracht werden. Doch selbst die CDU sah sich einst veranlasst, zumindest in Worten von der alten Wirtschaftsstruktur als dem allein gültigen Ideal abzurücken. Um den weitverbreiteten Wünschen nach einem Neubeginn entgegenzukommen und sich auch Arbeiterkreisen gegenüber als demokratisch auszuweisen, verkündete die CDU in ihrem »Ahlener Programm« vom 3. Februar 1947:

> »Inhalt und Ziel dieser wirtschaftlichen Neuordnung kann nicht mehr das kapitalistische Gewinn- und Machtstreben, sondern nur das Wohlergehen unseres Volkes sein. Durch eine gemeinwirtschaftliche Ordnung soll das deutsche Volk eine Wirtschafts- und Sozialverfassung erhalten, die dem Recht und der Würde des Menschen entspricht, dem geistigen und materiellen Aufbau unseres Volkes dient und den inneren und äußeren Frieden sichert.«

In einem Grundsatzurteil stellte das Bundesverfassungsgericht in Karlsruhe 17 Jahre später am 20. 7. 1954 fest, dass das Grundgesetz der Bundesrepublik Deutschland ein bestimmtes Wirtschaftssystem nicht zwingend vorschreibe. In der Entscheidung heißt es:

»Die gegenwärtige Wirtschafts- und Sozialordnung ist zwar eine nach dem Grundgesetz mögliche, keineswegs aber die allein mögliche. Sie beruht auf einer vom Willen des Gesetzgebers getragenen wirtschafts- und sozialpolitischen Entscheidung, die durch eine andere Entscheidung ersetzt oder durchbrochen werden kann.«

Das in ihrem Aktionsprogramm von 1965 ausgesprochene Verlangen der Gewerkschaften, »*die Mitbestimmung der Arbeitnehmer am Arbeitsplatz, im Betrieb, im Unternehmen und in der gesamten Wirtschaft (müsse) die politische Demokratie ergänzen*«, ist also durchaus verfassungskonform; es entspricht den Aufgaben der Gewerkschaften in einer modernen Gesellschaft. Wenn die NPD den deutschen Gewerkschaften unterstellt, sie wollten die Arbeitnehmer zu »geknebelten Gewerkschaftsuntertanen« machen bzw. sie hätten dies bereits getan (vgl. DN vom 2. 6. 67), dann trifft auf sie zu, was Iring Fetscher zum Verhalten rechter und rechtsradikaler Autoren bemerkt:

»Sozialpsychologisch ist das Phänomen der Projektion, dem wir bei fast allen rechten und rechtsradikalen Autoren begegnen, interessant. Es besteht darin, dass dem ›anderen‹ oder dem ›Feind‹ Motive unterstellt und vorgeworfen werden, die man insgeheim selbst hat (und daher nur allzu gut kennt), aber aus irgendeinem Grunde nicht offen zu bekennen wagt, ja derer man sich vielleicht nicht einmal selbst bewußt ist.59[2]

Für die Gewerkschaften gibt es nur eine Möglichkeit, der zunehmenden Aktivität neonazistischer Agitatoren unter der Arbeiterschaft wirksam zu begegnen: die konsequente Verfechtung der Arbeitnehmerinteressen. Im übrigen können sie als Antwort auf die Schutzbehauptung der NPD, nicht gewerkschaftsfeindlich zu sein, auf das Verhalten der Nationalsozialisten gegenüber den Arbeitnehmern und ihren Gewerkschaften verweisen. Der Leiter der »Deutschen Arbeitsfront«, Dr. Ley, erklärte in seiner Antrittsrede: »*Arbeiter! Eure Einrichtungen sind uns Nationalsozialisten heilig.*«[60] Und Hitler versicherte am 1. Mai 1933 in Berlin vor Arbeiterabordnungen aus dem ganzen Reich: »*Sie werden sehen, wie unwahr und ungerecht die Behauptung ist, unsere Revolution richte sich gegen die deutschen Arbeiter.*«[61] Am gleichen Abend trug Goebbels in sein Tagebuch den Satz ein:

> »Morgen werden wir nun die Gewerkschaftshäuser besetzen.«[62]

Und so geschah es.

Anmerkungen

1 Deutsche Nachrichten – im folgenden DN – vom 10.11.1967.
2 DN vom 3.3.1967.
3 Karl Hermann Flach: liberal, Dezember 1967.
4 Beilage zur Wochenzeitung Das Parlament (B 15/68) vom 10. 4.1968.
5 Der Spiegel vom 26.12.1966.
6 Metall, Zeitung der IG Metall, vom 15. 10. 1968.
7 Einheit, Organ der IG Bergbau und Energie, vom 14.10.1967.
8 Handelsblatt vom 23. 11. 1966.
9 der Arbeitgeber, Zeitschrift der Bundesvereinigung der deutschen Arbeitgeberverbände vom 20. 4. 1966.
10 Associated Press (AP) vom 25.11.1966.
11 Die Andere Zeitung vom 1. 12. 1966.
12 Metall vom 2. 5. 1968.
13 DN vom 18. 1. 1968.
14 AP vom 27.10.1967.
15 Harry Pross: Vor und nach Hitler, Walter-Verlag, S. 148.
16 Bayern-Kurier vom 3. 2. 1968.
17 Stellungnahme der Bundesvereinigung der deutschen Arbeitgeberverbände: Wirtschaftliche Mitbestimmung und freiheitliche Gesellschaft, Köln 1965, S. 45.
18 deutsche presse-agentur (dpa) vom 11. 1. 1968.
19 United Press International (UPI) vom 16. 1. 1968.
20 AP vom 30. 6.1967.
21 AP vom 13. 3. 1968.
22 Welt der Arbeit vom 29. 3. 1968.
23 a. a. 0.

24 dpa vom 11. 1. 1968.

25 Bayern-Kurier vom 3. 2.1968.

26 William L. Shirer: Aufstieg und Fall des Dritten Reiches, Bd. I, S. 163.

27 H. und E. Hannover: Politische Justiz 1918-1933, S. 308.

28 Otto Brenner: Gewerkschaftliche Dynamik in einer sich wandelnden Welt (Rede in Bremen 1965); Schriftenreihe IGM.

29 liberal vom Dezember 1967.

30 Harry Pross, a. a. 0., S. 135; vgl. auch Kluth/Lohmar/Tartler/Schelsky: Arbeiterjugend gestern und ...

31 W. I. Lenin: Die große Initiative, Ausgewählte Werke, Bd. II, S. 576.

32 v. Thadden, NPD-Parteitag Hannover, 10 – 12. 11. 1967.

33 Ludwig Erhard: Rede auf dem Wirtschaftstag der CDU am 8. 8. 1965.

34 Stellungnahme der BDA zum DGB-Grundsatzprogramm, Köln 1963.

35 Hrsg. v. Reichsjustizminister Hans Frank, München 1935, S. 706.

36 Peter von Schubert: Antigewerkschaftliches Denken in der BRD, Europäische Verlagsanstalt, Frankfurt, S. 90.

37 Frankfurter Allgemeine Zeitung vom 14. 2. 1966.

38 Nationalsozialistisches Handbuch für Recht und Gesetzgebung, München 1935, S.587 (v. Schubert, S.56).

39 CDU-Wirtschaftsthesen, Wirtschaftstag der CDU, Aug. 1965.

40 Nationalsozialistisches Handbuch für Recht und Gesetzgebung, S. 587, v. Schubert S. 56.

41 »Deutsche Nachrichten«, 29. 4. 1967 und 31. 3. 1967 (Im folgenden auch »DN«).

42 Reinhard Kühnl: »Die NPD« Voltaire Verlag, S. 79.

43 DGB-Bundesvorstand, »Weshalb gibt es gemeinwirtschaftliche Unternehmen?«, Sept. 1967

44 Beilage zur Wochenzeitung Das Parlament (B 151/68 10. 4. 68).

45 William L. Shirer: »Aufstieg und Fall des Dritten Reiches«, Bd. I, S. 147.

46 Thadden, NPD-Parteitag Hannover, Nov. 1967.

47 »Deutsche Nachrichten« 24.3.67.

48 »Deutsche Nachrichten« 7. 4. 67.

49 »Frankfurter Rindschau« vom 28.11. 68.

50 Die Welt, 22. 2. 68, Deutsche Nachrichten, 8. 3. 68, .Bayern-Kurier, 9. 3. 68.

51 Werner Hofmann: »Zur Soziologie des Ost-West-Konfliktes«, S. 152/53.

52 Pross: »Zur deutschen Sozialpathologie«, S. 149.

53 Associated Press, 22. 2. 68.

54 Frankfurter Rundschau, 15.11. 67.

55 Otto Brenner, Gewerkschaftstag der IG Metall, Bremen 1965 (v. Schubert, S. 60).

56 v. Schubert, Antigewerkschaftliches Denken in der BRD, S. 83.

57 Iring Fetscher: »Rechtsradikalismus«, Europäische Verlagsanstatt, S. 6/7.

58 Der Spiegel, Nr. 24/11965, S. 23.

59 Iring Fetscher: »Rechtsradikalismus«, S. 19.

60 Nürnberger Dokumente 614 – PS, Wiliam L. Shirer: »Aufstieg und Fall des Dritten Reiches«, S. 234, Bd. I.

61 Shirer, S. 233. Bd. I.

62 Goebbels: »Vom Kaiserhof zur Reichskanzlei«, S. 307, Shirer, S. 234, Bd. I.

* * * * *

Die Spuren schrecken

*Eine Rundfunksendung zum 40. Jahrestag der »Kristallnacht«**

Die Erinnerung an jene finsteren Jahre, in denen in Deutschland die Menschenrechte mit Füßen getreten wurden, ist ein Tribut, den uns die Opfer der faschistischen Schreckensherrschaft abverlangen; aber sie ist auch eine Mahnung an alle, die Freiheit niemals zum Spielball politischer Tagesinteressen werden zu lassen. Die Spuren schrecken.

Anhand von Original-Zitaten will ich im folgenden darlegen, auf welche Weise die nationalsozialistischen Machthaber den Weg zur Etablierung ihres Gewaltregimes ebneten und wie sie die Menschen reif machten für ein politisches Klima, in dem staatlich sanktionierter Mord an Unschuldigen gedieh. Vieles klang anfangs recht harmlos. Einen Tag nachdem der NS-Führer *Adolf Hitler* zum Reichskanz-

* Radio Bremen, 7.11.1978

ler berufen worden war, sagte er am 1. Februar 1933 im Rundfunk über die Absichten seiner Regierung:

> »Sie wird die Fundamente wahren und verteidigen, auf denen die Kraft unserer Nation beruht. Sie wird das Christentum als Basis unserer gesamten Moral, die Familie als Keimzelle unseres Volks- und Staatskörpers in ihren festen Schutz nehmen. Sie wird über Stände und Klassen hinweg unser Volk wieder zum Bewusstsein seiner volklichen und politischen Einheit und der daraus entspringenden Pflicht bringen. Sie will die Ehrfurcht vor unserer großen Vergangenheit, den Stolz auf unsere alten Traditionen zur Grundlage machen für die Erziehung der deutschen Jugend. Sie wird damit der geistigen, politischen und kulturellen Nihilisierung einen unbarmherzigen Krieg ansagen. Deutschland darf und wird nicht im anarchischen Kommunismus versinken.« (Nach Originaldokument)

Damit ging Hitler auf eine weit verbreitete Grundstimmung ein, die über Jahrzehnte hinweg von den Wortführern jener Schichten erzeugt worden war, die in der Erhaltung überlieferter Strukturen das Heil unseres Volkes sahen. In ihrem Buch über die Justiz im Dritten Reich schreibt *Ilse Staff*: »Die Angst vor ›Kommunismus, Bolschewismus und Anarchie‹ ließ vergessen, dass der Feind sozusagen im eigenen Lager stand.« Sie meint hauptsächlich die damaligen bürgerlichen Parteien, in denen der Irrglaube umging, Hitlers Brutalität werde sich schon abschleifen, wenn ihn die Staatsgeschäfte erst einmal ganz beanspruchten. *William L. Shirer* vertritt in seinem Werk »Aufstieg und Fall des Dritten Reiches« die Ansicht, keine Klasse, Gruppe oder Partei in Deutschland lasse sich freisprechen von ihrem Anteil an der Verantwortung für die Preisgabe der demokratischen Republik und die Heraufkunft Adolf Hitlers. Der Kardinalfehler der deutschen Gegner des Nationalsozialismus sei es gewesen, sich nicht gegen ihn zusammengeschlossen zu haben.

Die Angst vor Marxismus und Kommunismus erwies sich in der Tat als entscheidender Wegbereiter der Nazi. Wann immer sie als Inhaber staatlicher Gewalt neue Maßnahmen zur Abschaffung von Freiheitsrechten bekanntgaben, nutzten sie diese Angst für ihre Zwecke. So auch Hitlers engster Vertrauter *Hermann Göring*, als er am 1. März 1933 erklärte:

> »Ich habe es nun als meine Aufgabe angesehen von erster Stunde an, gegen diese gewaltige Gefahr des Kommunismus den Kampf zu organisieren. Ich möchte es eindeutig aussprechen: nicht den Abwehrkampf, nein, wir wollen auf der ganzn Front zum Angriff übergehen. Wir wollen nicht nur die kommunistische Gefahr abwehren, sondern – ich will es aussprechen – es wird meine vornehmste Aufgabe sein, die kommunistische Gefahr zu überwinden und den Kommunismus auzurotten aus unserem Volke. Wir haben keine Lust, die kommunistische Bestie das deutsche Volk zerfleischen und zerreißen zu lassn. Seien Sie versichert, wenn ich hier heute Abend zu Ihnen sprechen darf, dann darum, weil mir als Kommissar für das preußsische Innenministerium die Hauptaufgabe dieses Kampfes zufällt. Ich nehme sie gerne auf meine Schultern, weil ich weiß, dass sie zum Besten unseres Volkes notwendig ist.«

Anlass der Äußerungen Görings war die am Vortag erlassene Verordnung des Reichspräsidenten *Paul von Hindenburg* zum Schutz von Volk und Staat. Es handelte sich dabei um eine von vielen Verordnungen, die das formelle Staatsoberhaupt auf Grund des Notstandsartikels 48 der Reichsverfassung herausgab. Sie schufen die Grundlagen, auf denen sich die Gewaltherrschaft Hitlers entfalten konnte. Den Vorwand für die Verordnung zum Schutz und Volk und Staat hatte der Reichstagsbrand geliefert, der als Auftakt eines angeblich geplanten kommunistischen Aufstandes hingestellt wurde. So wurde denn auch als erste Partei die Kommunistische Partei Deutschlands unterdrückt. Wie Landgerichtspräsident *Hubert Schorn* in seinem Buch »Die Gesetzgebung des Nationalsozialismus als Mittel der Machtpolitik« hervorhebt, war damit die Absicht verbunden, im selben Atemzug all jene der Vernichtung zuzuführen, die die Weltanschauung des Nationalsozialismus ablehnten.

Ganz schnell schufen die Nazis dann auch die vermeintlich rechtlichen Grundlagen, um der antijüdischen Komponente ihrer Politik Geltung zu verschaffen. Den Anfang bildete das Gesetz zur Wiederherstellung des Berufsbeamtentums, das jüdische Angehörige des öffentlichen Dienstes aus ihren Stellungen vertrieb. Mitbetroffen waren davon auch viele sozialdemokratische und bürgerlich-liberale Beamte. Der Begriff »jüdisch-marxistisch« wurde zur Kampfparole fanatisierter Parteigänger Hitlers. Einer von ihnen, ein Nazi namens *Wilhelm Müller-Scheld*, sagte auf einer Kundgebung:

> »SA- und SS-Kameraden, Parteigenossen und Parteigenossinnen, deutsche Volksgenossinnen und deutsche Volksgenossen! Früher marschierten am 1. Mai die von Juden organisierten und von Juden geführten marxistischen Arbeiter mit ihrem Anhang durch die Straßen der Städte und Dörfer. Sie führten in ihren Zügen rote Fahnen mit, lebendige Signale zum Aufruhr gegen die bürgerliche Gesellschaft.«

Die Anspielung auf die Fahnen hängt mit dem Zweck der Veranstaltung zusammen, auf der diese Rede gehalten wurde – der »Bannerweihe« einer NS-Betriebszellen-Organisation am 29. April 1933.

Und weiter:

> »Volksgenossen! Wenn wir heute hier die Fahnenweihe vornehmen, so wollen wir nicht vergessen, dass unter dieser Halenkreuzfahne, und dass für die Idee des Nationalsozialismus und für unseren Führer Adolf Hitler während der letzten 14 Jahre über 300 Menschen gestorben sind; nicht gestorben snd, so wie ein Mensch stirbt, der krank ist, nicht gefallen sind, wie draußen im Krieg, wo eben Truppen, die sich dem Feind entgegen warfen, damit rechnen mussten, dass sie zusammengeschossen wurden, nein, ermordet worden sind, feig, hinterhältig, auf Befehl der Juden, der jüdischen Führer in Deutschland.«

An dieser Stelle wird deutlich, wie zynisch die brutalen Vollstrecker des Anspruchs auf Alleinherrschaft die jüdischen Mitbürger in den Mittelpunkt einer zügellosen Hetzkampagne rückten. Die Aufforderung, nackte Gewalt anzuwenden, folgte auf dem Fuße:

> »Wer unsere Hakenkreuzfahne angreift, der greift unsere Bewegung an; wer unsere Hakenkreuzfahne antastet, der greift das deutsche Volk an, und wer die Hakenkreuzfahne beschimpft, beschimpft das junge neue deutsche Volk. Wer die Hakenkreuzfahne antastet, Volksgenossen, der muss gnadenlos zusammengeschlagen werden.«

Der unvergessene hessische Generalstaatsanwalt Dr. Fritz Bauer hatte Recht: es gab damals in Deutschland mehr als nur *einen* Hitler! Ohne die Unterstützung durch ein Heer willfähriger Helfer wäre es den Naziregime niemals gelungen, seinen Unterdrückungsapparat perfekt funktionieren zu lassen. Der Nazismus und der Hitlerstaat sind nicht vom Himmel gefallen. Sie stützten sich auf überlieferten Untertanengeist, auf Obrigskeitsfrömmigkeit und dumpfe Vorurteile gegenüber anderen Völkern, auf die latente Sehnsucht nach dem starken Mann, der alle Probleme scheinbar mühelos meistert. Zielbewusst wurden Ressentiments gegenüber den mitunter schwerfällig wirkenden Regularien einer demokratischen Staatsform geschürt, um die Demokratie insgesamt in Misskredit zu bringen. Auf diesem Boden konnten Willkür und Rechtlosigkeit prächtig gedeihen. Schamlos verkündete am 3. März 1933 der als Reichskommissar für das preußische Innenministerium fungierende Naziführer Hermann Göring:

> »Volksgenossen! Meine Maßnahmen werden nicht angekränkelt werden durch irgendwelche juristischen Bedenken. Meine Maßnahmen, die werden nicht angekränkelt werden durch irgendeine Bürokratie, sondern hier habe ich keine Gerechtigkeit zu üben, hier habe ich nur zu vernichten und auszurotten, weiter nichts.«

Obwohl diese Unheil verkündenden Worte eigentlich alle Illusionen zerstören mussten, wollten viele immer noch nicht wahrhaben, dass ein Schreckensregime über Deutschland gekommen war. Immer noch setzten viele auf die Ratio, auf die Vernunft. Aber mit Vernunft hatten die Gefolgsleute Hitlers ebenso wenig im Sinn wie mit der Wahrheit. Wie sonst hätten sie die Weimarer Republik als »Judenrepublik« bezeichnen können, waren doch in den Jahren von 1918 bis 1932 unter insgesamt 200 Reichsministern lediglich sechs jüdischen Glaubens. Kein einziger Oberpräsident der preußischen Provinzen, kein Regierungspräsident der 35 preußischen Regierungsbezirke und keiner der 400 preußischen Landräte war Jude. In anderen Ländern des Deutschen Reiches war der jüdische Einfluss auf Staat und Verwaltung noch geringer. – Die ersten Flammenzeichen des Infernos, das die Naziführer ihren vermeintlichen oder tatsächlichen Gegnern zu bereiten gedachten, wurden am 10. Mai 1933 in Berlin mit der öffentlichen Verbrennung sogenannter zersetzender Literatur sichtbar, die von Parolen wie dieser begleitet war:

> »Gegen volksfremden Journalismus demokratisch-jüdischer Prägung, für verantwortungsbewusste Mitarbeit am Werk des nationalen Aufbaus! Ich übergebe dem Feuer die Schriften des *Theodor Wolff* und des *Georg Bernhard*.
> Gegen literarischen Verrat am Soldaten des Weltkrieges, für Erziehung des Volkes im Geiste der Wehrhaftigkeit! Ich übergebe dem Feuer die Schriften des *Erich Maria Remarque*!
> Gegen dünkelhafte Verhunzung der deutschen Sprache, für Pflege des kostbarsten Gutes unseres Volkes! Ich übergebe dem Feuer die Schriften von *Alfred Kerr*!
> Gegen Frechheit und Anmaßung, für Achtung und Ehrfurcht vor dem unsterblichen deutschen Volksgeist! Verschlinge, Flamme, auch die Schriften der Tucholsky und Ossietzky!«

Was sich da austobte, war nicht studentischer Übermut. Bei der Bücherverbrennung handelte es sich um eine offzielle Veranstaltung, zu der unter anderen auch der Propagandachef der regierenden Nationalsozialisten, *Joseph Goebbels*, erschienen war. Er sagte damals:

> »Meine Kommilitonen! Das Zeitalter eines überspitzten jüdischen Intellektualismus ist nun zu Ende. Und der Durchbruch der deutschen Revolution hat auch dem deutschen Weg die Gasse wieder frei gemacht. Als am 30. Januar dieses Jahres die nationalsozialistische Be-

> wegung die Macht eroberte, da konnten wir noch nicht wissen, dass so schnell und so radikal in Deutschland aufgeräumt werden könnte. Die Revolution, die damals ausbrach, ist von uns – das können wir heute offen gestehen – von langer Hand planmäßig vorbereitet worden.«

Auffallend an dieser Äußerung ist das Eingeständnis, dass die Nazis überrascht davon waren, wie schnell und radikal sie »aufräumen« konnten. Das rührte unter anderem daher, dass Hitler in den Schlüsselstellungen von Staat und Gesellschaft mehr Unterstützung oder zumindest stillschweigende Duldung fand, als er selbst zu hoffen gewagt hatte. Ein Großteil der konservativ geprägten Justiz und der Beamtenschaft weinte der Weimarer Republik keine Träne nach, sondern beteiligte sich am Aufbau des Terrorregimes der Nationalsozialisten. Das beschämendste Kapitel der Gesetzgebung, zu dem deutsche Juristen während der NS-Zeit ihre Hand reichten, stellen die Rassengesetze dar, mit denen die Juden aus der menschlichen Gemeinschaft ausgestoßen wurden. Am 15. September 1935, auf dem Nürnberger Parteitag der NSDAP, versuchte Hitler den Eindruck zu erwecken, als müsse wegen eines drohenden kommunistischen Umsturzes gegen die Juden vorgegangen werden:

> »Da wir, belehrt durch unsere eigenen und – wie wir feststellen können – durch die Erfahrungen anderer Staaten, von Protesten und Vorstellungen in Moskau nichts erwarten, sind wir entschlossen, der bolschewistischen Revolutionshetze in Deutschland mit den wirksameren Waffen der nationalsozialistischen Aufklärung entgegen zu treten. Der Partreitag dürfte keinen Zweifel darüber gelassen haben, dass der Nationalsozialismus, insoweit es sich um den Versuch des Moskauer Bolschewismus handelt, etwa in Deutschland Fuß zu fassen, oder Deutschland in eine Revolution zu treiben, dieser Absicht und solchen Versuchen auf das gründlichste das Handwerk legen wird. Weiter müssen wir feststellen, dass es sich hier, wie überall, um fast ausschließlich jüdische Elemente handelt, die als Träger dieser Völkerverhetzung und Völkerzersetzung in Erscheinung treten.«

Das in Nürnberg beschlossene Reichsbürgergesetz beraubte die Juden sämtlicher staatsbürgerlichen Rechte. Das Blutschutzgesetz verbot Ehen zwischen Juden und Angehörigen deutschen oder »artverwandten« Blutes. Auf schaurige Weise bestätigten die für Hitler tätig geworden deutschen Juristen ein Zusammenspiel, das *Alexis de Tocqueville* bereits 1836 beschrieb : »Wenn man aufmerksam untersucht, was sich in der Welt zugetragen hat, könnte man mühelos feststellen, dass sich in allen zivilisierten Ländern neben einem Despoten, der befiehlt, fast immer ein Rechtsgelehrter befindet, der dessen willkürliche und unzusammenhängende Willensakte in eine Ordnung und Übereinstimmung bringt.«

Welchem Ziel die brutale Unterdrückung jedweder Opposition diente, war manchem nicht klar. Der von den Nazis ins Exil getriebene *Thomas Mann* jedoch sprach 1937 offen von der Absicht der neuen Machthaber, das deutsche Volk für den kommenden Krieg in Form zu bringen, von der »Idee der unbedingten Ertüchtigung zum Kriege«. Tatsächlich hatte Hitler binnen fünf Jahren Europa an den Rand eines Krieges getrieben. Um die Welt zu täuschen, faselte er in seiner berüchtigten Rede vom 26. September 1938 gleichwohl von »rassisch bedingter« Zurückhaltung:

> »Wir haben kein Interesse, andere Völker zu unterdrücken. Wir wünschen überhaupt nicht, andere Völker unter uns zu sehen. Wir wollen nach unserer Façon selig werden, die anderen sollen es nach der ihren. Diese, im Wesen unserer Weltanschauung, ich darf wohl sagen, rassisch bedingte Auffassung, führt zu einer Begrenzung und Beschränkung unserer Außenpolitik.«

Das hinderte ihn allerdings nicht, sich jene Machtmittel zu beschaffen, die er zur gewaltsamen Durchsetzung seiner Ziele für notwendig hielt.

Hitler selbst:

> »Und jetzt kann ich es ja offen gestehen: wir haben allerdings eine Aufrüstung vollzogen, wie sie die Welt noch nicht gesehen hat.«

Mit einer gewaltigen Militärmaschine im Rücken versuchte Hitler nach dem »Anschluss« Österreichs an Deutschland der benachbarten Tschechechoslowakei seinen Willen aufzuzwingen und die Herausgabe des Sudetenlandes zu erpressen. Öffentlich beschimpfte er den tschechischen Staatspräsidenten *Eduard Benesch* als »Wahnsinnigen«, der ein »verbrecherisches Staatsregime« leite:

> »Ich habe Herrn Benesch ein Angebot gemacht. Es ist nichts anderes als die Realisierung dessen, was er selbst schon zugegeben hat. Er hat jetzt in seiner Hand Frieden oder Krieg. Er wird entweder dieses Angebot jetzt akzeptieren und den Deutschen endlich die Freiheit geben, oder wir werden diese Freiheit uns jetzt holen.«

Es gibt kaum eine andere Massenveranstaltung aus der Zeit des sogenannten Dritten Reiches, die so viel von der Atmosphäre jener verhängnisvollen Jahre vermittelt, wie diese Kundgebung im Berliner Sportpalast vor dem Einmarsch deutscher Truppen in das zur Tschechoslowakei gehörende Sudetengebiet. Noch heute verschlägt es einem den Atem, wie dreist ausgerechnet Hitler, der in Deutschland gnadenlos alle demokratischen Freiheiten beseitigt hatte, das Wort Freiheit für seine Gewaltpolitik missbrauchte.

Drei Tage nach der Veranstaltung im Berliner Sportpalast schlossen Großbritannien und Frankreich am 29. September 1938 mit Hitler das Münchner Abkommen über die Angliederung des Sudetenlandes an das Deutsche Reich. »Wir stehen einem Unheil erster Ordnung gegenüber«, erklärte damals der britische Premierminister *Winston Churchill* vor dem Unterhaus in London. »Glauben Sie nicht, dies sei das Ende, es ist erst der Anfang.«

Hitlers billiger Triumph steigerte sein Ansehen im deutschen Volk und festigte seine Position nach innen und außen. Jetzt konnte die Naziführung auch mit der angestrebten »Bereinigung des Judenproblems« beginnen. In der Nacht vom 9. auf den 10. November 1938 richtete die Zentrale der Geheimen Staatspolizei in Berlin an all ihren Dienststellen ein geheimes Fernschreiben folgenden Inhalts:

»Es werden in kürzester Frist in ganz Deutschland Aktionen gegen Juden, insbesondere gegen deren Synagogen stattfinden. Sie sind nicht zu stören... Es ist vorzubereiten die Festnahme von etwa 20.000 bis 30.000 Juden im Reiche ... Durch entsprechende Maßnahmen ist die Durchführung der Aktionen durch die Staatspolizei auf jeden Fall sicherzustellen.«

Das war das Signal zu dem Pogrom, der unter dem Namen »Kristallnacht« in die Geschichte eingegangen ist. Ein Schandblatt der deutschen Geschichte. Einer der Mitverantwortlichen, Reichswirtschaftsminister *Walther Funk*, äußerte sich dazu am 6. Mai 1946 vor dem Alliierten Militärtribunal in Nürnberg unter anderem wie folgt:

»Es ist über diese Sache später sehr viel diskutiert worden, und es wurde niemals klar, wer nun eigentlich der Urheber dieser Terrormaßnahmen, dieser Gewaltmaßnahmen, gewesen ist, und wo eigentlich der Befehl ausgelöst wurde. Dass es von München kam, wussten wir, haben wir inzwischen erfahren, und zwar an dem 9. November. Aber ob das Goebbels war oder *Himmler* war und wieweit der Führer selbst daran beteiligt war, das habe ich niemals klar erfahren können. Aus meinem Telefongespräch, das ich heute erwähnt habe, mit Goebbels, ging allerdings das eine hervor, dass der Führer von dieser Sache gewusst haben musste, weil er mir sagte, der Führer hat angeordnet, jetzt, und hat das Göring auch gesagt, dass die Juden vollkommen aus der Wirtschaft ausgeschhaltet werden müssen.«

Funk bestätigt damit, dass es sich bei der Pogromnacht vom 9. November keineswegs um eine spontane Aktion gehandelt hat. In diese Richtung ging jedoch die offizielle Prpopaganda. Sie bediente sich dabei eines Attentats, bei dem am 7. November 1938 der Sekretär der deutschen Botschaft in Paris, *Ernst vom Rath*, erschossen worden ist. Täter war der deutsch-jüdische Flüchtling *Herschel Grynspan*. Er hatte kurz davor erfahren, dass sein Vater von den Nazis verschleppt worden ist.

Über die Vorgänge während der »Kristallnacht« entspann sich während einer Sitzung im Reichsluftfahrtministerium am 12. November 1938 folgender überlieferter Dialog zwischen dem preußischen Ministerpräsidenten Göring und dem Chef der Sicherheitspolizei, *Reinhard Heydrich*, in den einmal auch Goebbels eingriff:

Göring: »Wieviel Synagogen sind tatsächlich niedergebrannt?« Heydrich: »Es sind im ganzen 101 Synagogen durch Brand zerstört, 76 Synagogen demoliert; 7.500 zerstörte Geschäfte im Reich.« Goebbels: »Da muss der Jude den Schaden bezahlen.« Heydrich: »Sachschaden, Inventar- und Warenschaden schätzen wir auf mehrere Millionen.« Göring: »Mir wäre lieber gewesen, ihr hättet 200 Juden erschlagen und nicht solche Werte vernichtet.« Heydrich: »35 Tote sind es.« Göring: »Ich werde den Wortlaut wählen, dass die deutschen Juden in ihrer Gesamtheit als Strafe für die ruchlosen Verbrechen usw. usw. eine Kontribution von einer Milliarde auferlegt bekommen. Das wird hinhauen.«

»Es brennt, Brüder, es brennt«, heißt es in einem jiddischen Getto-Lied aus der Hitlerzeit. »Ach, unser armes Städtchen – Gott behüte – brennt!« Der Text hat eine verschlüsselte Aussage: nicht nur das Städtchen brennt, das Städtchen steht stellvertretend für das Land und ein ganzes Volk. Das Lied endet mit dem Ruf, das Feuer mit dem eigenen Blut zu löschen, sich also zu erheben, sich zu wehren – ein verzweifelter, ohnmächtiger Aufschrei.

Mit der »Kristallnacht« hatte die Judenverfolgung ihren Höhepunkt allerdings noch nicht erreicht. Sie war vielmehr der Auftakt zur einer weiteren Verschärfung der Maßnahmen gegen jüdische Bürger. Nach dem Überfall Hitlers auf Polen und andere Länder wurde nach und nach fast das gesamte Europa Schauplatz einer noch nie dagewesenen Hetzjagd auf unschuldige Menschen, auf Frauen, Kinder, Männer und Greise. Immer wieder ließen die Naziführer ihrem zügellosen Hass gegen die Juden freien Lauf, so wie beispielsweise der Führer der sogenannten Deutschen Arbeitsfront, Ley, am 10. Mai 1942:

> »Der Jude ist die große Gefahr der Menschheit, und wenn es uns nicht gelingt, ihn auszurotten, dann haben wir den Krieg verloren.

> Man muss sie vernichten, man muss sie ausrotten! Sie haben die Menschheit ...« (Das Ende des Satzes geht im Beifall unter).

Die unablässigen Beschimpfungen verfolgten unter anderem auch den Zweck, dem deutschen Volk ein Gefühl der Überlegenheit einzuhämmern. Jeder einzelne Bürger sollte sich identifizieren mit der menschenfeindlichen Raubideologie der NS-Führer. Einer von ihnen, der oberste SS-Führer Himmler, bekannte in brutaler Offenheit am 4. Oktober 1943 vor Angehörigen der SS:

> »Wie es dem Russen geht, wie es dem Tschechen geht, ist mir total gleichgültig. Das, was in den Völkern an gutem Blut unserer Art ist, das werden wir uns holen, indem wir denen – wenn notwendig – die Kinder rauben, bei uns großziehen. Ob die anderen Völker in Wohlfahrt leben, ob sie verrecken vor Hunger, das interessiert mich nur soweit, als wir sie als Sklaven für unsere Kultur brauchen. Anders interessiert es mich nicht.«

Im Sommer des Jahres 1942 begann die fabrikmäßige Ermordung jüdischer Kinder, Frauen und Männer. Angehörige der SS und zivile deutsche Tötungsexperten errichteten im besetzten Polen die Vernichtungslager Auschwitz, Treblinka, Maidanek, Sobibor und Belzec. Einer der Hauptschuldigen, der SS-Führer Himmler, nannte das Ganze in seiner Rede vom 4. Oktober ein »Ruhmesblatt«. Wörtlich hörte sich das so an:

> »Es gehört zu den Dingen, die man leicht ausspricht: ›Das jüdische Volk wird ausgerottet‹, sagt Ihnen jeder Parteigenosse. ›Ganz klar, steht in unserm Programm drin, Ausschaltung der Juden, Ausrottung, machen wir – ha, Kleinigkeit!‹ Von Euch werden die meisten wissen, was es heisst, wenn hundert Leichen beisammenliegen, wenn fünfhundert daliegen, oder wenn tausend daliegen. Und dies durchgestanden zu haben und dabei – abgesehen von menschlichen Ausnahmeschwächen – anständig geblieben zu sein, hat uns hart gemacht und ist ein niemals genanntes und niemals zu nennendes Ruhmesblatt.«

Die strenge offizielle Geheimhaltung der Massenmorde hatte zur Folge, dass erst nach dem Ende des NS-Regimes das ganze Ausmaß der Verbrechen bekannt wurde. Kriegsbedingt waren diese Tötungen nicht, denn schließlich beherrschte Hitler damals unangefochten fast ganz Europa. Siegestrunken prahlte Göring 1943 vor Wehrmachtsoffizieren:

> »10 Jahre, meine Kameraden, hat uns der Führer jetzt von Größe zu Größe geführt, zum Heile, aus Ohnmacht heraus, aus schrecklichen Verhältnissen, und in den nächsten Jahren, und damit wollen wir schließen, das ist meine heilige Überzeugung, wird uns der Führer zum größten aller Siege der Deutschen führen.«

Nach der bedingungslosen Kapitulation Hitlerdeutschlands ist mitunter gefragt worden, wie denn die Welt ausgesehen hätte, wenn der Krieg mit einem Sieg der nazistischen Herrenmenschen zu Ende gegangen wäre. Dazu hatte sich Himmler am 3. August 1944 geäußert:

> »Es ist unverrückbar, dass wir ein germanisches Reich gründen werden. Es ist unverrückbar, dass zu den 90 Millionen die 30 Millionen übrigen Germanen dazu kommen werden, so dass wir unsere Blutsbasis auf 120 Millionen Germanen vermehren. Es ist unverrückbar, dass wir die Ordnungsmacht auf dem Balkan und sonst in Europa sein werden, dass wir dieses ganze Volk wirtschaftlich, politisch und miliärisch ausrichten und ordnen werden. Es ist unverrückbar, dass wir diesen Siedlungsraum erfüllen, dass wir hier den Pflanzgarten germanischen Blutes im Osten errichten. Und es ist unverrückbar, dass wir eine Wehrgrenze hinausschieben weit nach Osten.«

»Was seid Ihr für Menschen«, lässt *Bertolt Brecht* in seinem Stück »Furcht und Elend des Dritten Reiches« die jüdische Frau Keith die deutschen Männer fragen. »Ihr erfindet die Quantentheorie und lasst Euch von Halbwilden kommandieren, dass ihr die Welt erobern sollt, aber nicht die Frau haben dürft, die Ihr haben wollt.« Brecht enthüllt damit die innere Schwäche und die moralische Verkommenheit des NS-Regimes, gegen das sich schließlich die gesamte zivilisierte Welt auflehnte. Als es vorbei war mit der Naziherrlichkeit musste sich neben anderen Hauptverantwortlichen für den Massenmord an den Juden auch der Herausgeber des antisemitischen Hetzblattes »Der Stürmer«, *Julius Streicher*, vor dem Alliierten Militärtribunal in Nürnberg verantworten. Dort schob er alle Schuld auf Hitler:

> »Die vom Staatsführer Adolf Hitler befohlenen Massentötungen sollten nach seiner letztwilligen Erklärung eine Vergeltung sein, die nur bedingt war durch den damals erkennbar gewordenen ungünstigen Verlauf des Krieges.«

Nur ein Mann von der Primivität Julius Streichers konnte auf die Idee verfallen, sich auf diese fadenscheinige Art und Weise aus der Verantwortung stehlen zu wollen. Seine plumpen Ausreden gehören ebenso zur Geschichte vom kläglich Ende des »Großdeutschen Reiches« wie etwa der ebenso blamable wie durchsichtige Versuch des Reichswirtschaftsministers Funk, sich vor Gericht in Nürnberg als Wohltäter der Juden in Szene zu setzen:

> »Ich habe heute morgen gesagt, dass ich ein tiefes Schuldgefühl und eine tiefe Scham empfinde über das, was mit den Juden in Deutschland geschehen ist, und dass ich in dem damaligen Zeitpunkt, als der Terror und die Gewalt begannen, in einen schweren Gewissenskonflikt kam. Ich habe damals gefühlt, möchte ich fast sagen, dass hier schweres Unrecht getan ist. Ich habe aber nicht ein Schuldbekenntnis abgelegt hinsichtlich der hier erhobenen Anklage gegen mich, das heisst, dass ich dadurch im Sinne der Anklage schuldig geworden bin, dass ich die Durchführungsverordnungen zu den von den übergeordneten Stellen erlassenen Gesetzen unterschrieben habe, weil diese Gesetzgebung durchgeführt werden musste, und zwar um die Juden nicht völlig rechtlos zu machen, um ihnen wenigstens noch hinsichtlich der Entschädigung und Abfindung einen rechtlichen Schutz zu gewähren.«

Noch heute klingt es wie Hohn, aus dem Munde eines Naziführers die Behauptung zu vernehmen, die antijüdischen Gesetze der Nationalsozialisten hätten dem Schutz der Juden gedient. Davon wird gleich noch die Rede sein. Obwohl Funk jede Mitschuld an dem Pogrom vom 9. November 1938 abstritt, räumte er auf Befragen ein, der »Erfinder« des Namens »Kristallnacht« zu sein. Wie er auf dieses Wort kam, beschrieb er mit dem dürren Satz:

> »Das habe ich einmal für die Aktion gebraucht, bei der da eben sehr viel zertrümmert, zerschlagen worden war.«

Offiziell haben die Machthaber des Dritten Reiches den Begriff »Kristallnacht« niemals verwendet. Dennoch erreicht er einen erstaunlichen Bekanntheitsgrad. Bei einer Passantenbefragung zeigte sich, dass ältere Menschen mit dem Wort »Kristallnacht« häufig die Erinnerung an die Judenverfolgungen in Deutschland verbindet. Junge Menschen wussten damit wenig oder garnicht anzufangen. Insgesamt gesehen gaben mehr als die Hälfte der Befragten völlig abwegige Antworten auf die Frage, was ihnen bei dem Wort »Kristallnacht« einfalle. Hier ein Querschnitt aus einer Umfrage unter Passanten in Bremen:

> »Hat das nicht mit dem 30jährigen Krieg zu tun, oder so was ähnliches? – Verfolgung der Juden; die Synagogen wurden in Brand gesteckt – In Gröpelingen ist doch so'n Lokal, nicht, so'n ganz toller Sexschuppen – Kristallnacht? Hängt mit den Juden zusammen – Der Krieg höchstens, als die Bomben kamen, da haben wir gesagt: das war wieder 'ne Kristallnacht – Irgend so'n Fest mit Glitzerkram oder sowas – Das mit den Juden, wie die Fensterscheiben zerschlagen worden sind – Katholischer Feiertag, oder was? – Reichstagsbrand – Ja, als die Juden abgeholt wurden von Hitler damals; die Geschäfte wurden eingeschlagen, ich habe das selbst gesehehen – Kristallnacht? Ja, Weihnachten – Da muss ich passen – Das war 'ne schreckliche Nacht, nicht? Irgendwie für uns Deutsche nicht würdig – Kristallnacht? Ist vielleicht irgendwas mit Winter, oder so, wenn es schneit – Kristall-

> nacht? Romantik oder sowas – Von 38 die Judenaktion da, da in der Obernstrße, wo sie die Geschäfte geplündert haben, die Nazis – Irgendwas war da mal – Kristallnacht? Hab' ich noch nie gehört – Also das ist mir völlig klar, was das für ein schauriger Begriff ist.«

Diese Unkenntnis lässt sich verallgemeinern; sie gilt generell für jenen Abschnitt der deutschen Geschichte, in dem auf beschämende Weise deutlich geworden ist, wie wenig freiheitlicher Geist bis dahin in Deutschland Fuß gefasst hatte. Wann immer in den vergangenen Jahren der Versuch gemacht worden ist, die Wurzeln des Verhaltens vieler Deutscher bloßzulegen, ertönte alsbald der Ruf, die alten Geschichten doch endlich ruhen zu lassen und nicht ständig Nestbeschmutzung zu betreiben. Noch heute kontern national-konservative Kreise Warnungen vor einem Wiederaufleben des Rechtsradikalismus mit der Behauptung, der angebliche Neonazismus sei in Wahrheit »eine Waffe Moskaus«. Auf diese Weise wird jedes Nachdenken im Keime erstickt. Der brave Bürger sieht sich in der überlieferten Vorstellung bestätigt, dass alles Übel irgendwie mit den Kommunisten zusammenhängt. Damit ist die nationale Ehre gerettet.

Meister in der Verdrängung ihrer Vergangenheit waren die Nazigrößen selbst. Der SS-Obersturmbannführer *Adolf Eichmann* beispielsweise, ehemals Leiter einer zentralen Befehlsstelle zur Organisierung der Judendeportationen, setzte sich am 13. Dezember 1961 vor Gericht in Israel als pflichtbewusster Biedermann in Szene und bezeichnete sich selbst als Opfer der Nazis:

> »Meine Schuld ist mein Gehorsam, meine Unterwerfung unter Dienstpflicht und Kriegsdienstverpflichtung, unter Fahneneid und Diensteid. Die Führerschicht, zu der ich nicht gehörte, hat die Befehle gegeben. Sie hat meines Erachtens mit Recht Strafe verdient für die Greuel, die auf ihren Befehl an den Opfern begangen wurden. Aber auch die Untergebenen sind jetzt Opfer. Ich bin ein solches Opfer.«

Ähnlich dachten viele. Der »Führer« war an allem schuld, lautete nach dem Zusammenbruch des NS-Regimes die Devise. Hitler selbst wiederum dachte, *er* sei für die Katastrophe nicht verantwortlich, vielmehr habe das deutsche Volk sich seiner nicht würdig erwiesen. *Voltaire* hatte Recht: Halunken kann man gegebenenfalls zur Vernunft bringen, einen Fanatiker hingegen nie.

Nach Kriegsende gab es im Windschatten des kalten Krieges Fehlentwicklungen, die eine überzeugende Abkehr von der Vergangenheit erschwerten. Typisch dafür ist der Fall Globke. *Dr. Hans Globke* hat während der NS-Zeit den offiziellen Kommentar zu den Rassegsetzen mitverfasst und damit deren Anwendung in der Praxis mitgestaltet. Ungeachtet dessen wurde er 1949, im Gründungsjahr der Bundesrepublik Deutschland, von damaligen Regierungschef Adenauer als Ministerialdirigent ins Bundeskanzleramt berufen. Es kam deswegen häufig zu Auseinandersetzungen im Bundestag. So auch am 12. Juli 1950, als der sozialdemokratische Rechtsexperte *Dr. Adolf Arndt* unter anderem erklärte:

> »Der Kommentar ist hier bereits wiederholt Gegenstand der Erörterung gewesen. Aber das Wesentliche ist dabei nicht gesagt worden. Denn, meine Damen und Herren, die Nürnberger Gesetze sind nicht irgendwelche Gesetze, über deren Gültigkeit oder Ungültigkeit, deren Sittlichkeit oder Unsittlichkeit man vielleicht streiten könnte. Die Nürnberger Gesetze gehören in ganz erster Linie zu dem, was der unvergessliche *Gustav Radbruch* als gesetzliches Unrecht bezeichnet hat, welches niemals zur Würde des wahren Rechts emporgestiegen ist. Hier handelt es sich um mit Paragraphen verübte Ächtung, um mit Paragraphen verübten Mord; und Herr Dr. Globke hat das ganz genau gewusst.«

Der Abgeordnete Arndt wies darauf hin, dass diese Angelegenheit weit über den eigentlichen Fall Globke hinausreichte und exemplarische Bedeutung hatte für die weitere Entwicklung der Bundesrepublik:

> »Meine Damen und Herren! Wenn es irgendeine Vermessenheit, eine Hybris, gibt, die schlechterdings tödlich für eine Wiedergenesung

> Deutschlands wirken müsste, so ist es doch die Verblendung, wir könnten so tun, als hätte sich zwischen 33 und 45 überhaupt nichts ereignet! Und aus diesen Gründen fragen wir die Bundesregierung zum letzten Male in aller Form und mit allem Ernst: hält die Bundesregierung Personen, die für die nationalsozialistische Gewaltherrschaft an hervorragender Stelle tätig waren, hält sie Personen, die zumindest objektiv als nihilistische Instrumente ihren Namen mit der Unmenschlichkeit verknüpft haben, im Sinne des Grundgesetzes für geeignet, heute hohe öffentliche Ämter zu bekleiden?«

Ja, solche Personen wurden für geeignet gehalten, hohe öffentliche Ämter zu bekleiden. Dr. Globke, von dem Adenauer sagte, er habe jüdischen Mitbürgern geholfen, avancierte sogar zum Staatssekretär im Bundeskanzleramt, und er blieb es viele Jahre bis zu seiner Pensionierung 1963. So wie Globke gelangten ungezählte frühere Nazibeamte und Parteigänger Hitlers in den öffentlichen Dienst. Obwohl sie eben noch einem extremistischen Unrechtsstaat gedient hatten, galten *sie* – im Gegensatz etwa zu jungen Lehramtsanwärtern, die sich in der Friedensbewegung engagierten – weder als Extremisten noch als Radikale. Ihnen wurde demokratische Gesinnung von vornherein zugebilligt.

Teile des Weltbildes der Nazis haben sich, wie *Alexander Mitscherlich* in seinem Buch »Die Unfähigkeit zu trauern« anmerkt, über 1945 hinaus völlig unbehelligt erhalten. Das folgenreichste dürfte nach seiner Ansicht der emotionelle Antikommunismus sein. Unreflektierte Abneigung gegenüber vermeintlichen oder tatsächlichen linken Bestrebungen bildet jedoch ebenso den Nährboen für autoritäre und faschistoide Tendenzen wie Ressentiments rassistischer Natur. Was getan werden sollte, damit Fehler der Vergangenheit überwunden werden, fragte ich den Bremer Rabbiner *Joel Berger*:

> »Auf diese Frage eine Antwort in einigen Sätzen zu geben fällt mir sehr schwer. Es sind gewiss nicht wenige, die meinen, dass die Vergangenheit wohl sauber und ordentlich aufgearbeitet sei und nur ein Schlussstrich fehle, der dann schleunigst und für alle Zeit gezogen

werden müsse. Ich dagegen denke, wie der Philosoph Adorno, dass damit die Ermordeten auch noch um das einzige betrogen würden, was unsere Ohnmacht ihnen schenken kann – das Gedächtnis. Es geschieht sehr häufig, dass man diesen Schlussstrich ziehen will, um das Vergangene aus der Erinnerung wegzuwischen. Der Einzelne muss vielleicht über gewisse Ereignisse und Erlebnisse hinwegkommen, um überhaupt weiterleben zu können; aber die Gesellschaft kann diese Vergangenheit nie als verarbeitetes Gut in die Rumpelkammer der Geschichte legen. Sie muss diese Erfahrungen mit unmenschlicher Gewalt, Terror und Mord stets für neue, unschuldige und unerfahrene Generationen parat halten, damit diese nie wieder durch fanatische Demagogen jeglicher Couleur irregeleitet werden. Leider muss ich Adorno auch noch heute das bestätigen, was er behauptete, nämlich, ›dass der Faschismus nachlebt‹ und sein Bann nicht endgültig gebrochen sei. Das dazu notwendige helle Bewusstsein fehlt an beiden Flanken. Bei denjenigen, die ›vereinzelte rechtsradikale Umtriebe‹ als von ›östlichen Geheimdiensten inszeniert‹ sehen wollen, genauso wie bei denjenigen, die mit erhobenem Zeigefinger aus der unaufgearbeiteten Vergangenheit nicht lernen, sondern bloß indoktrinieren wollen.«

Wachsamkeit gegenüber den oft verborgenen Anfängen der Intoleranz und des Misstrauens, der Menschenverachtung und der gegenseitigen Verteufelung hat der Rat der Evangelischen Kirche in Deutschland in seiner Erklärung zum 40. Jahrestag der Pogromnacht vom 9. November 1938 gefordert. Fürwahr – niemand sollte die unselige Vergangenheit für überwunden halten, wenn die Nachfahren der Nazis bei Wahlen eine verschwindende Minderheit bleiben. Hier liegt nicht das eigentliche Problem. Die Lehren der Vergangenheit müssen sich auf unser Verhalten gegenüber all jenen Menschen erstrecken, die anders sind als wir, die anders leben, anders denken oder anders sprechen. Nie wieder sollten wir dem Irrglauben verfallen, dass anders sein schlecht sein bedeutet. Nach allem, was gewesen ist, steht uns Bescheidenheit gut zu Gesicht. Wir schulden sie auch den Opfern der Gewalt, deren Sterben nicht sinnlos gewesen sein darf.

Woraus das wieder kriecht ...

Was verführt junge Menschen zum Neonazismus?

Dieses Funkfeature, das am 30. Januar 1980 von Radio Bremen ausgestrahlt worden ist, begann mit einem Lied aus der NS-Zeit, dessen Refrain folgendermaßen lautete:

»Unsre Fahne flattert uns voran.
In die Zukunft ziehen wir Mann für Mann.
Wir marschieren für Hitler durch Nacht und Not
Mit der Fahne der Jugend für Freiheit und Brot.
Unsre Fahne flattert uns voran.
Unsre Fahne ist die neue Zeit.
Und die Fahne führt uns in die Ewigkeit!
Ja, die Fahne ist mehr als der Tod!«

Nachdem die Melodie verklungen war, verlas der Sprecher folgenden Text:

> »Deutsche Volksgenossen und Volksgenossinnen! Seit nunmehr 32 Jahren wird Deutschland von seinen größten Feinden regiert. Das ist nur möglich, weil Materialismus, Dummheit, Faulheit und Egoismus der meisten Deutschen es ermöglichen. Hinzu kommt die Lüge, täglich benutzt von den ›Meistern der Lüge‹, die den Oberbefehl im Hintergrund haben, den Zionisten, die in ihrem Weltbeherrschungswahn schon größenwahnsinnig geworden sind.«

Dieses Zitat und der Liedrefrain zu Beginn erscheinen wie aus einem Guss – dabei liegen sie zeitlich weit auseinander. Über ein halbes Jahrhundert ist es her, seit das Lied entstand, in dem junge Nazis ihrem Führer Adolf Hitler unbedingte Gefolgschaft geloben. Das anschließende Zitat hingegen stammt aus jüngerer Zeit. Er wurde

1977 von einem jungen Bürger der Bundesrepublik Deutschland verfasst, der erst auf die Welt kam, als das Reich Adolf Hitlers längst in Schmach und Schande untergegangen war. Dennoch beherrscht er perfekt den Wortschaft der Nationalsozialisten. Nicht nur das – er hat auch eine eigene Organisation ins Leben gerufen, die sich »Deutsche Völkische Gemeinschaft« nennt und Folgendes fordert:

> »Errichtung des Großdeutschen Reiches auf der Grundlage des ›Selbstbestimmungsrechtes der Völker‹ ... Der Hauptfeind der Freiheit Großdeutschlands und der Welt, der internationale Zionismus mit seinen Erscheinungsformen Kapitalismus und Kommunismus, ist weltweit zu bekämpfen.«

Es kann sein, dass der Urheber dieses Textes in einer Bibliothek angestaubte Zeitungen aus der Zeit des sogenannten Dritten Reiches gelesen und den Unsinn einfach abgeschrieben hat. Vielleicht ist auch pubertäre Kraftmeierei im Spiel, die sich in einem verbalen politischen Amuklauf austobt. Ober handelt es sich um den Ausfluss einer reaktionären Grundströmung, die unser Volk über die Zeit hinweg immer wieder in ihren Sog gerissen hat? Damit deutlich wird, was gemeint ist, sei an zwei Beispielen die Kontinuität einer ganz bestimmten Argumentationweise geschildert. Im ersten Fall geht es um den Wechsel vom Kaiserreich zur Republik nach dem dem ersten Weltkrieg, im zweiten um den Wechsel der Regierungsverantwortung von den Christdemokraten zu den Sozialdemokraten in Bonn nach dem zweiten Weltkrieg. Die konservative »Neue Preußische Kreuz-Zeitung« beklagte das Ende der Monarchie mit den Worten:

> »Seitdem geht es abwärts, und nun stehen wir vor dem offenen Grabe deutscher Staatlichkeit und sehen schaudernd in einen schwarzen Abgrund. Was nationale Arbeit und Opferbereitschaft in Jahrhunderten mühsam aufgebaut haben, hat hemmungsloser Internationalismus und weicher Pazifismus in zwölf Jahren zerschlagen.« [1]

Fast ein Menschenalter später, Mitte der siebziger Jahre, kommentierte das CSU-Organ »Bayern-Kurier«, das sich nach eigenem Verständnis als Blatt der Mitte begreift, die Lage nach dem Übergang der Regierungsverantwortung an einen sozialdemokratischen Bundeskanzler so:

> »Unser Staat befindet sich in einer tiefen und schweren Krise. Dilletanten, Scharlatane, Spruchbeutel und Gernegroße, denen nichts fremder ist als das Wort Redlichkeit, machen sich endgültig daran, das Erbe des Fleißes und des Einfallsreichtums, der Tapferkeit, der Geduld und des Freiheitswillens der Deutschen aufs Spiel zu setzen. Sie nennen sich Sozialisten, diese Leute.« [2]

Wer anfällig ist für eine gefühlsmäßig ablehnende Haltung gegenüber den politischen Repräsentanten der deutschen Arbeiterbewegung, der wird sich vermutlich durch solche Äußerungen bestärkt fühlen, nun auch seinerseits etwas beizutragen zur Wahrung des nationalen Stolzes, der sich so leicht verletzt fühlt, wenn Sozialdemokraten und Liberale regieren. Das Ergebnis können dann der erwähnte Aufruf zur Errichtung eines Großdeutshen Reiches sein oder verächtliche Äußerungen über den Widerstand gegen Hitler. Was unter Rechtsextremismus zu verstehen ist, beschrieb das Bundesinnenministerium 1978 wie folgt:

> »Rechtsextremistische Bestrebungen sind im wesentlichen dadurch gekennzeichnet, dass sie – offen oder verdeckt – die Grundlagen der Demokratie, insbesondere der parlamentarischen repräsentativen Demokratie, ablehnen und eine totalitäre Regierungsform unter Einschluss des Führerprinzips fordern. Ein besonderes Kennzeichen liegt ferner in der Rechtfertigung des NS-Regimes, wobei unter Herausstellung angeblich positiver Merkmale des ›Dritten Reiches‹ die Verbrechen des NS-Regimes verharmlost oder sogar jegliches nationalsozialistisches Unrecht geleugnet wird.« [3]

Solche und ähnliche Hinweise können verständlicher Weise nur

Ansatzpunkte liefern für das Erkennen rechtsradikaler oder neonazistischer Verhaltensweisen. Leider haben nur noch wenige Menschen Gelegenheit, ihr Ohr an den Originaltönen nazistischen Ungeistes zu schulen. Wahrscheinlich würden manche erschrecken, wenn ihnen bewusst wird, auf wie mannigfaltige Art sich Kampfparolen der Nationalsozialisten am Leben erhalten haben. Uns liegt die Aufnahme einer Rede vor, die Hitler am 24. Oktober 1933 gehalten hat. Darin erläuterte er bis ins Einzelne gehend sein Programm. Unter anderem sagte er:

> »Und wir haben uns ein großes Programm aufgestellt. Zu allererst: Kampf dem Marxismus, Kampf dem Kommunismus. Wir sahen in ihm die Vernichtung des deutschen Volkes, und sahen in ihm vor allem den Ruin des deuschen Arbeiters. Wenn ich mich gegen den Kommunismus wendete, dann nicht wegen der paar hunderttausend Bourgois am Ende; das könnte auch gleichgültig sein, ob die zugrunde gehen oder nicht, wir taten es, weil wir das ganze deutsche Volk hier vor dem Ruin sahen, die Millionen seiner schaffenden Menschen, die Arbeiter in erster Linie mit.«

Viele haben damals geglaubt, sie brauchten Hitlers Geschrei gegen Marxismus und Kommunimus nicht ernst zu nehmen, aber als dann einige Jahre später der sogenannte Volksgerichtshof bereits wegen eines vergleichsweise harmlosen politischen Witzes die Todesstrafe verhängte, rächte sich die Gleichgültigkeit gegenüber den Anfängen des Terrors der Nationalsozialisten auf schreckliche Weise. Natürlich werden diese finsteren Zeiten niemals wiederkehren, aber die Lehren der Geschichte sollten deswegen nicht in den Wind geschlagen werden. Wer will schon seine Hand dafür ins Feuer legen, dass eine Wende hin zum Bösen völlig ausgeschlossen werden kann. Was den Rechtsradikalismus von heute betrifft, so hatte es lange den Anschein, als erschöpfe er sich im wesentlichen in der Herstellung wortstarker Pamphlete. Aber irgendwann zeigte er sich auch von seiner gewalttätigen Seite. Am 9. November 1979 wurde berichtet:

»Ein besorgniserregender Anstieg rechtsextremistischer Gewalttaten ist nach Angaben von Bundesinnenminister Baum im ersten Halbjahr 1979 verzeichnet worden. In einem Rundfunkinterview teilte Baum mit, in dem genannten Zeitraum seien fast schon genau so viel Ausschreitungen von Rechtsextremisten registriert worden, wie im ganzen Jahr 1978. Laut Baum wurden vom 1. Januar 1979 bis zum 30. Juni 1979 insgesamt 938 rechtsextremistische Ausschreitungen in der Bundesrepublik verzeichnet.«

In der Zeit davor hatte es unter anderem Raubüberfälle auf Geschäftsleute, auf eine Sparkasse und auf ein Bundeswehrdepot gegeben. Erbeutet wurden von den neonazistischen Tätern Geld, Waffen und Ausrüstungsgegenstände. Erstmals wurde Anklage gegen Rechtsextremisten wegen der Gründung einer terroristischen Vereinigung erhoben. Nach offiziellen Feststellung wurden 1978 nicht weniger als 400 neonazistische Treffen, Kundgebungen, Jugendlager, Überfälle und Brandanschläge, Hakenkreuzschmierereien und Friedhofsschändungen registriert. Für die Teilnehmer einer Veranstaltung in Westberlin schien Anfang März 1979 die totgeglaubte Vergangenheit plötzlich wieder auferstanden zu sein. In einer Meldung der Nachrichtenagentur Reuter hieß es:

»Mit nationalsozialistischen Parolen und der lautstarken Verherrlichung des Massenmordes im Dritten Reich sprengten am Wochenende in Westberlin sechs Jugendliche eine Diskussion von Schülern und Eltern über die Fernsehserie ›Holocaust‹. Ein Polizeisprecher teilte mit, die in schwarzes Leder gekleidete Truppe – darunter als jüngstes Mitglied ein 15jähriges Mädchen – sei vorübergehend festgenommen worden. Bei der Durchsuchung ihrer Wohnungen sei umfangreiches rechtsradikales Propagandamaterial sichergestellt worden.«

Um die gleiche Zeit häuften sich Berichte über neonazistische Vorfälle an den Schulen. In Frankfurt am Main und Westberlin wurden offizielle Umfragen veranstaltet, die jedoch – wie es hieß – den Eindruck einer zunehmenden Rechtsradikalität unter Schülern nicht bestätigten. Der Frankfurter Stadtschülerrat gab sich damit nicht zufrieden, sondern stellte eigene Untersuchungen an. In einer schriftlich formulierten Einschätzung kam er zu folgendem Ergebnis:

> »Ursache neonazistischer Aktivitäten ist eine starke Verunsicherung der heutigen Jugend. Bewirkt wird sie durch eine perspektivlose Arbeitsplatzsituation und verschärften Leistungsdruck. In der Freizeit kennen die meisten Jugendlichen nur Discos, Kneipen, Flippern, Tischfußball. Gekennzeichnet wird der Alltag junger Menschen darüber hinaus durch den Besuch von Bundeswehr-Fanclubs und Kriegsfilmen. Verunsicherte Jugendliche werden von allem angesprochen, was überschaubare Handlungsstrukturen deutlich werden lässt, was Ordnung suggeriert oder Abenteuer verspricht. Das machen sich die neuen Nazis zu nutze. Sie vermitteln ihren Anhängern diese Scheinwerte und kommen ihrem Bedürfnis nach Gemeinchaft und Festgefügtem entgegen. Jugendliche, die wissen, was sie wollen, und die für ihre Interessen eintreten, sind in den meisten Fällen nicht für nationalsozialistisches Gedankengut anfällig.«

Neben diesen vom Frankfurter Stadtschülerring ermittelten Gründen spielen aber auch andere Dinge eine Rolle. Dazu gehört die ungenügende Vermittlung von Kenntnissen über die Nazizeit und ihre unmittelbare Vorgeschichte, sowie die Reduzierung des deutschen Widerstandes gegen Hitler auf die Attentäter des 20. Juli 1944. So gab es beispielsweise Bedenken gegen eine von Schülern gewünschte »Antifaschistische Woche«. Es hieß, der Begriff antifaschistisch werde von einer »bestimmten Variante des Widerstandes gegen Hitler okkupiert«. Der Einwand zielt offensichtlich auf die Tatsache, dass ehemals kommunistische Widerstandskämpfer das Wort häufiger verwenden als andere.

Im Gegensatz zu den ehemals von deutschen Truppen besetzten Ländern, in denen sich die Hitlergegner unbeschadet ihrer Parteizugehörigkeit durchweg als Antifaschisten bezeichnen, scheuen in der Bundesrepublik Deutschland viele Gegner des NS-Regimes davor zurück, sich so zu nennen. Sie fürchten, in die Nähe von Kommunisten oder Sozialisten gerückt zu werden. Für die Neonazis ist der Antifaschismus »eine Wortschöpfung der Kommunisten, die sie sich zu Tarnzwecken zugelegt« hätten.[4] Ähnlich äußerte sich der stellvertretende CSU-Vorsitzende Dr. Friedrich Zimmermann, der am 6. Oktober 1979 in seinem Parteiorgan »Bayern-Kurier« unter anderem ausführte:

> »›Antifaschismus‹ ist eine Vokabel zur Verschleierung der Gründe, aus denen die Kommunisten – übrigens bei weitem nicht in allen Phasen – gegen Hitler waren und kämpften. Sie dient der Verschleierung der Ziele des Kommunismus und überdies als Brücke einer verlogenen Gemeinsamkeit, auf die vor allem die Sozialdemokratie gelockt werden soll.«

Anders als früher lassen sich neuerdings die Sozialdemokraten nicht mehr darauf ein, ihren Teil am Widerstand gegen Hitler lediglich als Studienobjekt angehender Doktoranden zu betrachten. Sie riefen 1978 wieder die »Arbeitsgemeinschaft verfolgter Sozialdemokraten« ins Leben, die sie zu Beginn des kalten Krieges als Zeichen der Abgrenzung von den kommunistischen Verfolgten des Naziregimes aufgelöst hatten. Einer der ehemaligen KZ-Häftlinge in den Reihen der SPD namens Ludwig Linsert hatte angesichts einer verstärkten Aktivität von Neonazis im parteioffiziellen Pressedienst gefordert: »In der SPD muss wieder ein verstärkter, aktiver Antifaschismus entwickelt werden.« Die rechtsgerichtete Deutsche Wochenzeitung wandte sich gegen die zunehmende Kritik am Treiben der Neonazis. Sie schrieb:

> »In bestimmten Propagandazentralen und Presseorganen bemüht man sich, diese kleinen Gruppen gewaltig aufzubauschen und zu einer ›neonazistischen Gefahr‹ umzulügen. Alles, was auf diesem Gebiet rechts vorhanden ist, wird zu einer Gefährdung der Freiheit, der Ordnung und des Staates umfunktioniert.«[5]

Auch die CDU/CSU-Opposition in Bonn ist dieser Meinung. Über eine Große Anfrage zum Verfassungsschutzbericht der sozialliberalen Koalition hieß es in einer Meldung des Deutschen Depeschen-Dienstes vom 17. 9. 1979:

> »Die Opposition wirft der Bundesregierung und insbesondere Bundesinnenminister Baum vor, den Linksextremismus zu verharmlosen und andererseits des Rechtsextremismus zu überzeichnen.«

Das erwähnte nationalistische Wochenblatt hält den Neonazismus gar für eine von Moskau ferngesteuerte Propagandakampagne.[6] Diese Behauptung ist deswegen gefährlich, weil sie dazu führt, die Krankheit am eigenen Körper zu ignorieren. Bedauerlicher Weise steht das rechtsextremistische Blatt mit seiner abstrusen These nicht allein. Als der CSU-Vorsitzende Franz Josef Strauß vom konservativen »Deutschland-Magazin« gefragt wurde, welche Bedeutung er »der aufgebauschten Publizität um ein angebliches Wiederaufleben des Rechtsradikalismus in Deutschland« beimesse, antwortete er:

> »Eine hohe Bedeutung. Das System, nach dem hier vorgegangen wird, ist ebenso einfach wie brutal: der KGB oder andere kommunistische Geheimdienste veranlassen – wie inzwischen unwiderruflich bewiesen ist – Hakenkreuzschmierereien auf jüdischen Friedhöfen bei uns. DKP und SED schulen Subversanten, die rechtsradikale Mini-Organisationen gründen und mit stupiden neonazistischen Sprüchen für weithin sichtbares Ärgernis sorgen. Auch das ist bis in letzte Einzelheiten bewiesen. Ein paar kommunistische Hetzblätter zunächst und anschließend auch offizielle SPD-Organe übernehmen es, Verbindungslinien zwischen diesen Umtrieben und Namen wie *Springer*, *Löwenthal* und *Strauß* zu konstruieren.«[7]

Angesprochen auf diese angebliche kommunistische Urheberschaft hatte die Bundesregierung bereits 1978 mitgeteilt, sie verfüge über keine konkreten Hinweise auf die Steuerung rechtextremistischer Organisationen von kommunistischer Seite. Wieso Franz Josef Strauß gleichwohl das Gegenteil behauptete, ist niemals geklärt worden. Beweise hat er jedenfalls nicht vorgelegt. Aber in gewisser Weise schließt sich hier ein Kreis: Wer – wie Strauß -Hitler für einen Marxisten hält [8] und wer den Nationalsozialismus als eine »Variante des Sozialismus« betrachtet [9], für den ist anscheinend auch der Neonazismus das Werk von Kommunisten und Sozialisten. Die Gleichsetzung der Ermordeten mit ihren Mördern, die sich dahinter verbirgt, richtet sich selbst. Erinnert sei an dieser Stelle an die historische Rede, mit der am 23. März 1933 der Vorsitzende der SPD, Otto Wels, im Reichstag für seine Partei die Ablehnung des Hitlerschen Ermächtigungsgesetzes begründete. Hier ein Ausschnitt:

> »Freiheit und Leben kann man uns nehmen, die Ehre nicht. Nach den Verfolgungen, die die Sozialdemokratische Partei in letzter Zeit erfahren hat, wird niemand von ihr billigerweise verlangen und erwarten können, dass sie für das hier eingebrachte Ermächtigungsgesetz stimmt.«

An anderer Stelle seiner Rede sagte Wels:

> »Die Herren von der nationalsozialistischen Partei nennen die von ihnen entfesselte Bewegung eine nationale Revolution, nicht eine nationalsozialistische. Das Verhältnis ihrer Revolution zum Sozialismus beschränkt sich bisher auf den Versuch, die sozialdemokratische Bewegung zu vernichten.«

Welcher Mut dazu gehörte, den Nazigrößen dies offen ins Gesicht zu sagen, kann heute kaum noch jemand ermessen. Etwa ein Viertel der 120 sozialdemokratischen Abgeordneten war damals bereits verhaftet oder musste wegen drohender Verfolgung fliehen. Die Kommunisten, denen der Reichstagsbrand in die Schuhe geschoben wurde, waren zu diesem Zeitpunkt politisch bereits ausgeschaltet. So bekamen die Nazis dank der Zustimmung der bürgerlichen Parteien eine Mehrheit für das Ermächtigungsgesetz zusammen. Es setzte die Verfassung praktisch außer Kraft und räumte der Regierung unter dem Reichskanzler Hitler diktatorische Vollmachten ein. Wenn heute junge Menschen über fehlende Vorbilder klagen und anfällig werden etwa für einen germanischen Heldenmythos nazistischer Prägung, dann hängt das auch damit zusammen, dass ihnen die unerschrockener Gegner Hitlers als Vorbilder für demokratisches Verhalten nicht nahe gebracht worden sind. An schönen Worten hat es nicht gefehlt. So erklärte zum Beispiel der CDU-Vorsitzende Helmut Kohl, dieser Widerstand sei eine »wichtige Quelle unseres geistigen, unseres moralischen und unseres geschichtlichen Herkommens«. Dieses Erbe sollte »pfleglicher« behandelt und auch im Alltag wieder deutlicher gemacht werden. [10] Bundesminister *Dieter Haack* von den Sozialdemokraten sagte:

> »Der Widerstand gegen die nationalsozialistische Diktatur ist eine der moralischen Grundlagen der heutigen staatlichen Ordnung in der Bundesrepublik Deutschland. Dem Widerstand kann nur gerecht werden, wer ihn als Mahnung für die heutige Zeit und als Anleitung zum Handeln für die Zukunft begreift. Der Wiederaufbau nach dem zweiten Weltkrieg hat materialistische und egoistische Kräfte hervorgebracht. Wirtschaftlicher Erfolg und Lebensstandard haben zu einseitig die Wertskala geprägt. Die Aufarbeitung der jüngsten Geschichte bleibt daher eine dauernde Aufgabe.« [11]

Die Anfälligkeit mancher Jugendlicher für neonazistische Parolen ist nach Ansicht des Vorsitzenden der Jüdischen Gemeinde zu Berlin, Heinz Galinski, mit noch größerer Besorgnis zu sehen als die Neigung neonazistischer Gruppen zu Gewalttätigkeiten im Grenzbereich des Terrorismus. Diese Anfälligkeit werfe nämlich die Frage nach den Versäumnissen auf, »die Einrichtungen unseres Staates und unserer Gesellschaft unterlaufen« seien. Ähnlich wie Minister Haak meinte Galinski, die Beseitigung materieller Schäden sei leichter gewesen und besser gelungen, »als die geistige Enttrümmerung nach dem nationalsozialistischen Inferno zu vollziehen«. [12] Eine der Ursachen dafür beschrieb der SPD-Abgeordnete *Karl Heinz Hansen* am 29. März 1979 im Bundestag:

> »Wer bei uns daran erinnert, dass es in weiten Bereichen des öffentlichen Lebens nach 1945 keine einschneidenden Veränderungen und schon gar keinen moralischen Neubeginn gegeben hat, für den wurde ein reibungslos funktionierendes Ritual des Rufmordes eingeführt: Er ist Kommunist, er ist Kommunistenfreund, Linksradikaler, inzwischen Sympatisant... Wenn man die Liste der mit Bundesverdienstkreuzen ausgezeichneten Bürger durchsieht, wird man auf hunderte alte Nazis stoßen und auf kaum einen Verfolgten des Naziregimes.«[13]

Der SPD-Abgeordnete *Ernst Waltemathe* fügte dem am selben Tag im Bundestag hinzu:

> »Für unsere politische Zukunft muss über Regelungen im Strafgesetzbuch hinaus festgehalten werden: Hitler ist ja nicht vom Himmel gefallen. Er hat nicht zwölf Jahre lang ohne das Zutun anderer geherrscht und ist dann verschwunden, ohne irgendwelche Spuren zu hinterlassen. Nicht nur die Opfer von damals, sondern insbesondere auch die heutige junge Generation haben einen Anspruch darauf, vermittelt zu bekommen, dass der Faschismus der Jahre 1933 bis 1945 nicht das Ergebnis einer Überrumpelung des deutschen Volkes durch einige wenige Fanatiker war, sondern das Produkt gesellschaftlicher Entwicklungen und der Verquickung handfester wirtschaftlicher Interessen mit politischer Macht.«[14]

Manche Sorge würde sich erübrigen, wenn der Öffentlichkeit bewusst wäre, wie Hitler die Beseitigung demokratischer Grundrechte und Freiheiten begründet hat. Die Älteren haben es bestenfalls vergessen und die jungen Menschen können es nicht wissen. Doch Hitlers Stimme ist konserviert. Tonaufzeichnungen aus jenen Jahren belegen, wie skrupellos er die Angst vor einer kommunistischen Bedrohung für seine Zwecke instrumentalisierte und sich dem In- und Ausland als entschlossener Gegner der Kommunisten und Marxisten empfahl. Am 3. September 1933 stellte er sich in einer Rede als Retter Europas vor dem Bolschewismus dar:

»Wenn in West- oder Mitteleuropa *ein* Volk dem Bolschewismus verfällt, wird dieses Gift weiter fressen und das heute schönste und älteste Kulturgebiet der Erde vernichten. Indem Deutschland diesen Kampf auf sich genommen hat, erfüllte es nur, wie so oft in der Geschichte, eine wahrhaft europäische Mission.

Ähnlich äußerte sich Hitler im folgenden Monat, am 24. Oktober 1933, als er die demokratischen Freiheiten der Weimarer Republik als Weg in den Bolschewismus bezeichnete:

»Der Weg, den Europa ging, war der Weg in den Bolschewismus hinein. Und was dieser Bolschewismus für Europa bedeutet hätte, das brauchen wir nicht auszumalen. Wir haben versucht, das deutsche Volk vor diesem Ruin, vor diesem Abgund wieder zurückzureißen.«

Die angebliche Rettung Deutschlands vor dem Abgrund endete für Deutschland und Europa in einem Meer von Blut und Tränen. Zur Vorbereitung seines geplanten großen antibolschewistischen Kreuzzuges schuf Hitler zunächst im eigenen Land politische Friedhofsruhe, in der nur noch die Parolen der Nazis laut werden durften. Dabei versuchte er, seinen Maßnahmen den Stempel der Ausgewogenheit aufzudrücken.. In seiner Rede vom 24. Oktober 1933 hörte sich das so an:

»Und als zweites nahmen wir uns vor, den Kampf aufzunehmen gegen unseren latenten Volkszerfall. Und wir machten auch hier vor garnichts halt. Man konnte auch hier nicht sagen, ja, sie wenden sich nur gegen die einen, aber nicht gegen die anderen. Nein, das haben wir nicht getan. Wir haben das Programm aufgestellt, dass wir nur eine Einheit kennen, und wer sich dagegen wendet, ist unser Feind und wird von uns bekämpft, er mag stehen wo er stehen mag. Und aus dieser Gesinnung heraus fassten wir als weiteren Punkt auf den Kampf gegen die Klassenspaltung, den Kampf gegen den Klassenkampf. Und auch hier kann man nicht sagen, ihr habt euch nur gegen die eine Seite gewendet. Wir haben sie alle zerschlagen und beseitigt,

> die auf ihre Klasse pochen und damit als politische Armee in Erscheinung treten wollen.«

Für die Auseinandersetzung mit dem Neonazismus ist die Erinnerung an die Argumentationsmuster der Nationalsozialisten nicht zuletzt deshalb wichtig, weil sie deutlich macht, wo der sumpfige Boden beginnt, auf den sich Demokraten niemals begeben sollten. Wenn eine Wochenzeitung, die sich selbst der politischen Mitte zurechnet, heute ungerührt und unwidersprochen behauptet:

> »Eigentlich müsste es eine ›Diktatur zur Verteidigung der Demokratie‹ geben«,[15]

dann können sich dadurch jene bestärkt fühlen, die – wie das zum Beispiel junge Neonazis tun – die Demokratie insgesamt für eine schwächliche Staatsform halten, mit der ein Volk die Stürme des Lebens nicht bestehen kann. Solchen Tendenzen sollte auch nicht dadurch Vorschub geleistet werden, dass bei bestimmten Herausforderungen, etwa durch den Terrorismus, gleich nach »mehr Staat« gerufen und dadurch der Eindruck erweckt wird, die zur Zeit amtierende sozialliberale Regierung sei weder willens noch in der Lage, dem Bürger das Gefühl des Geborgenseins in einem gefestigten demokratischen Gemeinwesen zu vermitteln. Das oft aus rein parteitaktischen Gründen angestimmte Wehklagen über eine angebliche Aufweichung des Strafrechts oder eine ungenügende Unterstützung der staatlichen Exekutivorgane ist ebenfalls nicht dazu angetan, das Unbehagen junger Menschen an der Demokratie zu mindern; im Gegenteil, sie werden dadurch neonazistischen Verführern regelrecht in die Arme getrieben. Dieses Unbehagen hat oft genug wirtschaftliche und soziale Ursachen. Sie lassen sich – nach einer Untersuchung, die Hans Treinen vom Saarbrücker Institut für Sozialforschung und Sozialwirtschaft angestellt hat – so charakterisieren:

> »Viele Jugendliche machen die Demokratie verantwortlich für ihre Arbeitslosigkeit, und zwar trifft dies auf rund ein Drittel der befragten

> arbeitslosen Jugendlichen im Saarland zu. 35 Prozent identifizierten sich mit der resignierenden Aussage: Was nützt mir unsere Demokratie, wenn ich arbeitslos bin. Fast 40 Prozent der Befragten teilten die naiv-primitive Ansicht, ein »starker Mann« genüge, um »den Laden wieder in Ordnung« zu bringen. Das Ohnmachtsgefühl, »denen da oben« ausgeliefert zu sein, fand sich bei 43 Prozent der arbeitslosen Jugendlichen. Die Untersuchung ergab ferner einen Zusammenhang zwischen Bildungsgrad und der Einstellung zur Demokratie. Je höher die Bildungsstufe, desto seltener waren undemokratische Tendenzen zu beobachten, je niedriger der Bildungsgrad, desto eher förderte das Bedürfnis nach Arbeit und Brot latente autoritäre Einstellungen zu tage. Daraus ziehen die Verfasser der Studie den Schluss, »dass Demokratie nach dem gebildeten Bürger verlangt«. [16]

Einen fruchtbaren Boden für neonazistische Agitation schaffen auch jene Ressentiments gegen die Gewerkschaften, die sich im Kleinbürgertum eingenistet haben und die häufig bei sozialen Aufsteigern zu beobachten sind. Den gleichen Effekt haben gezielte politische Angriffe auf die Gewerkschaften, sei es, dass sie als kommunistisch unterwandert hingestellt werden oder dass man ihnen Handlangerdienste für die sozialliberale Regierung nachsagt. Als sich herausstellte, dass der Verfassungsschutz politisch missliebige Betriebsräte beaspitzelt, kommentierte die Führung der Industriegewerkschaft Metall diese Praxis mit den Worten, sie sei »letztlich nichts anderes als der Ausdruck eines tiefgreifenden Misstrauens gegen die deutsche Gewerkschaftsbewegung.« [17]

Zu den Voraussetzungen einer wirksamen Bekämpfung neonazistischer Agitation gehört auch der Verzicht auf alle Versuche einer Reglementierung des kulturellen Lebens. Politiker sollten sich zum Beispiel davor hüten, moderne Kunst oder Musik aus Gründen billiger Effekhascherei hämisch zu kommentieren, weil sie dadurch – oft ungewollt – den Freiheitsraum der Künstler einengen. Was manche sich hierzu einfallen lassen, war in der Wochenzeitung der Christlich-Sozialen Union nachzulesen:

> »Es ist bezeichnend, dass man auf allen Gebieten das Leistungsprinzip in der Darstellung durch die Massenmedien verneinen und verleugnen kann, sogar bei der Kunst, einschließlich der Musik. Was da alles geboten wird von Boy (so im Original, gemeint dürfte *Joseph Beuys* sein; d.V.) bis hinüber zu scheinspiritualistischer Hick-Hack-Musik – das ist eine Verspottung der bürgerlichen Gesellschaft und ihrer liberalen Wertordnung.« [18]

Wer das Leistungsprinzip auf die Kunst übertragen will, braucht dafür objektive Kriterien, denen sich dieser Bereich des menschlichen Lebens aber weitgehend entzieht. Die Beurteilung eines Kunstwerkes bleibt weitgehend eine Frage des persönlichen Geschmacks, der bekanntlich – und gottlob – von Fall zu Fall verschieden ist. Nur in totalitär regierten Staaten werden Normen für künstlerisches Schaffen gesetzt. Während der Nazizeit gab es das Schlagwort von der »entarteten Kunst«, unter der die Nazis zum Beispiel alles verstanden, was jüdische Künstler geschaffen hatten. Wie brutal und zugleich primitiv Hitler argumentierte, wenn es um Musik ging, zeigt folgendes Zitat aus dem Jahr 1933:

> »Das Volk erträgt nur dann Musik, wenn sie gekonnt ist, das heißt von dem Teil ausgeübt wird, der dazu geboren ist.«

Und wer dazu geboren war, das entschieden die Kulturgewaltigen des Dritten Reiches. Juden komponierten nach Meinung der Nazis von vornherein undeutsche Musik; ihre Schöpfer wurden verdammt und verbannt. Mit den Intellektuellen, von denen viele dem Ungeist der Nationalsozialisten kritisch gegenüber standen, verfuhren sie auf ähnliche Weise. So Hitler:

> »Wir sind genauso auch hingegangen zu unseren sogenannten Intellektuellen und haben ihn nicht weniger gesagt als: lasst eure Standesdünkel, lasst eure Partei der Vereinsamung. Bildet euch nicht ein, dass ihr besser seid. Und wir haben ihre Partei genauso zerbrochen, wie wir die anderen zerbrochen haben.«

Die Erinnerung an solche Auslassungen eines Gescheiterten würde sich erübrigen, wenn es nicht auch heute noch tief sitzende Vorbehalte gegenüber den Intellektuellen gäbe. Ihre stärkere Anteilnahme am politischen Geschehen und ihre Fähigkeit, sich zu artikulieren, lässt sie als Privilegierte erscheinen. Hier suchen und finden Neonazis Ansatzpunkte für ihre Stimmungsmache. Da viele Intellektuelle traditiongemäß politisch eher nach links tendieren, diffamiert eine interessierte Publizistik sie mit dem russischen Wort »Intelligenziija«.

Leider gehen die Strafverfolgungsbehörden nicht konsequent genug gegen die zunehmende Verbreitung von Nazipropagandamaterial vor. Eine Untersuchung, die die Landesjustizverwaltungen auf Ersuchen des Bundesjustizministerium vorgenommen haben, erbrachte folgendes Ergebnis: In der Zeit vom 1. Januar 1975 bis zum 31. Juli 1978 waren insgesamt 780 Straf- und Ermittlungsverfahren nach den Paragraphen 86 (Verbreiten von Propaganda verfassungswidriger Organisationen) und 86a (Verwendung von Kennzeichen verfassungswidriger Organisationen) anhängig. Der Strafrahmen für beide Paragraphen bewegt sich zwischen Geldstrafe und Freiheitsstrafe bis zu drei Jahren. Nur in 16 Fällen wurden von den Gerichten während der dreieinhalb Jahre Freiheitsstrafen verhängt. Lediglich in zwei Fällen mussten die Verurteilten die Strafe verbüssen. In dem einen Fall handelte es sich 15 Monate, in dem anderen um sechs Wochen. In allen anderen Fällen wurde die Strafe zur Bewährung ausgesetzt. Diese nach Ansicht des Bundsjustizministeriums lückenhafte Strafverfolgung rechtsextremistischer Aktivitäten hatte zur Folge, dass organisatorische Maßnahmen veranlasst wurden, mit denen die Ermittlungen intensiviert und eine gleichmäßige Rechtsanwendung erreicht werden sollten.[19]

Die unzureichende Ausschöpfung des Strafrahmens gegenüber Tätern mit nonazistischem Hintergrund wirkt mitunter geradezu provokant, so etwa wenn ein Frankfurter Schöffengericht einen der Volksverhetzung angeklagten Neonazi mit der Begründung frreispricht, seine Behauptung, das Tagebuch der in einem deutschen Konzentrationslager umgekommenen *Anne Frank* sei das »Produkt einer jüdischen antideutschen Greuelpropaganda«, um den Staat Israel zu finanzieren, werde vom Recht auf freie Meinungsäußerung nach Artikel 5 des Grundgesetzes gedeckt. [20] Weit weniger nachsichtig zeigte sich ein Amtasgericht in Westberlin gegenüber der Redakteurin einer Frauenzeitschaft. Sie wurde wegen des Aufklebens einer Schmuckmarke der »Roten Hilfe« statt einer normalen Briefmarke zu einer Geldstrafe von 100 Mark verurteilt. Das Gericht hielt sie des Betruges für schuldig.[21]

Mit dem unrühmlichen Kapitel der juristischen Aufarbeitung nationalsozialistischer Untaten hat sich die deutsche Öffentlichkeit nur bei bestimmten Anlässen beschäftigt, etwa wenn der Bundestag über die Verlängerung bzw. Aufhebung der Verjährungfrist für Mord debattierte. Bei solchen Gelegenheit wurde dann immer wieder – und zwar nicht nur von Neonazis, sondern auch von anderen – eine Generalamnestie für NS-Täter gefordert, ohne zu berücksichtigen, was ein solcher Schritt für das Selbstverständnis unseres Volkes bedeuten würde. Bei rregeleiteten Jugendlichen kann diese Forderung den Eindruck erwecken, das Dritte Reich sei wohl insgesamt nicht so schlecht gewesen, wie behauptet werde; im übrigen hätten andere Staaten auch dunkle Flecken auf ihrer Weste. Einmal müsse ja Schluss sein mit der ganzen Vergangenheitsbewältigung.

Auch das formelhafte Bekenntnis zur deutschen Schuld, das mit einem »Ja, aber...« einhergeht, leistet objektiv den neonazistischen Jugendverführer Vorschub. [22] Der rechtspolitische Sprecher der CDU/CSU-Bundestagsfraktion, *Benno Erhard*, kommentierte die Reaktion des Auslandes auf die Verjährungsdiskussion in der Bundesrepiblik mit den Worten, es gebe nur Wenige. die für sich in Anspruch nehmen könnten, »unser Lehrmeister zu sein«. All diejenigen Länder, die eventuell selber in Kriegsverbrechen verwickelt seien, hätten kein Recht zu Anklage. Gegen diese Versuche einer Aufrechnung wandte sich Bundespräsident Theodor Heuß bei der Einweihung eines Mahnmals für die Opfer des Konzentrationslagers Bergen-Belsen am 1. Dezember 1952:

»Unrecht und Brutalität der anderen zu nennen, um sich darauf zu berufen, das ist das Verfahren der moralisch Anspruchslosen, die es in

> allen Völkern gibt. Mir scheint, der Tugendtarif, mit dem die Völker sich selber ausstaffieren, ist eine verderbliche und banale Angelegenheit. Gewalttätigkeit und Unrecht sind keine Dinge, die man für eine wechselseitige Kompensation gebrauchen soll und darf.« [23]

Obwohl diese Mahnung des Bundespräsidenten auch dem CSU-Vorsitzenden Strauß noch in Erinnerung sein müsste, hat er die Fernsehserie »Holocaust« über die Judenverfolgung während der NS-Zeit exakt nach der von Heuß beanstandeten Methode kommentiert. Eine solche Sendung trage zu einer Geschichtsverfälschung bei, erklärte er, weil sie den Eindruck erwecke, dass Brutalitäten und Scheußlichkeiten dieser Art eine typisch deutsche Eigenart seien. Solange nicht andere grausame Kapitel der Zeitgeschichte ebenfalls als abschreckendes Beispiel in ähnlichen Serien geboten würden, könne man einer Sendung wie »Holocaust« nicht die angeblich gewünschte Bedeutung zuordnen.[24] Strauß befand sich mit dieser Äußerung in einer nicht gerade schmeichelhaften Nachbarschaft. Die rechtsextremistische »Deutsche Wochenzeitung« nannte »Holocaust« einen »antideutschen Hetzfilm« und »Höhepunkt der antideutschen Verschwörtung«.[25]

Neben diesen Themen mit einem historischen Bezug gibt es eine Reihe von Problemen anderer Art, die ebenfalls den Nährboden für antidemokratische Affekte abgeben. Unter anderem müssen Politiker sich davor hüten, bei jungen Menschen den Anschein zu erwecken, als benutzten die gewählten Volksvertreter den Staat als Futterkrippe. Andererseits müssen Kritiker eines solchen Verhaltens daran denken, dass Vorwürfe wegen angeblicher oder tatsächlicher Verschwendungsssucht, wegen vermeintlich unnötiger Politikerreisen oder wegen bürokratischer Missgriffe in einer Form vorgetragen werden, die sich deutlich von den Nazitiraden gegen Unmoral und Korruption im Beamtenapparat unterscheidet. Andernfalls werden ungewollt Honigtöpfe für Neonazis aufgestellt. Wie Hitler mit diesem Thema umging, zeigt der folgende Redeausschnitt:

> »Nicht minder wollten wir nun den Kampf aufnehmen für eine bessere Moral. Und wir haben auch hier nicht theoretisch gehandelt. Was

> wir in diesen Monaten in Deutschland gesäubert haben ist ungeheuerlich. Und dieser Säuberungsprozess geht dauernd weiter...Und wir haben dabei zugleich aber auch die Verwaltung gesäubert, haben die Korruption gepackt und wo wir sie finden, wird sie herausgezogen. Wir haben damit zugleich begonnen, Unrecht auszugleichen, unverdiente, wahnsinnige Gehälter überall abzubauen, den Beamtenkörper selbst allgemein zu säubern. Das ist eine ungeheure Arbeit, die Monat um Monat geleistet wird.«

Hitlers Propagandaparolen, hinter denen sich in erster Linie die Entfernung demokratisch Gesinnter aus dem öffentlichen Dienst verbarg, mahnen zur Vorsicht auch auf anderen Gebieten. Eines davon ist das politische Engagement Geistlicher. Viele haben sich nach dem Zusammenbruch des NS-Regimes zu aktuellen politischen Themen geäußert, sei es, dass sie um der Aussöhnung mit dem Osten willen die Anerkennung der Oder-Neiße-Grenze befürworteten, dass sie Kritik am Radikalenerlass übten oder sich als Gegner der Kernenergie zu erkennen gaben. Diese Pfarrer wurden von den Neonazis übel attackiert. Auch Vertreter einer sich als gemäßigt verstehenden Richtung hielten ihnen vor, sie sollten gefälligst das Evangelium predigen und keine politischen Reden halten. [26] Das heisst aber nicht, dass eine politische Parteinahme von Geistlichen generell nicht gewünscht wird. Im Gegenteil, sie war den jeweiligen Machthabern jederzeit willkommen, wenn sie mit deren Meinung konform ging. Nicht von ungefähr herrschte zwischen der deutschen Kirchenführung und Hitler weitgehend Einvernehmen. Andererseits mussten viele Geistliche ihre Gegnerschaft zum NS-Regime mit KZ-Haft oder gar mit dem Tode büßen. Wie geschickt Hitler gewisse Ressentiments zu nutzen verstand, verdeutlicht ein Redeausschnitt aus dem Jahr 1933:

> »Und nicht weniger haben wir aufgenommen den Kampf gegen die Zersetzung unserer Religion. Ohne dass wir uns einer Konfession verpflichteten, haben wir doch wieder dem Glauben die Voraussetzungen gegeben, weil wir der Überzeugung waren, dass das Volk diesen

> Glauben benötigt und braucht, und wir haben daher den Kampf gegen die Gottlosenbewegung nicht mit ein paar theoretischen Erklärungen aufgenommen, wir haben sie beseitigt, ausgerottet. Und vor allem, wir haben die Priester aus der Niederung des politischen Parteienstreits herausgeholt und wieder in die Kirchen hineingeführt.«

Die Auseinandersetzung mit den offenen und verkappten Nachbetern bestimmter Schlagworte aus der Nazizeit und die Immunisierung der Jugend gegenüber solchen Parolen erfolgte bislang nicht mit der nötigen Klarheit und Konsequenz. Das rührt unter anderem daher, dass bei dieser Auseinandersetzung Wert auf »Ausgewogenheit« gelegt wird. Jede Absage an den Rechtsextremismus wird gedanklich gekoppelt mit einer Absage an den Linksextremismus und umgekehrt. Der letztere Fall beruht nach Meinung des Parteiorgans der Christlich-Sozialen Union auf einem geistigen oder moralischen Irrtum. [27] Der nordrhein-westfälische Kultusminister *Jürgen Girgensohn* wandte sich mit folgender Begründung dagegen, die beiden politischen Extreme auf eine Stufe zu stellen:

> »Ich unterscheide sehr wohl, wer im zweiten Weltkrieg die anderen Völker überfallen und die Juden vergast hat. Das waren die Rechtsradikalen, nicht die Kommunisten. Die saßen in Konzentrationslagern. Politisch kämpfe ich gegen beide Gruppen, gegen Kommunisten und Faschisten, doch ich werde mir nicht nehmen lassen, zwischen ihnen zu unterscheiden, auch wenn dies den kalten Kriegern ein willkommener Aufhänger für ihre billige Polemik sein wird.« [28]

In manchen Schulbüchern werden Fotos aus der Weimarer Zeit gegeneinander gestellt, die auf der einen Seite einen Aufmarsch des kommunistischen Rotfrontkämpferbundes zeigen und auf der anderen einen Aufmarsch der SA, also der Sturmabteilung der NSDAP. Im Text hieß es, dies seien die Feinde der Demokratie von links und rechts gewesen. Diese Gleichsetzung wird in einer wissenschaftlichen Studie wie folgt kommentiert:

> »Die Ähnlichkeit dessen, was auf den gegenübergestellten Bildern zu sehen ist, wirkt überzeugend; marschierende Kolonnen, Uniformen, Blas- und Schalmeienkapellen. die erhobene, gestreckte rechte Hand, die erhobene, geballte linke Hand, wütende Agitatoren und begeisterte Massen.« [29]

Weiter wird in der Studie ausgeführt, diese verblüffende Ähnlichkeit rühre daher, dass die Hitlerbewegung die äußeren Attribute der Organisationen und Parteien der Arbeiterbewegung übernommen habe. Auch in anderer Hinsicht »lernten« die Nazis von ihren politischen Gegnern. In Hitlers Buch »Mein Kampf« heißt es: »Wir haben hier aus dem Studium marxististischer und bürgerlicher Versammlungstechnik zu lernen versucht und haben auch gelernt.« Mit der äußeren Ähnlichkeit wurden nach Erkenntnissen der Wissenschaftler »die Massen getäuscht – sowohl über sich selbst als auch über die eigentliche Funktion des Faschismus«. [30] In seinem Werk »Zur Kritik der Warenästhetik« kommt Wolfgang Fritz Haug zu dem Schluss:

> »In der Gleichsetzung rot gleich braun erfüllt die faschistische Variante des Antikommunismus noch einmal ihre Funktion, die Massen an der Nase herumzuführen.« [31]

Beide politischen Richtungen werden in der einschlägigen Literatur als totalitär charakterisiert. In seiner Arbeit »Die Totalitarismus-Legende von der Zerstörung der Weimarer Republik in den bundesdeutschen Schul-Geschichtsbüchern« zieht *Werner Gestigkeit* den Schluss:

> »Obwohl die Totalitarismus-Legende dem Anschein nach der Legitimation dient, gegen rechts und links vorzugehen, ist sie in Wirklichkeit vorrangig das Mittel der Rechten gegen die Linke.« [32]

Ähnlich scheint es sich mit dem Uniformverbot für Soldaten bei politischen Veranstaltungen zu verhalten. Obwohl das Verbot für alle derartigen Veranstaltungen gilt, haben Verstöße unterschiedliche Konsequenzen. Wenn ein junger Soldat in Uniform an einer Protestveranstaltung gegen ein SS-Treffen teilnimmt, bekommt er drei Tage Arrest; wenn Offiziere der Bundeswehr in Uniform bei bestimmten Veranstaltungen zusammen mit Angehörigen der SS-Organisation Hiag auftreten, passiert ihnen gar nichts. Nach Auskunft des Bundesverteidigungsministeriums hat es disziplinarische Maßnahmen in der Tat lediglich gegenüber Soldaten gegeben, die auf eigene Initiative in Uniform außerhalb der Dienstzeit an Veranstaltungen ehemaliger SS-Angehöriger teilgenommen hätten. Bei öffentlichen Veranstaltungen Dritter hingegen, wie zum Beispiel kommunalen Totenehrungen und Gedenkfeiern zum Volkstrauertag, sei es durchaus möglich, dass Soldaten der Bundeswehr neben ehemaligen Angehörigen der SS in Erscheinung treten. Das Ministerium weist in diesem Zusammenhang darauf hin, dass die Hiag, eine Hilfsorganisation ehemaliger Angehöriger der Waffen-SS, Mitglied der »Arbeitsgemeinschaft der Reservisten-, Soldaten und Traditionsverbände« und im »Ring deutscher Soldatenverbände« sei.

Diese feinen Unterscheidungen fordern aber eher zu Missverständnissen heraus, als dass sie eine klare Linie erkennen ließen. Die erwünschte Distanzierung vom NS-Regime und seinen Organisationen wird einem Jugendlichen zwangsläufig erschwert, wenn er Soldaten der Bundeswehr und frühere SS-Leute nebeneinander auftreten sieht. Der Bekämpfung des Neonazismus dient so etwas sicher nicht, zumal wenn man weiß, dass beispielsweise acht der neun Bundeswehroffiziere. die wegen Beteiligung an einer »symbolischen Judenverbrennung« im Februar 1977 vorübergehend suspendiert worden waren, wieder im Dienst sind. Der ehemalige Bundeswehrleutnant und erklärte Neonazi *Michael Kühnen* wurde vom Oberlandesgericht Celle zu lediglich vier Jahren Haft verurteilt, obwohl er nachgewiesenermaßen die freiheitliche demokratische Grundordnung beseitigen und an ihre Stelle einen »Nationalsozialismus Hitlerscher Prägung« setzen wollte. Wie junge Menschen vor politischen Rattenfängern geschützt werden können, haben *Gudrun Ullrich-Hadeler* und *Volker Ulrich* unter der Überschrift »Nicht jeder Hakenkreuzschmierer ist ein

Faschist« in einer lesenswerten Untersuchung dargelegt, die die Frankfurter Rundschau am 24. 3. 1979 veröffentlichte. Hier ein Auszug:

> »Niemand sollte sich der Illusion hingeben, dass durch politisch-historische Aufklärung und intellektuelle Aufarbeitung von Alltagsproblemen- und Konflikten bei Jugendlichen bereits Einstellungsänderungen zu erzielen wären. Vielmehr muss besonders den für (Neo) Faschismus anfälligen Jugendlichen Gelegenheit gegeben werden, alternative Sozialerfahrungen zu sammeln, durch die sie lernen können, dass gleichberechtigte Beziehungen untereinander und solidarische Interessenvertretung auch in emotionaler Hinsicht befriedigender sein können, als sich irgendwelchen Führerfiguren unterzuordnen oder sinnlos Aggressivität auszuleben. Hier hätte insbesondere die gewerkschaftliche Jugendarbeit verstärkt anzusetzen, da die institutionellen Schranken von Schule und die dadurch geprägten Rollenbeziehungen zwischen Lehrern und Schülern solche alternativen Beziehungen nur begrenzt zulassen. Gleichwohl gibt es auch in der Schule durchaus Möglichkeiten, um über den Rahmen von Unterricht hinaus mit Schülern gemeinsam erste praktische Schritte zum Erlernen demokratischer und antifaschistischer Einstellungen zu unternehmen.«

Darüber hinaus sollte endlich die Schlammflut verlogener Landser-Hefte eingedämmt werden, von denen manche – wie der Pressesprecher des Bundesjugendrings, *Wolf Brühan*, formulierte – eine publizistische Einstiegsdroge in den Neonazismus sind. Dass die Rassenideologie, der Nationalismus und das Führerprinzip bei der Nachkriegsjugend keine Massenbasis gefunden haben, enthebt niemanden von der Aufgabe, mehr als bisher vorbeugend tätig zu sein. Die fatalistische Ansicht des Leiters des Hamburger Landesamtes für Verfassungsschutz, *Josef Horchem*, es sei irreal, zu meinen, rechtsextremistische oder neonazistische Denkpositionen könnten ein für allemal ausgemerzt werden, ist dabei alles andere als hilfreich. Das gilt schon eher für Bertolt Brechts Mahnung im Epilog zum »Aufhaltsamen Aufstieg des Arturo Ui«:

Ihr aber lernet, wie man sieht, statt stiert
Und handelt, statt zu reden noch und noch.
So was hätt' einmal fast die Welt regiert!
Die Völker wurden seiner Herr, jedoch
Dass keiner uns zu früh da triumphiert -
Der Schoß ist fruchtbar noch, aus dem das kroch.

Anmerkungen

1 Neue Preußische Kreuz-Zeitung 17. 7. 1931
2 Bayern-Kurier 6. 9. 1975
3 Vefassungsschutzbericht 1978
4 Deutsche Wochenzeitung 5. 10. 1979
5 Deutsche Wochenzeitung 23. 2. 1979
6 Deutsche Wochenzeitung 30. 6. 1979
7 Deutschland-Magazin 8 / 79 – Vorwärts 6. 12. 1979
8 Frankfurter Rundschau 1. 10. 1979
9 Bayern-Kurier 6. 10. 1979
10 Frankfurter Rundschau 9. 10. 1979
11 Deutscher Depeschen-Dienst 20. 7. 1979
12 Nachrichtenagentur Reuters 8. 11. 1979
13 Bundestagsprotokoll 29. 3. 1979; S. 11635 C; S. 11637 C.
14 Bundestagsprotokoll 29. 3. 1979, S. 11595 D.
15 Bayern-Kurier 22. 2. 1975
16 Frankfurter Rundschau 31. 10. 1979
17 Frankfurter Rundschau 22. 11. 1979
18 Bayern-Kurier 24. 11. 1979
19 Frankfurter Rundschau 9. 9. 1978
20 Deutsche Presse-Agentur 22. 3. 1979
21 Frankfurter Rundschau 7. 3. 1979
22 Frankfurter Rundschau 5. 3. 1979 (Strauß)
23 Reden deutscher Bundespräsidenten, Hanser Verlag, S. 20
24 Bayern-Kurier 3. 2. 1979
25 Deutsche Wochenzeitung 2. 2. 1979
26 Weser-Report 25. 11. 1979; Deutsche Nachrichten 17. 3. 1967
27 Bayern-Kurier 3. 6. 1978

28 Frankfurter Rundschau 13. 3. 1979

29 Reinhard Kühnl/Gerd Hardach (Hg), Die Zerstörung der Weimarer Republik, Köln 1977, S. 275

30 a.a.O. S. 278

31 Frankfurt am Main 1971, S. 170

32 Kühnl/Hardach, Die Zerstörung der Weimarer Republik, a.a.O., S. 279

* * * * *

Es ist doch Ruhe im Dorf

*Zum 40. Jahrestag des 8. Mai und den Leichen im Keller**

Alle Fanatiker sind Schurken
mit gutem Gewissen
Voltaire

Die Ereignisse um den 8. Mai haben deutlich gemacht, daß die Barbarei der Nationalsozialisten tiefere Wunden hinterlassen hat, als *Helmut Kohl* und *Ronald Reagan* das zunächst wahrhaben wollten. Beide mussten sich belehren lassen, daß Politik ohne Rücksicht auf die Gefühle der Opfer des Holocaust auch 40 Jahre nach der Niederwerfung des nazistischen Scheusals keine Aussicht auf Erfolg hat. Ob diese Erfahrung freilich Bestand hat, ist zweifelhaft. Am Ende droht die Gefahr, dass machtpolitische Überlegungen die Moral besiegen. Von ungefähr kam es nämlich nicht, daß Reagan verkündete, die Deutschen brauchten sich wegen ihrer Vergangenheit nicht mehr mit

* Erstveröffentlichung in L'80, Zeitschrift für Politik und Kultur, Hrsg. u.a. von Heinrich Böll und Günter Grass, Heft 34, Juni 1985.

Schuldgefühlen zu plagen, denn schließlich seien aus ehemaligen Gegnern Freunde geworden.

Heißt das, die offizielle amerikanische Politik betrachte die Eingliederung der Bundesrepublik in das westliche Bündnis als ausreichende Antwort auf die jüngste Geschichte? Dieser Schluss entspräche ganz der nationalkonservativen Lehrmeinung. Schon vor zwei Jahren hat *Alfred Dregger* die Deutschen aufgerufen, endlich »aus dem Schatten Hitlers« herauszutreten und normal zu werden. Dregger machte sich damit zum Fürsprecher jener Bevölkerungsmehrheit, die bei einer Infas-Umfrage zu Beginn dieses Jahres der Ansicht zustimmte, die Massenmedien sollten die Vergangenheit fortan ruhen lassen. Was diese 54 Prozent der Erwachsenen empfinden, brachte der CDU-Bürgermeister des niedersächsischen Dorfes Wardenburg mit brutaler Schlichtheit auf die Formel: »Es ist doch Ruhe im Dorf.« Er verteidigte damit die anfängliche Entscheidung, der letzten jüdischen Wardenburgerin Geld für eine Reise von New York in die alte Heimat nicht zur Verfügung zu stellen.

Von dieser Denkweise führt eine gerade Linie zu den unsäglichen Äußerungen, mit denen Bundeskanzler Helmut Kohl vor einem Jahr während seines Besuches in Israel von sich reden gemacht hat. Sie entspringen weniger einer festen politischen Überzeugung, sondern wurzeln in jenem banalen Wischiwaschismus, der Selbstzufriedenheit und provinzielle Wohlanständigkeit als eine Form der moralischen Läuterung betrachtet. Diese Seelenlage ist der Nährboden für den bösen Irrtum, nationale Würde verlange die Verdrängung des Schrecklichen, das einst in deutschem Namen begangen worden ist. Hier rächen sich die Versäumnisse bei der Aufarbeitung der Vergangenheit. Ohne sie hätte es nicht dazu kommen können, dass der von der zivilisierten Welt mit großen Opfern erkaufte Sieg über das nazistische Gewaltregime durch deutsches Selbstmitleid relativiert und in seiner historischen Bedeutung reduziert wird.

Die Vertreibung der Deutschen aus den Ostgebieten und die Teilung Deutschlands haben mit dem Kriegsende nur insofern etwas zu tun, als sie den Schlusspunkt einer Entwicklung markieren, die mit Hitlers Machtübernahme und der Entfesselung des Zweiten Weltkrieges begann. Diese Wunden sind der Tribut für großdeutsche Eroberungssucht und germanischen Neuordnungswahn. Gleichwohl betrachten manche den Überfall Hitlers auf die Sowjetunion nur deswegen als Fehler, weil der Ostfeldzug in Form eines Eroberungs- und nicht eines Befreiungskrieges geführt worden sei. (Siehe Alfred Dregger, Der Preis der Freiheit, Universitas Verlag, Mümnchen: 1985, S. 11) Im zweiten Fall wäre, so meinen sie, das kommunistische Ärgernis längst ausgestanden. In Weiterführung dieser Betrachtungsweise meinte denn auch CDU-Generalsekretär *Heiner Geißler*, der 8. Mai sei deshalb kein Grund zum Feiern, weil zwar der Faschismus besiegt worden sei, nicht aber der Kommunismus. Besser wäre es gewesen, wenn beide aus der Weltgeschichte verschwunden wären.

»Fanatismus ist das Ergebnis eines falschen Bewusstseins«, heißt es im Philosophischen Wörterbuch Voltaires. »Im allgemeinen entsteht er dadurch, daß die Gesetzgeber nicht weitsichtig genug gewesen sind.« Daran mag es auch bei Geißler liegen, wenn er in der Art eines Mannes argumentiert, der die Welt erst dann im Gleichgewicht sieht, wenn die Sonne überall zur selben Zeit auf- und untergeht. Hinter der Konfusion seiner Gedankenführung bleibt freilich der wahre Grund des falschen Bewusstseins, das von der Unlust an der Vergangenheitsbewältigung verursacht worden ist, nicht verborgen: das Vordringen der Roten Armee bis an die Elbe und das Entstehen kommunistisch regierter Staaten im Herzen Europas. So schmerzlich der Vorgang für viele auch war, so hatte er doch für manche auch sein Gutes. Die Notwendigkeit einer stringenten Bloßlegung der Wurzeln faschistischen Denkens und Handelns reduziert sich auf den schalen Rest einer Pflichtübung. Hitler und sein Gewaltregime traten als Schuldige in den Hintergrund; ihren Platz bekamen Stalin und die Sowjetunion zugewiesen.

Bei diesem absurden Rollentausch vermengten sich wundersam die Interessen des konservativen Großbürgertums mit denen der ehemaligen Naziaktivisten. Beiden kam es darauf an, die NS-Vergangenheit und die Erinnerung an eigene Schuld zu verdrängen. Weil eine gründliche Aufarbeitung der Vergangenheit unterblieb, und die Deutschen sich vor die falsche Alternative stellen ließen, entweder für das kapitalistische Modell der USA oder das sozialistische Modell der Sowjetunion zu optieren, kamen die vorhandenen Möglichkeiten zur Überwindung der Macht des großen Geldes und damit die Chancen einer wirklich demokratischen Neuordnung nicht zum Tragen. Vor allem die Forderungen nach einer demokratisch-sozialistischen Erneuerung blieben unerfüllt. Die von *Peter Glotz* kritisierte Technik der deutschen Rechten, sich durch primitiven Antikommunismus die Probleme der deutschen Geschichte vom Halse zu schaffen, tat das ihre.

Nutznießer waren die alten Nazis. Als *Konrad Adenauer* in den fünfziger Jahren auf Wunsch der Westmächte die Bewaffnung der Bundesrepublik ins Werk setzte, öffneten sich ihnen alle Türen. Ehemalige Generale Hitlers waren als Mitstreiter im Kalten Krieg ebenso willkommen, wie einstige SS-Offiziere; altgediente Gestaposchergen bekamen Posten im Polizeidienst und die *Freisler*schen Blutrichter schlüpften wieder in die Robe; in den Chefetagen der großen Konzerne residierten wieder die Wehrwirtschaftsführer von Hitlers Gnaden und in den Hörsälen und Labors der Universitäten widmeten Männer von gestern sich wieder der Forschung und Lehre.

Als demokratische Legitimation genügte antikommunistische Gesinnung. Alle ehemaligen Nutznießer und Stützen des zerschlagenen Unrechtsregimes konnten sich guten Gewissens rehabilitiert sehen, hatte doch der gesamte demokratische Westen sich jetzt zum Ziel genommen, woran Hitler gescheitert war, nämlich die Eindämmung des Kommunismus. Dankbar akzeptierten sie Adenauers richtungweisendes Wort, nicht von der Wiedervereinigung Deutschlands solle gesprochen werden, sondern von der Befreiung der sowjetisch besetzten Zone Deutschlands, an das nahtlos Straußens Parole anschließt: »Am Ende unserer Generation darf es keinen Kommunismus mehr geben.«

Nun hat zwar die Großmäuligkeit des deutschen Großbürgertums zu allen Zeiten in umgekehrtem Verhältnis zu den Realitäten gestanden, aber mit Blick auf die Vergangenheit mussten solche Äußerungen zwangsläufig einen verheerenden geistigen Flurschaden anrichten. Das zeigte sich in vollem Ausmaß, als 1969 mit *Willy Brandt* erstmals nach Kriegsende ein Sozialdemokrat das Amt des Bundeskanzlers übernahm. Von dem hasserfüllten Geschrei gegen Brandts Bemühen um einen vertraglichen Ausgleich mit dem Osten fühlte sich damals die Basler »Nationalzeitung« an den Kampf der Nazis gegen *Gustav Stresemann* erinnert, der gleichfalls wegen seines Eintretens für Versöhnung mit den Siegern als Landesverräter beschimpft worden war.

Die tiefe Feindschaft der deutschen Rechten gegenüber Repräsentanten der Linkskräfte hat alle Zeiten überdauert. Zwei fast wortgleiche Schmähungen, die 65 Jahre auseinanderliegen, zeugen dafür auf beredte Weise. Da schrieb am 17. Juli 1931 die konservative ›Neue Preußische Kreuz-Zeitung‹ über die SPD der Weimarer Republik: »Was nationale Arbeit und Opferbereitschaft in Jahrhunderten mühsam aufgebaut haben, hat hemmungsloser Internationalismus und weicher Pazifismus in 12 Jahren zerschlagen.« Das CSU-Organ ›Bayernkurier‹ schrieb am 6. September 1975 über die Politik des sozialdemokratischen Bundeskanzlers *Helmut Schmidt*: »Dilettanten und Scharlatane ... machen sich endgültig daran, das Erbe des Fleißes und des Einfallsreichtums, der Tapferkeit, der Geduld und des Freiheitswillens der Deutschen aufs Spiel zu setzen.« Wäre die Wiederbelebung der politischen Kultur nach dem Krieg wirklich mit einer moralischen Erneuerung einhergegangen, hätte es für solche Ausbrüche keinen Nährboden mehr gegeben. So aber konnte zu jeder Zeit auch versucht werden, Gegnerschaft zum Nationalsozialismus in nationale Unzuverlässigkeit umzumünzen. Exemplarisches Beispiel für denunziatorische Akte dieser Sorte ist die Äußerung des CSU-Generalsekretärs *Gerold Tandler*, während *Franz Josef Strauß* mit Zehntausenden an der Front gestanden habe, habe Willy Brandt diese Zeit in Norwegen verbracht. Auf schäbigere Weise lässt sich Emigration nicht diffamieren. Aber die Verantwortlichen der Unionsparteien lassen als Widerstandskämpfer eben nur gelten, wer ihnen politisch genehm ist, die Männer des 20. Juli etwa, obwohl es auch da Probleme gibt wegen der Fortgeltung des Prinzips von Befehl und Gehorsam.

Vergessen und verdrängt worden ist der lautlose Widerstand der kleinen Leute. Den meisten aus diesem Kreis ist es nach der Befreiung aus den Konzentrationslagern schlechter gegangen, als etwa den willfährigen Nazirichtern, die sich ihre Freistellung vom Frontdienst nicht selten durch Todesurteile selbst wegen geringfügiger Vergehen erkauften. Unangefochten konnten sie ihre stattlichen Pensionen verzehren, während kommunistischen Opfern des NS-Regimes die karge Wiedergutmachungsrente gestrichen wurde, weil sie angeblich durch die legale Tätigkeit in ihrer Partei die freiheitlich-demokratische Grundordnung bekämpften. Wer sich des Wortes »antifaschistisch« bediente, war schon ein halber Verfassungsfeind. Unter dem Druck von rechts geriet so schließlich der gesamte deutsche Widerstand gegen Hitler ins Abseits, und die Präambel des Bundesentschädigungsgesetzes, die den Widerstand gegen die NS-Gewaltherrschaft als »Verdienst um das Wohl des deutschen Volkes und Staates« bezeichnet, wurde auf niederträchtige Weise ihres Sinngehalts beraubt.

Weil das einzige moralische Guthaben, das die Deutschen 1945 vorweisen konnten, absichtsvoll vertan worden ist, fehlte es an einem Sensorium für ein neues Verständnis von politischem Anstand und demokratischer Verlässlichkeit. So konnte es dahin kommen, daß zwar der Verfasser der offiziellen Gebrauchsanweisung für die Rassengesetze der Nazis, *Hans Globke*, Staatssekretär im Bundeskanzleramt sein konnte, während andererseits ein Kommunist weder Postbeamter noch Lehrer sein darf. *Beate Klarsfeld*, die sich um die Ahndung von NS-Verbrechen verdient gemacht hat, wird zwar in Frankreich hoch geehrt, bei uns jedoch gilt sie als Unperson. Eine junge Frau wird als Rechtsanwältin nicht zugelassen, weil sie an zwei Hausbesetzungen teilgenommen hat, aber dem Naziblutrichter Freisler wird von einer bayerischen Behörde posthum bescheinigt, daß ihm in der Bundesrepublik die höhere Beamtenlaufbahn oder eine Anwaltskarriere offengestanden hätte.

Überhaupt unsere Justiz! Sie sah sich außerstande, auch nur einen einzigen NS-Richter rechtskräftig zu verurteilen, aber sie brachte das Kunststück zuwege, den Untergang des Deutschen Reiches als Irrtum der Weltgeschichte zu bewerten und nachträglich für ungeschehen zu erklären, womit sie der Aussöhnungspolitik gegenüber dem Osten die Schwindsucht an den Hals hängte.

Von dieser Blindheit gegenüber historischen Prozessen nährt sich vierzig Jahre nach Kriegsende immer noch jenes Winkeladvokatentum, das Juristerei mit Politik verwechselt und um den Preis einer fortwährenden Vergiftung des politischen Klimas eine ehrliche Bestandsaufnahme verhindert. Aber nur wenn unserem Volk endlich die Wahrheit gesagt wird über die Unveränderbarkeit der Grenzen in Europa, wird es seinen inneren Frieden finden. Nur wenn aufgehört wird mit der erbärmlichen Aufrechnung von Schuld, die sich schon Theodor Heuss als »Verfahren von moralisch Anspruchslosen«, als »verderbliche, banale Angelegenheit« darbot, werden wir unsere außenpolitische Reputation nicht mehr hauptsächlich unserer Zahlungsfähigkeit verdanken, sondern auch moralischer Glaubwürdigkeit.

Davon war bei den offiziellen Veranstaltungen zum 8. Mai zu wenig die Rede. Dafür wurden wir um so eindringlicher ermahnt, nicht immer nur nach rückwärts zu schauen, sondern den Blick nach vorn in die Zukunft zu richten. Aber wir können unserer Vergangenheit nicht entfliehen. Wer die Vergangenheit nicht sehen will, ist bekanntlich dazu verurteilt, sie noch einmal zu erleben.

Wenn Zeitungen wie die ›Frankfurter Allgemeine‹ und ›Die Welt‹ Agenturmeldungen unterschlagen, in denen der frühere Bundespräsident *Karl Carstens* den 8. Mai als »Tag der Befreiung« bezeichnet, oder wenn ein deutsches Gericht die Parole »Ausländer raus!« nur dann für Volksverhetzung hält, wenn damit auch der Aufruf zu Gewalt verbunden ist, dann liegen noch Leichen im Keller.

II.
Milde gegen rechts, Härte gegen links

Das Geheimnis des 11. Mai 1952

*Meinungsmanipulation in Zeiten des Kalten Kriegs – oder: Warum starb Philipp Müller?**

»Ein Mensch ist die Chronik seiner Atemzüge und Gedanken, seiner Liebe, der längst verstummten Gewissenskämpfe; das und noch etwas anderes, eine einsame Flamme, die in allem den Gesetzen unterliegt, die dem Feuer eigentümlich sind, und dennoch von einem Augenblick zum nächsten entzündet und gelöscht wird und in der ganzen Leere künftiger Zeiten nie wieder entfacht werden kann.«
Antonia S. Byatt, Besessen, Suhrkamp Taschenbuch, 1994, S. 19

»Wissen wir auch nur von einer einzigen Schlacht, wie sie sich wirklich abgespielt hat«, fragt *Gustave Le Bon* in »Psychologie der Massen«, und er antwortet darauf in einer Fußnote zum Kapitel »Beeinflußbarkeit und Leichtgläubigkeit der Massen«: »Ich zweifle sehr daran. Wir kennen nur Sieger und Besiegte, aber wahrscheinlich weiter nichts. Was d'Harcourt über die Schlacht von Solferino berichtet, die er teils mitgemacht und teils gesehen hat, läßt sich auf alle Schlachten anwenden: Die Generäle (natürlich durch hunderte von Aussagen unterrichtet) setzen ihre offiziellen Berichte auf; die mit der Verbreitung des Berichtes betrauten Offiziere ändern diese

---

* Eine gekürzte Fassung erschien unter dem Titel »Das Schwein ist tot« in der Berliner Zeitung »junge Welt« am 11. Mai 2002

Schriftstücke und setzen die endgültige Fassung fest; der Generalstabschef kritisiert und erneuert sie nochmals. Man bringt sie zum Feldmarschall, er ruft: ›Sie befinden sich in einem völligen Irrtum!‹ und nimmt eine neue Bearbeitung vor. Von dem ursprünglichen Bericht bleibt fast nichts stehen. D'Harcourt erzählt dies als Beweis der Unmöglichkeit, die Wahrheit über das packendste und aufs genaueste beobachtete Ereignis festzustellen.«[1]

Diese Anmerkung las ich zu Beginn meiner Suche nach der Wahrheit über ein Ereignis, das mit der Schlacht von Solferino nicht verglichen werden kann, aber als Lehrstück moderner Methoden der Desinformation Interesse verdient. Ich meine das verbotene Essener Treffen gegen die deutsche Wiederbewaffnung vom 11. Mai 1952, bei dem erstmals nach Kriegsende ein Demonstrant von der Polizei erschossen worden ist. Das denkwürdige Ereignis jährte sich vor einiger Zeit zum 50. Mal – und niemand nahm davon Notiz. Anders als *Benno Ohnesorg*, der 15 Jahre später in Berlin bei einer Demonstration gegen den Schah von Persien von einer Polizeikugel getötet wurde, ist das Opfer von damals nur wenigen bekannt. »Das Schwein ist schon tot« will eine Augen- und Ohrenzeugin gehört haben, als Polizeibeamte den leblosen Körper *Philipp Müllers* vor dem Krupp-Krankenhaus in Essen aus einem Lautsprecherwagen luden.[2]

In Zeiten wie diesen von einem einzigen Toten zu sprechen mag unangemessen erscheinen, aber mitunter gerinnt ein Stück Zeitgeschichte zum Namen eines Einzelnen. Der 21jährige Eisenbahnarbeiter aus München-Neuaubing gehörte der Freien Deutschen Jugend (FDJ) an, die im Jahr davor als verfassungswidrige Organisation verboten worden war. Ihr wurde unter anderem vorgeworfen, sich an einer von den Kommunisten organisierten Volksbefragung gegen die Remilitarisierung beteiligt zu haben. Da kannte die Regierung kein Pardon, obwohl ihre Pläne zur Aufstellung einer deutschen Armee dank der Mehrheitsverhältnisse im Bundestag politisch völlig ungefährdet waren.

Aber es war nicht ganz leicht, so kurz nach Kriegsende, da in vielen Städten immer noch Ruinen an Bombennächte erinnerten, Verständnis für dieses Vorhaben zu wecken. Mitunter traf die staatliche Faust auch Leute, auf die gängige Klisches keineswegs paßten. Der Polizeichef von Solingen wurde kurzerhand beurlaubt, weil er nicht rechtzeitig Plakate entfernen ließ, die für die Friedensbewegung Propaganda machten. Der SPD-Abgeordnete *Dr. Walter Menzel*, der das am 10. Juni 1952 im Düsseldorfer Landtag zur Sprache brachte, rief dem Innenminister bei der Gelegenheit zu: »Setzen Sie die Polizei nicht zu einseitigen politischen Maßnahmen ein!«[3]

Wie tief damals das Unbehagen über die Pläne Konrad Adenauers saß, offenbarte unter anderem der Wunsch des Bundespräsidenten Theodor Heuß nach einem Rechtsgutachten des Bundesverfassungsgerichts über die Vereinbarkeit der Gesetze zur Einführung der Wehrpflicht und zur Aufstellung einer Armee mit dem Grundgesetz. Als die Karlsruher Richter mit taktischen Winkelzügen reagierten, zog Heuß seinen Antrag – sichtlich verärgert – zurück. Auch die SPD bezweifelte die Verfassungsmäßigkeit der Pläne Konrad Adenauers. Sie verlangte 1952 von Karlsruhe die »vorbeugende Feststellung«, daß ein Gesetz über die Wiederbewaffnung »ohne vorangegangene Ergänzung und Abänderung des Grundgesetzes weder förmlich noch rechtlich« mit dem Grundgesetz zu vereinbaren sei. Das Gericht wies den Antrag als unzulässig zurück, »da die gesetzgebenden Körperschaften ihre Beratungen noch nicht abgeschlossen« hätten.[4]

Die vertraglichen Abmachungen über die Wiederbewaffnung firmierten in der öffentlichen Diskussion unter der Bezeichnung Generalvertrag. Mit der Parole »Friedensvertrag statt Generalvertrag« bewegten sich die Initiatoren der Essener Veranstaltung nicht auf sektiererhaft abseitigem Gelände. Die Idee einer Jugendkarawane für den Frieden, die in den »Darmstädter Aktionsgruppen« um Pastor *Herbert Mochalski* entstanden war, fand großen Anklang. Auch die Liste der angekündigten Redner spiegelte ein breites politisches Spektrum wider. Der Bundesfeldmeister der deutschen Pfadfinder, *Werner Plaschke*, wollte ebenso sprechen wie der hessische Landesvorsitzende der »Falken«, *Rudi Arndt*, und der aus Protest gegen Adenauers Eigenmächtigkeit zurückgetretene CDU-Innenminister und spätere Bundespräsident *Gustav Heinemann*. Als Leiter der Kundgebung auf dem Gerlingplatz sollte der Theologiestudent *Arnold Haumann* fungieren.[5] Selbst die Dortmunder Staatsanwaltschaft sprach später von einem »zunächst parteipolitisch farblosen Unternehmen«, das von gut ausgebildeten Funktionären in eine Demonstration der FDJ »umgefälscht« worden sei. Bei der Anmeldung des Treffens am 8. Mai gab es gleichwohl keine Probleme. Haumann informierte das Essener Ordnungsamt, daß etwa 20.000 Teilnehmer erwartet würden und bat »höflichst« um die erforderlichen Maßnahmen zum Schutz der Veranstaltung.

Rundfunk als politisches Werkzeug

Bis dahin hatte die Öffentlichkeit – abgesehen von den Lesern der kommunistischen Presse – von dem Vorhaben keinerlei Kenntnis. Das änderte sich, als der Nordwestdeutsche Rundfunk am 9. Mai um 19 Uhr meldete, der Innenminister des Landes Nordrhein-Westfalen, *Karl Arnold* (CDU), der zugleich Ministerpräsident war, habe das Westdeutsche Treffen der Jungen Generation und die damit verbundene Jugendkarawane verboten. Bei dem Treffen, so wurde verlautbart, handle es sich um ein von Kreisen der KPD und der FDJ gesteuertes Unternehmen. Da am 11. Mai in Essen mehrere größere Veranstaltungen stattfänden, bestehe die Gefahr eines unfriedlichen Verlaufs, so daß vor einer Teilnahme an der Jugendkarawane gewarnt werden müsse.

Was war geschehen? Daß die Stadt Essen ihr 1100jähriges Jubiläum beging, daß die Gartenbauausstellung ›Gruga‹ an diesem Tag ihre Pforten öffnen und die Christliche Arbeiterjugend einen »Europakongress« abhalten würde, war den Beteiligten seit langem bekannt. Niemand hatte daraus Einwände hergeleitet. Aufgescheucht von der Rundfunkmeldung eilte der Theologiestudent Haumann am Morgen des 10. Mai in das Essener Ordnungsamt. Er stieß dort er auf einen Beamten, der nach eigenem Bekunden auch nur die erwähnte Rundfunkdurchsage kannte. Erst ein anderer stellte klar, daß tatsächlich aus sicherheitspolizeilichen Gründen ein Verbot verhängt worden sei; die schriftliche Verfügung könne gegen Mittag abgeholt werden.

Was hatte den Innenminister bewogen, die Jugendkarawane zu verbieten? Plagte ihn die Sorge, es könnten nicht genug Polizeikräfte zur Verfügung stehen, um einen friedlichen Verlauf zu gewährleisten? Erforderte nicht andererseits die Durchsetzung eines Verbots wesentlich mehr Polizisten, als die übliche Absicherung einer Kundgebung mit normalem Verlauf? Sollte verhindert werden, daß die verbotene FDJ sich – wieder einmal – in Szene setzte? War die Autorität des Staates in Gefahr? Oder spielten gar hochpolitische Erwägungen eine Rolle? Am 26. Mai sollte der Generalvertrag unterzeichnet werden. Wollte Karl Arnold seinem Parteifreund Adenauer die Peinlichkeit ersparen, mit dem Echo auf eine spektakuläre Aktion von Gegnern der deutschen Wiederbewaffnung als Begleitmusik seine Unterschrift unter das Abkommen zu setzen?

Wie auch immer – rechtlich mußte der Rat der Stadt Essen für das Verbot geradestehen. Im »Einvernehmen mit dem Herrn Innenminister« teilte er den Veranstaltern mit, daß die vorhandenen polizeilichen Kräfte nicht ausreichten, einen reibungslosen Verlauf der angemeldeten Veranstaltung zu gewährleisten; sie werde deshalb zur Aufrechterhaltung der öffentlichen Sicherheit und Ordnung gemäß § 14 des Polizeiverordnungsgesetzes verboten.

Wie kam es, daß der Rundfunk schon vor den Veranstaltern von dem Verbot wußte und wie verschaffte sich der Regierungsschef eines Bundeslandes den Zugriff auf die Mikrofone? Rechtsgrundlage des Nordwestdeutschen Rundfunks war seinerzeit die Verordnung Nr.118 der britischen Militärregierung von 1949. Sie enthielt keine ausdrückliche Regelung über ein Verlautbarungsrecht für amtliche Mitteilungen. Folglich hatte der Ministerpräsident keine rechtliche Handhabe, eine im Grunde unwichtige Maßnahme wie das Verbot einer Kundgebung im Rundfunk bekannt zu machen. Jedoch genügte ein Gespräch mit dem Intendanten, um ans Ziel zu gelangen.

Dem politischen Zugriff auf die Massenmedien seien in einer Demokratie Grenzen gesetzt, meinte zu Beginn der siebziger Jahre der Publizistikwissenschaftler *Harry Pross.*[6] Vor dem Hintergrund des damaligen Geschehens klingt das geradezu euphemistisch. Die Unabhängigkeit des Rundfunks vom Staat war immer ein Trugbild. Der

Ministerpräsident von Nordrhein-Westfalen bekannte später: »Die Rundfunkwarnung ist im Einvernehmen mit dem Ordnungsamt Essen von mir persönlich veranlasst worden«[7] Karl Arnold muß fest davon überzeugt gewesen sein, daß der Rundfunk – im Gegensatz zur Meinung des langjährigen Generaldirektors der BBC, *Sir Hugh Carlton Greene*[8] – die Macht hat, Menschen zu veranlassen, dieses oder jenes zu denken oder zu tun.

Was die Journalisten angeht, so waren sie offensichtlich weit entfernt von der Idealvorstellung Greenes, Rundfunkleute hätten mit Informationen »ehrenhaft und verantwortungsvoll« umzugehen, entsprechend »den Interessen der Öffentlichkeit, die nicht immer identisch« seien mit denen der jeweiligen Regierung. Sieben Jahre nach Kriegsende war Autoritätsgläubigkeit noch in vielen Köpfen zu Hause. Eine kritische Nachfrage, für jeden Berufsneuling heute das Normalste der Welt, wäre den meisten von ihnen – zumal wenn, wie im vorliegenden Fall, kommunistische Umtriebe bekämpft werden sollten – nicht in den Sinn gekommen. Niemanden interessierte es, ob das Verbot gerechtfertigt war oder nicht. Erst sehr viel später, als Teilnehmer des Treffens strafrechtlich belangt wurden, kam diese Frage aufs Tapet. Die Verteidiger argwöhnten einen »willkürlichen Verwaltungsakt«, der wegen Verstoßes gegen das Grundrecht der Versammlungsfreiheit unzulässig und daher nichtig gewesen sei. Der Bundesgerichtshof jedoch nannte das Verbot rechtens, da die Demonstration »friedensfeindlichen Zwecken« gedient habe.[9]

Die Propagandaschlacht

Das Geschehen nahm seinen Lauf. Noch ehe ein Teilnehmer der Jugendkarawane seinen Fuß auf Essener Boden gesetzt hatte, machten Polizeihundertschaften aus Köln, Düsseldorf und Wuppertal sich auf den Weg, Anreisende abzufangen und die Stadt zu besetzen. Die Sicherheitsbehörden hatten erfahren, daß die FDJ trotz des Verbots um 13.30 Uhr vor der Gruga demonstrieren wolle. Wie die Dortmunder Staatsanwaltschaft später erklärte, waren etwa 30.000 Personen nach

Essen gekommen, von denen sich »noch etwa 2000 Personen« vor dem Haupteingang der Gartenbauausstellung versammelt hätten.[10] Die Polizei hatte rund 2000 Beamte im Einsatz.[11]

Am nächsten Tag, am 12. Mai 1952, schrieb die Essener »Neue Ruhr-Zeitung«: »Zu schweren Zusammenstößen zwischen Hunderten von demonstrierenden Angehörigen der verbotenen FDJ und der Polizei kam es gestern nachmittag in Essen vor den Toren der Gartenbauausstellung ›Gruga‹. Der 21jährige Demonstrant Philipp Müller aus München-Neuaubing wurde durch einen Brustschuß getötet, während drei weitere Jugendliche aus Kassel, Münster und Pinneberg zum Teil schwere Schußverletzungen erhielten. Acht Polizeibeamte wurden mehr oder minder schwer verletzt. Wie die Polizei erklärte, wurde die Aufforderung an die Ordnungsstörer, auseinanderzugehen, mit Pfeifen, Johlen, Steinwürfen und Schüssen beantwortet. Die Polizei habe diese Angriffe daraufhin abgewehrt. Der Besucherstrom zur ›Gruga‹ wurde durch die Unruhen in keiner Weise beeinträchtigt. Insgesamt wurden über 100.000 Besucher gezählt.«

Unter der Schlagzeile »Getarnte FDJ schießt auf Polizei in Essen« hieß es am 12. Mai in der Tageszeitung »Die Welt«: »Zum ersten Male seit Kriegsende wurde am Sonntag bei einer Demonstration von Kommunisten auf die Polizei scharf geschossen. Angehörige der Tarnorganisation ›Junge Generation‹, die gegen den Generalvertrag protestieren wollten, eröffneten vor den Toren der Essener Gartenbauausstellung aus Pistolen des Musters ›08‹ das Feuer, das von der Polizei erwidert wurde. Bei diesem Schußwechsel wurde der 21jährige Philipp Müller aus München getötet. Drei weitere Demonstranten aus Münster, Pinneberg und Kassel liegen mit Lendensteck- und Knieschüssen im Krankenhaus. Ein Polizeibeamter wurde schwer, acht wurden leicht verletzt. 248 Personen sind vorübergehend festgenommen worden, 20 andere, als Rädelsführer erkannt, bleiben in Haft.«

In einem Kommentar des Blattes hieß es: »Die neue Phase der kommunistischen Deutschland-Politik – der ›Kampf gegen den Generalvertrag unter Einsatz aller Kampfmittel‹ erlebte am Sonntag in Essen einen blutigen Auftakt...Die Tatsache, daß die Kommunisten dazu übergehen, Jugendliche mit Schußwaffen auszurüsten, ohne

Rücksicht auf Menschenleben, beweist erneut die Skrupellosigkeit eines Systems, das zur gleichen Zeit wagt, von Frieden und Einheit zu sprechen...Was die Polizei betrifft, so scheinen die Ereignisse in Essen bestätigt zu haben, daß eine gründlichere Vorbereitung auf derartige Demonstrationen notwendig ist. Nervosität, die dazu führt, daß auch Unbeteiligte mit dem Gummiknüppel Bekanntschaft machen, dient nur den Absichten der Demonstranten. Die Bürgerkriegstaktik der Kommunisten zwingt zu Gegenmaßnahmen. Um so mehr müssen die Hüter der öffentlichen Ordnung einen kühlen Kopf behalten.«

Die überregionale »Neue Zeitung«, die sich im Untertitel »Die amerikanische Zeitung in Deutschland« nannte, deutete die Ereignisse am 13. Mai folgendermaßen: Mit der Taktik illegaler Demonstrationen und des Straßenkampfes vertraute FDJ-Angehörige hätten sich zusammengerottet, um »unter allen Umständen« schwere Zusammenstöße herbeizuführen und die Bevölkerung aufzuwiegeln. Ministerpräsident Arnold habe seine Bewunderung darüber geäußert, mit welcher »inneren Selbstbeherrschung« die Polizeibeamten ans Werk gegangen seien.

Alles von Moskau inszeniert?

Am 14. Mai 1952 zitierte die Zeitung einen Sprecher der – wie es hieß – dem US-Außenministerium nahestehenden »Stimme Amerikas«, der in einer Sondersendung für die Sowjetzone zu den Zwischenfällen in Essen erklärt habe, die Kommunisten in Ost- und Westdeutschland hätten sich nach einem derartigen Vorfall geradezu gesehnt. »Sie wollten einen Märtyrer und nun haben sie einen.« Unter Berufung auf maßgebende Kreise der britischen Hochkommission hieß es in derselben Ausgabe, die kommunistische Aktion in Essen sei Teil eines Erpressungsprogramms, mit dem Moskau seinen Vorschlägen für eine Lösung des deutschen Problems Nachdruck verleihen wolle. Die Vorkommnisse hätten »einen Begriff davon gegeben, in welcher Art und Weise die Kommunisten ihren Wahlkampf bei gesamtdeutschen Wahlen führen werden und wie notwendig es sei, ausreichende Sicherungen gegen diesen Straßenterror zu schaffen.«

Anders als nach der Mutmaßung über den ersehnten Märtyrer erwartet werden konnte, nahm die Nachricht vom Tode Philipp Müllers bei der kommunistischen »Neuen Volks-Zeitung« am nächsten Tag nicht den ersten Platz ein. Sie stellte den Protest gegen den Generalvertrag und den Kampf für einen Friedensvertrag, wie er von Moskau vorgeschlagen worden war, in den Vordergrund und wählte dafür die fünfspaltige Schlagzeile: »30.000 Jugendliche gaben das Beispiel«. Sie übernahm damit eine Zahl, die von der Polizei in Umlauf gesetzt worden war. Die Veranstalter selbst hatten – wie erwähnt – nur 20.000 Teilnehmer erwartet. Anscheinend kam es den Sicherheitsbehörden darauf an, mit einer großen Zahl das große Polizeiaufgebot zu rechtfertigen, während die andere Seite ihre Vorstellungen vom Umfang des Widerstandes gegen den Generalvertrag bestätigt sehen konnte. Insofern verwundert es auch nicht, daß die »Neue Volkszeitung« am 12. Mai schrieb, »mehr als 20.000 Jugendliche« hätten sich vor dem Eingangstor der ›Gruga‹ versammelt, zehnmal so viel wie später die Strafverfolgungsbehörden angaben.

Das Geschehen selbst schilderte das Blatt so: Als hunderte von bewaffneten Polizisten versucht hätten, die Jugendlichen »auseinander zu knüppeln, bildeten die tapferen Friedenskämpfer, unter ihnen Pfadfinder, Falken, christliche Jugendliche, junge Gewerkschafter und FDJler spontan in unmittelbarer Nähe der Gruga einen mehrere hundert Meter langen Demonstrationszug. Transparente wurden entrollt, auf denen zu lesen stand: ›Wir fordern Viermächteverhandlungen! Friedensvertrag statt Generalvertrag!‹ Dabei kam es zu einem der ungeheuerlichsten Ereignisse seit Kriegsende: Etwa 20 Polizeibeamte eröffneten das Feuer auf die friedlich demonstrierende Jugend. Es gab mehrere Verletzte. Dieses Massaker ist ein Alarmruf.... Was sich gestern in Essen ereignete, die Eröffnung des Feuers auf die deutsche Jugend, mahnt zur Tat: Das sind die Vorboten des Generalvertrages, mit dem über Westdeutschland ein Terror-Regime verhängt werden soll.«

Das Wortgedröhn verdeutlicht die Vehemenz und Verbissenheit

des Kampfes um die Wiederbewaffnung der Bundesrepublik Deutschland. In einem kleinen Kasten auf der ersten Seite der »Neuen Volks-Zeitung« hieß es: »Kurz vor Redaktionschluss erreicht uns die Nachricht, daß der bei dem feigen Feuerüberfall der Adenauerpolizei auf die Teilnehmer der Jugendkarawane in Essen durch Schuß in den Rücken schwer verwundete 21jährige junge Freiheitskämpfer Philipp Müller aus München-Neuaubing im Krankenhaus an den Folgen der Schußverletzung gestorben ist.«

Propagandistisch waren die Fronten damit abgesteckt. Die einen behaupteten, als erste hätten Demonstranten auf Polizeibeamte geschossen – so auch in Meldungen der Deutschen Presse-Agentur (dpa) und der United Press (UP)[12] – die anderen erklärten, Polizisten hätten das Feuer eröffnet. Was war wirklich geschehen? Die Antwort auf diese Frage entschied nicht nur über Schuld oder Unschuld, sondern auch über Sieg oder Niederlage in einer Schlacht des kalten Krieges. Aber es standen noch andere Fragen im Raum. Von einem »Schußwechsel« war die Rede, der vor den Toren der »Gruga« stattgefunden habe; dabei sei Philipp Müller getötet worden. Schußwechsel bedeutet, daß in rascher Folge Schüsse der einen Seite durch Schüsse der anderen erwidert werden. Hat es einen solchen Feuerwechsel tatsächlich gegeben und wo hat er stattgefunden? Und schließlich: Wie starb Philipp Müller? Von einem »Brustschuß« sprach die »Neue Ruhrzeitung«, von einem »Schuß in den Rücken« die »Neue Volks-Zeitung«.

Öffentliche Wahrhaftigkeit nicht erwünscht?

»Werden wir richtig informiert?« fragte *Karl Jaspers* 1964. Obwohl keine staatliche Zensur existiere, gebe es eine Ungewissheit und Unruhe bei Lesern, Redakteuren und Schriftstellern, ob die Öffentlichkeit erfahre, »was wir wissen sollten, nämlich die zur Orientierung in unserer Situation und die für unsere Willensbildung entscheidenden Tatsachen, Vorstellungen und Gedanken«. Große Journalisten, fuhr Jaspers fort, »erzeugen die öffentliche Wahrhaftigkeit. Wir schmeicheln ihnen nicht, wenn wir ihren hohen Beruf preisen.« Der

Journalist habe auch über »ihm unerwünschte Tatsachen« zu berichten.[13]

Selten gab es mehr Grund zu »Ungewissheit und Unruhe« als in den Tagen nach dem 11. Mai 1952, doch keiner der »großen Journalisten« hielt es damals für notwendig, die von Jaspers angemahnte öffentliche Wahrhaftigkeit zu erzeugen. Die Wahrheit »auch gegen die eigenen Interessen und Vorurteile zu ermitteln und zu äußern«, erfordere Mut, schrieb *Walter Dirks* Mitte der sechziger Jahre.[14] Wie verhielt es sich damit zehn Jahre davor? »Der Spiegel« verlor kein einziges Wort über die Zusammenstöße in Essen. Erst nach drei Wochen tauchte der Name Philipp Müller zum ersten Mal in dem sonst so akribisch recherierenden Nachrichtenmagazin auf – in einem Bericht über den III. Deutschen Schriftstellerkongreß in Ostberlin, auf dem *Johannes R. Becher* wegen seines Gedichts auf den Getötenen kritisiert worden war. (Nr.23/1952) Auch in der liberalen Wochenzeitung »Die Zeit« kein einziges Wort. Im Archiv der »Frankfuter Rundschau« wohl Meldungen, aber keine kommentierende Zeile.

Das Kartell des Schweigens resultierte nicht aus einem Mangel an Mut. Auch eigene Vorurteile standen den Journalisten nicht im Weg; sie wußten gar nicht, daß sie welche hatten. Was passiert war, erweckte keinen Widerspruch, die meisten fühlten sich eins mit der politischen Grundströmung jener Tage, die da besagte: Gegen die Kommunisten muß hart durchgegriffen werden. Ein Mitglied der kommunistischen FDJ war erschossen worden... selber schuld – er hätte ja wegbleiben können.

So wie einst *Karl Kraus* als einziger seine Stimme erhob, als vor mehr als 75 Jahren überforderte Polizisten in Wien ein Blutbad unter demonstrierenden Arbeitern anrichteten, so durchbrach jetzt nur ein einziger mit Namen das Tabu. In seinem Buch »Die Partei hat immer recht« schilderte *Ralph Giordano* in packenden Worten den Ausbruch der Gewalt vor der ›Gruga‹:

> »Der Eingang war schwerbewacht. Die Berittenen trugen lange Stahlruten und die zum Zerreißen gespannte Atmosphäre teilte sich den Tieren mit – sie tänzelten, warfen die Köpfe hoch, schnaubten. Und

dann, als, kurz angeleint, Hunde erschienen, explodierte die Menge in furchtbarer Erregung – Sprechchöre, Schreie, herabsausende Gummiknüppel, stürzende Körper, durch die Luft geschleuderte Tschakos. Der Kampf war, von einer Sekunde auf die andere, in vollem Gange. Nach einiger Zeit wichen wir, noch zusammengeballt, vor der bewaffneten Übermacht zurück. An ein allmähliches Auslaufen des Zusammenstoßes war bei der ungeheuren Erbitterung, die sich beider Seiten bemächtigt hatte, nicht mehr zu denken.
Auf einem freien Platz lockerte sich die Masse der Demonstranten etwas auf. Es lag jetzt eine größere Strecke zwischen der Polizeikette und uns. Steine flogen. Und plötzlich knallte es, mehrere Male, trokken, nicht anders, als wäre ein Tesching mit Platzpatronen abgefeuert worden. Mit etlichen anderen lief ich auf ein Gestrüpp zu, das einen tiefer liegenden Bahnkörper säumte. Wir hockten da und warteten, daß die Polizisten kommen würden, Aber sie kamen nicht. Nach einiger Zeit erhoben wir uns. Der Platz war leer. Auf der Rückfahrt hieß es, einer der Unseren sei bei der Schießerei getroffen und getötet worden.« [15]

In ähnlicher Weise schildert *Elias Canetti* den Zusammenstoß demonstrierender Arbeiter mit der Polizei beim Sturm auf den Wiener Justizpalast vom 15. Juli 1927. Damals kamen 85 Arbeiter und vier Polizisten ums Leben. Die Zahl der Verletzten belief sich auf rund 1100. Canetti war als 22Jähriger inmitten der wogenden Menge. Später schreibt er: »Es sind 53 Jahre her, und die Erregung dieses Tages liegt mir heute noch in den Knochen. Ich wurde zu einem Teil der Masse, ich ging vollkommen in ihr auf. Es könnte sein, daß die Substanz des 15. Juli in ›Masse und Macht‹ ganz eingegangen ist.«[16] So wie sich Ralph Giordano das Bild der Polizisten zu Pferde als atmosphärisch bedeutsam besonders eingeprägt hat, so nachhaltig erinnert sich auch Elias Canetti an diese Spezies staatlicher Ordnungshüter: »Die Berittenen machten einen besonders schrecklichen Eindruck, vielleicht weil sie selber Angst hatten.«

Angst gebiert Irrationalität. So erklärt sich zum Teil wohl die Brutalität, mit der Polizisten in Essen selbst gegen unbeteiligte Passanten vorgegangen sind. Klagen aus der Bevölkerung beantwortete die Polizei ungerührt mit der Sottise, falls »Neugierige« in die Auseinandersetzungen hineingezogen worden sein sollten, so sei dies in meisten Fällen ihre eigene Schuld gewesen.[17]

Ein Blatt zieht die Notbremse

Zur Klärung der Vorfälle beantragten die kommunistischen Abgeordneten am 12. Mai im Düsseldorfer Landtag vergeblich die Einsetzung eines Untersuchungsausschußes. Auch der Bundestag lehnte es ab, sich mit den Vorgängen in Essen zu beschäftigen. Es kam deswegen am 14. Mai 1952 zu einer heftigen Auseinandersetzung, die damit endete, dass der KPD-Abgeordnete *Heinz Renner* aus dem Plenarsaal gewiesen und für 20 Sitzungstage von den Beratungen des Bundestages ausgeschlossen wurde.

Das nordrhein-westfälische Landesparlament beauftragte immerhin seinen Hauptausschuss, die für die Klärung der Tatsachen »eventuell erforderlichen weiteren Schritte« zu beschließen. Der Ministerpräsident berichtete am 13. Mai über die Vorgänge. Das Kurzprotokoll gibt seine Ausführungen zum Geschehen an der ›Gruga‹ wie folgt wieder:

> »Trotz mehrmaliger Aufforderung der Polizei, sich zu zerstreuen, kamen die Demonstranten der Aufforderung nicht nach, sondern gingen mit Steinen – Straßenpflastersteinen und Schottersteinen –, Flaschen und anderen Schlagwerkzeugen gegen die eingesetzten Polizeikräfte vor. Da der Widerstand durch den Gebrauch des Polizeischlagstockes nicht gebrochen werden konnte, mehrere Beamte bereits erheblich verletzt waren und sich demnach in einer gegenwärtigen Gefahr für Leib und Leben befanden, mußte von der Schußwaffe Gebrauch gemacht werden. Vor dem Schußwaffengebrauch wurde die Menge dreimal durch Lautsprecherwagen und durch den Einheitsführer aufgefordert, das Werfen einzustellen, widrigenfalls von der Schußwaffe Gebrauch gemacht werden würde. Da die Demonstran-

> ten dieser Aufforderung nicht entsprachen, sondern sie im Gegenteil mit verstärktem Steinhagel beantworteten, ordnete der Zugführer nach Abgabe von drei Warnschüssen den Schußwaffengebrauch an.« Der Schußwaffengebrauch sei »durch Notwehr begründet und auch nach den Waffengebrauchsbestimmungen berechtigt gewesen«.[18]

Wie denn? Hatte es nicht geheißen, die Polizei habe das Feuer eröffnen müssen, weil sie von den Demonstranten beschossen worden sei? War nicht von einem »Schußwechsel« die Rede gewesen? Und nun dies? War die Behauptung von den schießenden Demonstranten schon nach zwei Tagen in sich zusammengebrochen? Die konservative »Rheinische Post« zog die Notbremse. Sie bemerkte am 15. Mai zu dem Bericht des Ministerpräsidenten »Nach dieser Darstellung ist die Frage, wer zuerst geschossen hat – die Demonstranten oder die Polizei – nur noch von untergeordneter Bedeutung.«[19]

Alles geklärt? Mitnichten. Unvermittelt kam der Ministerpräsident auf die Ereignisse vor der ›Gruga‹ zurück und sagte: »Nach dem Ergebnis der bisher in sehr ernster und gewissenhafter Weise durchgeführten Ermittlung ist von den Demonstranten zuerst geschossen worden.« Hatte er eben nicht das Gegenteil gesagt? Warum der Hinweis, die Ermittlung sei sehr ernst und gewissenhaft durchgeführt worden? Gab es gerade an diesem Punkt Zweifel, die ausgeräumt werden sollten? »Nach der Meldung von zwei Polizeibeamten, die zum Schutz des Aussichtsturms der Gruga eingesetzt waren«, fuhr der Ministerpräsident fort, »wurden sie bei der Vorführung eines Festgenommen beschossen. Sie hörten den Abschussknall, und das Geschoss flog in drei Meter Entfernung in Kopfhöhe an ihnen vorbei. Sie beobachteten den Einschlag dieses Geschosses in der zweiten Halle der Gruga.« – Honi soit qui mal y pense.

Mißglückter Verschleierungsversuch

Für die weiteren Beratungen verlangte der SPD-Abgeordnete Menzel »einwandfreie Zeugenaussagen«. Der CDU-Abgeordnete Johnen sagte in der Diskussion über den Bericht, man dürfe nicht den Eindruck aufkommen lassen, als solle eine Untersuchung gegen die eingesetzten Polizeibeamten eingeleitet werden. Der KPD-Abgeordnete *Karl Schabrod* ergriff Partei für die Demonstranten; er wies darauf hin, daß bei den 283 Festgenommenen »nicht ein einziger Revolver« gefunden worden sei. Am Schluss vermerkt das Protokoll: »Der Polizeidirektor beantwortet noch einige an ihn gerichete Fragen.« Was für Fragen waren das und wie wurden sie beantwortet? Ein geharnischter Brief des Abgeordneten Dr. Walter Menzel an den Vorsitzenden des Hauptausschusses, den Essener Oberbürgermeister *Dr. Hans Toussaint*, gibt darüber Aufschluß. Menzel schrieb dem »sehr geehrten Herrn Kollegen«:

> »Das Kurzprotokoll der 26. Sitzung des Hauptausschußes enthält auf Seite 13 leider nicht die Erklärung des Polizeidirektors Herrn *Knoche* auf meine in der Sitzung an ihn gestellte Frage. Zunächst habe ich Herrn Knoche gefragt, aus welcher Entfernung der angeblich zuerst von den Demonstranten abgegebene Schuß gefallen sei. Herr Knoche gab diese Entfernung mit 60 m an. Meine weitere Frage ergab, daß die Kugel nicht gefunden wurde, sondern trotz der Entfernung von 60 m noch durch eine Holzwand hindurch gegangen sei. Die weitere Frage, aus welcher Entfernung der getötete Demonstrant beschossen worden wäre, beantwortete Herr Knoche mit ›etwa 25 bis 30 m‹. Ich bitte das Protokoll in soweit zu vervollständigen, denn ich bin der Auffassung, daß diese Feststellungen wesentlich sind.«

Menzels Brief wurde als Anlage mit der Seitenbezeichnung 855/52 dem Kurzprotokoll beigefügt. Ein offensichtlicher Versuch, wichtige Angaben zu unterschlagen, war gescheitert; denn die Antworten des Essener Polizeichefs führten sämtliche Behauptungen über einen »Schußwechsel« ad absurdum.

Am 10. Juni 1952 kamen die Essener Vorfälle abermals im Landtag zur Sprache. Tags zuvor war der CDU-Politiker *Dr. Franz Meyers* als neuer Innenminister vereidigt worden. Während der Debatte über dessen Etat erklärte der SPD-Abgeordnete Menzel:

> »Wir sind heute nicht mehr völlig davon überzeugt, daß von der *Leitung* alles getan worden ist, um den Gebrauch der Schußwaffe zu vermeiden. Daher erwarten wir alsbald den Bericht, der uns im Hauptausschuß zugesagt worden ist.«[20]

Der kommunistische Abgeordnete *Jupp Angenfort* sagte unter Hinweis auf die verletzten Demonstranten und den tödlich getroffenen Philipp Müller, alle diese Leute

> »haben die Wunden im Rücken; sie sind von hinten angeschossen worden. Die Untersuchung und Überprüfung der Kleider und die Überprüfung der Betroffenen hat das ergeben«.[22]

Am 25. Juni 1952 stand der zugesagte Bericht des Innenministers auf der Tagesordnung einer Sitzung des Hauptausschusses, aber Dr. Meyers war laut Protokoll »nicht in der Lage, abschließend über die Vorgänge zu berichten, da im Augenblick die staatsanwaltschaftlichen Untersuchungen liefen und in schwebende Verfahren nicht eingegriffen werden könne«. Zur Klärung der Vorwürfe gegen die Polizei sei der Justizminister gebeten worden, »unverzüglich ein Verfahren gegen Unbekannt wegen Körperverletzung einzuleiten und durchzuführen«. Der SPD-Abgeordnete Menzel war mit der Erklärung des Ministers nicht zufrieden. Er formulierte zusammen mit seinem Fraktionskollegen *Heinz Kühn*, später selbst Ministerpräsident von Nordrhein-Westfalen, eine Reihe von Fragen, »auf deren Beantwortung Wert gelegt werden müsse«. Unter anderem wollte er wissen, welche Beweise für die Behauptung vorlägen, »daß von den Demonstranten zuerst geschossen worden sei« und ob sich »die Wunden der Verletzten bzw. die Einschüsse auf der Vorder- oder auf der Rückseite der betreffenden Personen« befänden. Der Ausschuss vertagte die Beratung »bis zur Beantwortung der gestellten Fragen«.[22]

Nachdem sieben Monate vergangen waren, ohne daß der Innenminister die Fragen beantwortet hatte, erinnerte der SPD-Abgeordnete Kühn im Landtag an die Zusage, die Regierung werde über diese

Fragen und die ganzen Hintergründe Auskunft erteilen, wenn »die prozessuale Erledigung des Falles gegeben sei. Am 20. Oktober ist das Urteil (gegen elf angeklagte Demonstranten, d.V.) vor dem Landgericht gesprochen worden. Wir glauben«, insistierte Kühn, »daß der Bericht der Landesregierung nunmehr mehr als fällig ist«. Das Protokoll über die Landtagssitzung vom 27. Januar 1953 vermerkt an dieser Stelle den Zwischenruf des Innenministers: »Erst kommt noch die Revisionsinstanz!«

Am nächsten Tag erläuterte Meyers, das Dortmunder Urteil sei zwar gesprochen, aber noch nicht rechtskräftig geworden, da die Angeklagten Revision eingelegt hätten. »Nach Abschluss der Verhandlungen in dieser Instanz werde ich dem Wunsche des Hohen Hauses entsprechend entweder vor dem Hauptausschuß oder vor dem Plenum Rechenschaft über die Vorgänge ablegen.«[23]

Am 15. Mai 1954 verwarf der Bundesgerichtshof die Revision gegen das Dortmunder Urteil, das damit rechtkräftig wurde. (BGH Aktenzeichen 6 StR 19/54) Entgegen seiner Zusage kam der Innenminister von Nordrhein-Westfalen auf die Essener Vorgänge nie mehr zurück. Die Anfrage des Verfassers beim Presse- und Informationsamt der Landesregierung rund 50 Jahre später landete bei der Landeszentrale für politische Bildung und schließlich beim Ministerium für Arbeit und Soziales, Qualifikation und Technologie, das mein »Anliegen« zuständigkeitshalber an das Archiv des nordrhein-westfälischen Landtags weiterleitete. Am 5. Juli 2001 antwortete der Präsident des Landtags: »Leider muss ich Ihnen mitteilen, daß sich im Archiv des Landtags kein Hinweis über eine abschließende Äußerung der Landesregierung über die Vorgänge in Essen auffinden läßt.«

Feuerbefehl als Antwort auf Steine

Das Schweigen resultierte offenbar aus der Tatsache, daß sich im Urteil des Dortmunder Landgerichts kein Beweis für die Behauptung finden läßt, die Polizei habe als Antwort auf Schüsse der Demonstranten das Feuer eröffnet. Was in jenen Minuten geschah, als Philipp Müller auf dem Rüttenscheider Kirmesplatz von der Kugel aus einer Polizeipistole tödlich getroffen wurde, schildert das Urteil mit dem Aktenzeichen 18 KLs 3/52 so:

> »In diesem Augenblick wurde der Zeuge *Knobloch* (Polizeikommissar und Leiter einer Einsatzgruppe der Kölner Polizei, d.V.) von einem Stein an der Schulter getroffen. Hierauf rief dieser nochmals den Demonstranten laut zu, mit dem Werfen der Steine aufzuhören. Gleichzeitig drohte er bei Nichtbefolgung seiner Aufforderung den Gebrauch der Schußwaffe an. Die Demonstranten erwiderten jedoch mit Gejohle und höhnischem Gelächter. Nunmehr gab der Zeuge Knobloch mit seiner Pistole drei Warnschüsse in die Luft ab. Hiervon waren die Demonstranten jedoch in keiner Weise beeindruckt. Vielmehr wurden Rufe laut wie: ›Die schießen ja doch nicht, die schießen ja nur in die Luft!‹ Weiterhin ertönte aus Richtung des zweiten Steinhaufens der Kampfruf: ›Auf zum Kampf gegen die Bluthunde!‹ Als hierauf der Steinhagel noch stärker wurde, erteilte der Zeuge Knobloch seiner Kölner Gruppe den Feuerbefehl, der in beschränktem Umfang auch von der Essener Gruppe befolgt wurde.«

Das Zitat stammt aus einem Brief des Essener Oberstaatsanwalts vom 12. Februar 1953 an den Münchner Rechsanwalt Dr. Ewald R., der namens der Angehörigen Philipp Müllers Strafanzeige gegen Unbekannt wegen Mordes erstattet hatte. Dem Anwalt wird darin mitgeteilt, daß nach den richterlichen Feststellungen den beteiligten Polizeibeamten »keinerlei Verschulden an der Tötung des Philipp Müller zur Last« falle und das Verfahren daher eingestellt werde. Ob überhaupt jemals gegen Polizeibeamte ermittelt worden ist, die damals von der Schußwaffe Gebrauch gemacht oder den Gummiknüppel zu unrecht eingesetzt haben, ist zweifelhaft.

Eine Anfrage des Verfassers vom 20. Juli 2001, was aus der Bitte des damaligen Innenministers Dr. Meyers an den Justizminister *Dr. Rudolf Amelunxen* geworden sei, unverzüglich ein Verfahren gegen Unbekannt wegen Körperverletzung einzuleiten, reichte das Justizministerium zur Beantwortung an den Leitenden Oberstaatsanwalt in

Essen weiter. Der antwortete am 28. August 2001, es seien nach Ablauf der Aufbewahrungsfristen keine Verfahrensregister mehr vorhanden, die konkret Aufschluß geben könnten, aber er gehe aufgrund der landgerichtlichen Feststellungen davon aus, daß eine solche Prüfung tatsächlich stattgefunden haben müsse. Anklage wurde gegen keinen einzigen Polizeibeamten erhoben.[24] Der Oberstaatsanwalt verwies zwecks weiterer Nachforschungen auf »sogenannte Festschriften« zum Tode Philipp Müllers, die »über die DKP zu beziehen wären«. Zu den Essener Vorgängen selbst schrieb er – im Widerspruch zu den gerichtlichen Feststellungen über die Feuereröffnung durch die Polizei –, nachdem aus den Reihen der Demonstranten »auch Schüsse in Richtung der Polizeibeamten abgefeuert worden waren, machte die Polizei ihrerseits von der Schußwaffe Gebrauch«.

So hartnäckig halten sich Legenden aus Zeiten des kalten Krieges am Leben. Wenden wir uns deshalb noch einmal dem Geschehen auf dem Rüttenscheider Kirmesplatz zu. Warum enthält das Dortmunder Urteil nicht die Aussage des Essener Polizeichefs, die Polizei habe aus einer Entfernung von 25 bis 30 Metern auf die Demonstranten geschossen? Und was war mit Philipp Müller? Hatte er sich als Gewalttäter so hervorgetan, dass den Polizisten keine andere Wahl blieb, als in Notwehr zur Pistole zu greifen und ihn zur Strecke zu bringen? Nein, laut Urteil war er dadurch aufgefallen, »daß er durch Armbewegungen und Zurufe die anderen Demonstranten einsatzmäßig zu lenken und mitzureißen versuchte«. Deswegen musste er sterben?

Merkwürdig mutet auch die Formulierung an: »Der tödliche verletzte Philipp Müller wurde sorgfältig von Polizeibeamten in ein Polizeifahrzeug geladen und in ein Krankenhaus gebracht.« Warum die Betonung der Sorgfalt beim Einladen des tödlich Verletzten? Gab es Zweifel? Herr Freud lässt grüßen! Wie ein »Stück Vieh«, berichteten Augenzeugen, hätten Polizisten den Jungen gepackt und in ein Polizeiauto geworfen. Der Münchner Rechtsanwalt Ewald R. monierte in seiner Strafanzeige gegen Unbekannt, Polizeibeamte hätten den Schwerverletzten »unsachgemäß« abtransportiert und sich dadurch der fahrlässigen Tötung schuldig gemacht. Statt einen Arzt oder einen Sanitätswagen anzufordern, um dem Schwerverletzten an Ort und

Stelle sachgemäß erste Hilfe zu leisten, sei er brutal an Händen und Beinen gepackt und auf ein Polizeifahrzeug geworfen worden.

In Abwesenheit eines Vertreters der Angehörigen wurde die von der Polizei beschlagnahmte Leiche Philipp Müllers auf dem Südwest-Friedhof in Essen-Haarzopf geöffnet. Die Ärzte erklärten – übereinstimmend mit den vorausgegangenen polizeilichen Angaben – der 21-Jährige sei von vorn getroffen worden. Nach ihren Angaben war der Tod auf der Stelle eingetreten. Beteiligte an dem Geschehen äußerten sich ganz anders. Sie sagten, Philipp Müller habe noch gelebt, als er weggeschaft wurde. So hatte ein Polizeibeamter beobachtet, dass der Verletzte röchelte und bewusstlos gewesen sei. Ein anderer sagte aus, er habe den Lautsprecherwagen rufen lassen, damit der Verletzte schnellstens in ärztliche Behandlung komme. Im Gegensatz zu diesen Angaben behauptete der Chef der Essener Polizei, Philipp Müller sei in einem Krankenwagen der Städtischen Berufsfeuerwehr zu den Kruppschen Krankenanstalten gebracht worden. Auf dem Transport sei er verstorben.

Zu diesen Ungereimtheiten passt der Satz im Dortmunder Urteil: »Als die beiden Gruppen *Wolter* und Knobloch gemeinsam den Kirmesplatz zu räumen versuchten, und zwar unter ständigem Steinhagel, fielen aus den Reihen der Demonstranten in Richtung auf die Polizei Schüsse.«[25]

Hat die Polizei sich gegen diese Schüsse zur Wehr gesetzt, indem sie – was nahegelegen hätte – nun ihrerseits das Feuer eröffnete? Wie wir wissen, gab Polizeikommissar Knobloch auf dem Kirmesplatz den Feuerbefehl nicht als Antwort auf Schüssse aus den Reihen der Demonstranten, sondern als »der Steinhagel noch stärker« wurde. Auch an der Gruga, wo nach der Schilderung des Ministerpräsidenten Arnold bereits zuvor auf zwei Polizeibeamte geschossen worden sein soll, sah die Polizei keine Veranlassung zu schießen. Sie unternahm auch nichts, um den oder die Täter unverzüglich zu ermitteln, jedenfalls fehlt darüber jeglicher Nachweis.

War ein agent provocateur am Werk?

Keiner der später festgenommenen Demonstranten hatte eine Schusswaffe bei sich und es wurde auch – nach allem, was bisher bekannt ist – bei keinem nach etwaigen Schmauchspuren gesucht. Waren die angeblichen Schüsse aus den Reihen der Demonstranten vielleicht eine Erfindung, um die Schüsse der Polizei zu rechtfertigen? Wenn nicht, wer mag da wohl an zwei verschiedenen Stellen »in Richtung auf die Polizei« geschossen haben? War am Ende ein V-Mann als agent provocateur am Werk, der den Protest gegen die Wiederbewaffnung in Misskredit bringen sollte, so wie im Verbotsverfahren gegen die NPD gleich reihenweise V-Leute des Verfassungsschutzes als agents provocateurs tätig wurden, um die Nationaldemokratische Partei als verbotsreif erscheinen zu lassen?

Die Anwort wird wohl für immer im Dunkel bleiben. Alle Verfahrensakten des Dortmunder Prozesses um die Vorgänge in Essen wurden – wie die zuständige Staatsanwaltschaft dem Verfasser mitteilte – vernichtet.

Wer einem der »unheimlichsten Phänomene der Zeitgeschichte, dem Ausweichen vor dem Konkreten«[26] begegnen will, muss in diesem Fall auf andere Zeugen zurückgreifen. In seinem Buch »Anwalt im Kalten Krieg« berichtet *Diether Posser* über einen Prozeß vor der Staatsschutzkammer des Landgerichts Dortmund, in dem ein junger Mann wegen Tätigkeit für die verbotene FDJ angeklagt war. In diesem Verfahren aus dem Jahr 1956 hätten sich sieben Zeugen als Lockspitzel der Polizei entpuppt. »Diese Lockspitzel blieben als ›agents provocateurs‹ straffrei, während die von ihnen angeleiteten Mitläufer sich verantworten mussten.«[27]

Der aus der Bundesrepublik stammende »SED-Professor« *Wolfgang Seiffert* schilderte nach seiner Rückkehr in den Westen dem »Spiegel« unter anderem seine Erfahrungen als Mitglied der FDJ. Im Frühjahr 1953 habe er sich mit einem FDJler aus Duisburg verabredet, doch als er auf ihn zugehen wollte, habe er sich plötzlich von Kriminalbeamten umstellt gesehen, die ihn festnahmen und ins Polizeipräsidium zum Verhör brachten. »Und da stellte sich heraus, daß dieser

Karlheinz früher bei der Waffen-SS war und schon lange beim Verfassungsschutz diente. In dessen Auftrag war er auch in die FDJ eingetreten.«[28]

Alexander von Brünneck schreibt in seinem Buch »Politische Justiz gegen Kommunisten in der Bundesrepublik Deutschland 1949 – 1968«, den Ermittlungsbehörden sei es gelungen, die kommunistischen Organisationen weitgehend durch »Gewährsleute« zu unterwandern. Bei den V-Leuten habe es sich nicht immer um besonders seriöse Personen gehandelt, aber sie seien ein zentrales Element in den Ermittlungen gegen Kommunisten gewesen. Sie dienten auch als Zeugen vom Hörensagen. Als Angehörige des Verfasssungsschutzes oder der Politischen Polizei sagten sie (zuweilen unter einem Decknamen) vor Gericht aus, sie hätten von einer dritten zuverlässigen Person gehört, daß dieses oder jenes geschehen sei.Über die Person des Gewährsmannes brauchte dieser Zeuge keine genauere Auskunft geben. Brünneck zitiert Generalbundessanwalt *Ludwig Martin* mit den Worten, die Nichtzulassung des Zeugen vom Hörensagen hätte »eine Lähmung unseres gesamten Staatsschutzes bedeuten« müssen.[29]

Im Prozess gegen elf Teilnehmer der verbotenen Jugendkarawane, die wegen Aufruhrs in Tateinheit mit Landfriedensbruchs zu insgesamt 76 Monaten Gefängnis verurteilt wurden, hatte die Staatsanwaltschaft 36 Belastungszeugen aufgeboten, 26 davon waren Polizeibeamte. Bei der Begründung des Urteils meinte der Vorsitzende Richter *Anton Rheinländer*, es sei notwendig gewesen, »fühlbare Strafen zu verhängen, um in genügendem Maße abschreckend zu wirken.«[30]

Derselbe Bundesgerichtshof, der das Dortmunder Urteil 1954 abgesegnet hat, äußerte 40 Jahre später sein Erstaunen darüber, daß in der Periode des kalten Krieges auf beiden Seiten »eine ›politische Justiz‹ mit einer aus heutiger Sicht nicht immer nachvollziehbaren Intensität betrieben« worden sei. (Urteil vom 16. November 1994, 5 StR 747/94).

Zwei Wochen nach dem Desaster vom 11. Mai 1952 genehmigte das Ordnungsamt der Stadt

Essen eine Kundgebung der Jugendkarawane mit gleicher Zielsetzung und gleichen Veranstaltern. Sie verlief reibungslos. Allerdings

– so zitiert das Kurzprotokoll über die Sitzung des Landtags-Hauptausschusses vom 25. Juni 1952 den Abgeordneten Schabrod – allerdings habe sich die Polizei im Gegensatz zum 11. Mai größter Zurückhaltung befleißigt.

Bin ich der Wahrheit über den 11. Mai 1952 näher gekommen oder muß ich mich der These unterwerfen, es sei unmöglich, die Wahrheit selbst über ein »aufs genaueste beobachtetes Ereignis festzustellen«, wie der französische Diplomat *Georges d'Harcourt* über die Schlacht von Solferino räsonierte? Vor mir liegt eine Zeitungsmeldung vom 20.Februar 2002 in der es heißt, das amerikanische Verteidigungsministerium erwäge, Medien im Ausland gezielt mit Falschmeldungen zu füttern, um negativer Berichterstattung über die USA entgegenzutreten. Die Meldung wurde dementiert, so wie alle Meldungen über Falschmeldungen während des Golfkriegs und während der Luftangriffe auf Jugoslawien als Falschmeldungen dementiert wurden. Wenn es ernst wird, stirbt die Wahrheit zuerst. »Die meisten Nachrichten sind falsch, und die Furchtsamkeit der Menschen wird zu einer neuen Kraft der Lüge und Unwahrheit.«[31]

Anmerkungen

1 Gustave Le Bon, Psychologie der Massen, Alfred Kröner Verlag Stuttgart 1982, S.28

2 Neue Volks-Zeitung, Extrablatt, Mai 1952

3 Landtagsprotokoll 53.Sitzung, 10.6.1952 S.1939

4 Bundesverfassungsgerichts-Entscheidungen, Band 1, Urteil vom 3o.7.1952 – 1 Bv 1/52

5 Lothar Rolke, Protestbewegungen in der Bundesrepublik, S.170

6 Harry Pross, Mitteilung und Herrschaft, Luchterhand 1972, S.88

7 Anklageschrift Oberstaatsanwalt Dortmund 18.8.1952, Aktenzeichen 18/Js/357/52e

8 *Hugh Carlton Greene*, Über die Unabhängigkeit des Rundfunks, zitiert bei Pross, S.15

9 Bundesgerichtshof (BGH) Urteil vom 19.5.1954 / Aktenzeichen 6 StR 19/54

10 Anklageschrift Oberstaatsanwalt Dortmund, 18.8.1952, Aktenzeichen 18/Js/357/52e

11 Neue Ruhr-Zeitung, 13.5.1952

12 Weser-Kurier 12.5.1952

13 Information oder herrschen die Souffleure?, rororo aktuell 1964, S.22

14 a.a.O. S.36

15 zitiert nach Wolfgang Kraushaar, Die Protest-Chronik 1949-1959, bei Rogner & Bernhard erschienen 1996, S.606

16 Elias Canetti, Die Fackel im Ohr, Lebensgeschichte 1921 – 1931, Fischer Taschenbuch Verlag 1982, S.23o f.

17 Neue Ruhr-Zeitung 13.5.1952

18 Landtag NRW, Kurzprotokoll Nr.855/52 über die 26.Sitzung des Hauptausschusses am 13. Mai 1952

19 zitiert nach »Philipp Müller«, Weltkreis-Verlag Dortmund 1977, S.86

20 Protokoll Landtag NRW 53.Sitzung 10.6.1952 Band 2, S. 1938

21 Protokoll Landtag NRW 54.Sitzung 11.6.1952, Band 2, S. 1993

22 Kurzprotokoll 27.Sitzung des Landtags-Hauptausschusses NRW, 26.6.1952, Nr.921/52

23 Protokoll Landtag NRW 71.Sitzung, 28.1.1953, S.2674

24 Protest-Chronik, S.678

25 Frankfurter Rundschau 16.2.2002

26 Elias Canetti, Das Gewissen der Worte, Fischer Taschenbuch Verlag 1998, S.25

27 Diether Posser, Anwalt im Kalten Krieg, C.Bertelsmann 1991, S.278 f.

28 Der Spiegel Nr.19/1978, S.12

29 Alexander von Brünneck, Politische Justiz gegen Kommunisten in der Bundesrepublik Deutschland 1949-1968, edition suhrkamp, 1978, S.251 f.

30 Protest-Chronik, S.678

31 Carl von Clausewitz, Hinterlassenes Werk, Vom Kriege, Hrsg. Werner Hahlweg, Bonn 1952, S.156/157, zitiert bei Pross, Die meisten Nachrichten sind falsch, Verlag Kohlhammer 1971, S.10.

Resultate zweier Parteiverbote

*Oder: Lehrstück über die »Ausgewogenheit« des Kampfes gegen »politische Extremisten«**

Beim Frühstück im Hotel meinte einer der Journalistenkollegen, die zur Verkündung des Urteils im Verbotsprozess gegen die KPD nach Karlsruhe gekommen waren, ich sollte meine Kleidung vervollständigen; ohne Krawatte würde ich wohl kaum das Gebäude des Bundesverfassungsgerichts betreten dürfen. An jenem 17.August 1956 war es sommerlich warm, aber ich musste mich in das scheinbar Unvermeidliche fügen. Unterwegs kaufte ich mir eine Krawatte, um dem Hohen Gericht den gewünschten Respekt erweisen zu können. Die außerdem notwendige Einlasskarte hatte ich mir rechtzeitig besorgt.

Kaum hatte der Vorsitzende den ersten Satz des Urteilstenors gesprochen, stürzten die Journalisten an die Telefone und vermeldeten ihren Redaktionen, dass das Bundesverfassungsgericht die Kommunistische Partei Deutschlands für verfassungswidrig erklärt und aufgelöst habe. Es entsprach damit einem Wunsch der von der CDU geführten Bundesregierung unter *Konrad Adenauer*. Sie hatte am 16. November 1951 beantragt, die 1919 von *Karl Liebknecht* und *Rosa Luxemburg* gegründete Partei zu verbieten.

Die Bundesrepublik Deutschland bestand damals gerade drei Jahre, aber ihr Daseinszweck im internationalen Kräftespiel hatte bereits Konturen angenommen. Im Jahr davor hatte Adenauer ohne Wissen des Kabinetts gegenüber den westlichen Alliierten seine Bereitschaft erklärt, die Bundesrepublik einem europäischen militärischen System anzuschließen – ein höchst riskantes Unterfangen, hatte doch sogar der CSU-Politiker Franz Josef Strauß erklärt, wer noch einmal ein Gewehr in die Hand nehme, dem solle die Hand abfallen.

---

* Gekürzte Fassung einer Radio Bremen-Sendung vom Juli 1966

Organisierter Widerstand gegen eine Wiederbewaffnung, wie ihn die Kommunisten auf ihre Fahnen geschrieben hatten, war da höchst unerwünscht. Einer der entscheidenden Punkte im Antrag auf Verbot der Partei lautete denn auch: »Die KPD ist Hauptträgerin der sogenannten Volksbefragungsaktion gegen die Remilitarisierung.« Sie handle im Rahmen »eines von den Machthabern in der Sowjetzone entworfenen Angriffsplanes«, in dem die Partei das »Rückgrat der inneren Aggression« darstelle. Nahziel sei es, die in der DDR herrschende Ordnung auf die Bundesrepublik zu übertragen. Sie sei daher »in höchstem Maße verfassungsfeindlich« und müsse »von der weiteren Beteiligung an der politischen Willensbildung in der Bundesrepublik ausgeschlossen werden.«

Als die Regierung 1951 das KPD-Verbot beantragte, handelte sie im Windschatten des Kreuzzuges gegen den Kommunismus, zu dem die Amerikaner nach Ausbruch des Koreakrieges 1950 aufgerufen hatten. Gleichwohl sah sie sich zahlreichen Einwänden gegenüber. Unter anderem wurde geltend gemacht, dass von einem Verbot vor allem Menschen betroffen würden, die sich im Widerstand gegen Hitler bewährt und die nach Kriegsende als einzige das Vertrauen der Siegermächte beim Aufbau eines demokratischen Staatswesens besessen hätten.

Um diesem Einwand zu begegnen, wurde zeitgleich das Verbot der neonazistischen Sozialistischen Reichspartei (SRP) beantragt. Zur Begründung erklärte die Bundesregierung, die SRP erweise sich nach ihrer Propaganda und nach dem Verhalten ihrer Anhänger als eine Nachfolgeorganisation der NSDAP Hitlers. Damit habe das Vertrauen des Auslandes auf eine demokratische Entwicklung des deutschen Volkes einen »schweren Stoß« erlitten. Die Unionsfraktion im Bundestag meinte, eingedenk der Erfahrungen mit Extremisten während der Weimarer Republik müsse gegen die Feinde des Staates von links und rechts mit allen zur Verfügung stehenden Mitteln eingeschritten werden.

Am 23. Oktober 1952 wurde die Sozialistische Reichspartei vom Bundesverfassungsgericht für verfassungswidrig erklärt und aufgelöst. So wie vier Jahre später im Falle der KPD wurden die Schaffung von

Nachfolgeorganisationen oder die Verwendung bestehender Organisationen als Ersatzorganisationen verboten. In beiden Fällen stützte sich das Gericht auf Artikel 21 des Grundgesetzes, wonach Parteien, die die freiheitliche demokratische Grundordnung beeinträchtigen oder beseitigen wollen oder die den Bestand der Bundesrepublik gefährden, verboten sind.

Dem Gebot der Ausgewogenheit politischen Handelns war damit nach außen hin Genüge getan. Die Folgen für die Betroffenen waren allerdings grundverschieden. Eine wesentliche Rolle beim Vollzug spielte dabei das 1. Strafrechts-Änderungsgesetz, mit dem 1951 nicht weniger als 37 zum Teil völlig neue politische Strafvorschriften in das Strafgesetzbuch eingefügt worden waren. Politisch war das Gesetz eindeutig und ausschließlich gegen die Kommunisten gerichtet, stellt Alexander von Brünneck in seinem Buch »Politische Justiz gegen Kommunisten in der Bundesrepublik Deutschland 1949 – 1968« fest. (S.73) Der CDU-Abgeordnete *Horst Haasler* nannte das Gesetz »eine Waffe, die geschmiedet wurde, um im Kalten Krieg zu bestehen« (Bundestagsprotokoll, 2. Wahlperiode, S. 10931 B)

Zehn Jahre nach dem Verbot der KPD beurteilte das Bundesinnenministerium dessen Folgen so: »Das Verbot der KPD trägt dazu bei, die Kommunisten an der Entfaltung ihrer Propagandamöglichkeiten zu hindern, die sie sonst nutzen würden, sich aus ihrer Isolierung zu befreien. Die Partei ist durch das Verbot schwer getroffen worden.«

Für den organisierten Rechtsradikalismus waren die Folgen des SRP-Verbots praktisch bedeutungslos. Das Bundesinnenministerium registrierte hier um dieselbe Zeit sogar einen »geringfügigen Aufschwung«. Fast die Hälfte aller rechtsextrem orientierten Personen gehörte nach amtlicher Darstellung einer Partei an, die sich bemühe, nationalsozialistisches Gedankengut »nicht mehr offen zur Schau zu stellen«. Gemeint war die 1964 gegründete Nationaldemokratische Partei Deutschlands (NPD), die bereits zwei Jahre später triumphierend verkündetete: »Keine Großstadt in Bayern ohne NPD-Stadträte«.

Auch die Auswirkungen auf den Mitgliederstand waren grundverschieden. Die KPD hatte vor dem Verbot etwa 70.000 Mitglieder. Offiziellen Angaben zufolge büßte sie durch das Verbot 90 Prozent ihrer Mitglieder ein. Nach einem Bericht des Bundesinnenministeriums gehörten der illegalen Parteiorganisation 1965 noch etwa 7.000 Personen an. Demgegenüber verzeichneten die rechtsradikalen Organisationen in jenem Jahr einen Mitgliederstand von 28.600. Er war damit viermal so groß wie der der Kommunisten. Die NPD allein hatte 1965 nach amtlichen Angaben rund 14.000 Mitglieder.

Obwohl das Bundesverfassungsgericht verfügt hatte, dass keine Ersatzorganisationen für die verbotene SRP gegründet werden dürften, konnte sich die rechtsradikale NPD rasch als neues Sammelbecken für Rechtsextremisten etablieren. Mitte der sechziger Jahre nahm sie etwa 4.000 frühere Mitglieder der neonazistischen Deutschen Reichspartei auf, die 1965 im Zuge der Konzentration des Rechtsradikalismus ihre Selbstauflösung beschloss und in der NPD aufging.

Verglichen mit der drakonischen Verfolgung der Kommunisten wurden die Rechtsradikalen nachsichtig behandelt. Gleichwohl meinte der frühere Stuttgarter Oberlandesgerichtspräsident *Dr. Richard Schmid*, er glaube nicht, dass man der Regierung vorwerfen könne, das SRP-Verbot nicht energisch genug durchgesetzt zu haben. Dagegen meinte der Heidelberger Strafverteidiger *Dr. Walther Ammann*, das SRP-Verbotsurteil sei in der Praxis »ohne Bedeutung« gewesen. Die Zahl der Verfahren wegen Verstoßes gegen dieses Verbot lasse sich »an den Fingern einer Hand abzählen«.

Allem Anschein nach haben solche Verfahren die Behörden gar nicht interessiert. Das zuständige Bundesinnenministerium teilte dem Verfasser auf Anfrage Mitte der sechziger Jahre mit, ihm liege bedauerlicherweise eine Übersicht über Verstöße gegen das Verbot der Sozialistischen Reichspartei nicht vor. Auch eine Statistik über Verstöße gegen das KPD-Verbot gebe es nicht.

Im politischen Tageskampf wirkte das KPD-Verbot als eine subsidiäre (unterstützende) Strafnorm gegen praktisch jede Form der politischen Betätigung von Kommunisten, schreibt Alexander von Brünneck. (S. 135) Die »Zuwiderhandlung« gegen das Verbot hatte eine »solch gravierende Bedeutung, dass das Verbotsurteil weithin als der Grund für die Kriminalisierung der kommunistischen Politik überhaupt erschien«.

Der als Verteidiger in politischen Strafsachen tätige Rechtsanwalt Dr. Ammann meinte zehn Jahre nach dem Verbot der KPD, man könne ohne Übertreibung davon ausgehen, »dass jährlich gegen etwa 10.000 Personen wegen vermeintlicher Verstöße gegen das KPD-Verbot ermittelt« werde. Allein 1965 wurden nach offiziellen Angaben 7.361 staatsanwaltschaftliche Ermittlungsverfahren wegen kommunistischer Tätigkeit eingeleitet. Da ein Verfahren oft mehrere Personen betraf, dürfte sich Ammann nicht verschätzt haben.

»Eine gewisse Einseitigkeit«

Die Zahlen über die Bekämpfung rechtsextremer Aktivitäten bieten ein ganz anderes Bild. Nach Darstellung des Bundesinnenministerium wurden von 1960 bis 1965, also innerhalb von sechs Jahren, gegen 1.985 rechtsradikale Täter polizeiliche oder staatsanwaltschaftliche Maßnahmen eingeleitet, das waren im Durchschnitt 330 pro Jahr. Legt man die amtlichen Zahlen für 1965 zugrunde, dann waren in einem einzigen Jahr mehr als dreimal so viel Verfahren wegen kommunistischer Tätigkeit anhängig, als polizeiliche und staatsanwaltschaftliche Maßnahmen wegen neonazistischer Betätigung in sechs Jahren. Was die Zahl der rechtskräftigen Urteile betrifft, so wurden 1965 insgesamt 45 Verurteilungen wegen rechtextremistischer Tätigkeit registriert und 225 wegen kommunistischer Betätigung, also fünfmal so viel.

Während der Illegalität kommunistischer Betätigung in der Bundesrepublik – sie dauerte zwölf Jahre und damit genau so lange wie die Unterdrückung der KPD während der Naziherrschaft – wurden nach Brünneck 4.000 Kommunisten verurteilt, das heißt, dass etwa drei Verurteilungen auf fünf Mitglieder der KPD entfielen (S.278). 1968 wurde in der Bundesrepublik unter der Bezeichnung Deutsche Kommunistische Partei (DKP) eine neue Partei mit kommunistischer Zielsetzung gegründet.

Auch Richard Schmid räumte ein, dass das Verbot der KPD »zu Verfolgungen geführt hat, die weder rechtlich geboten, noch politisch notwendig waren. Ich denke dabei unter anderem an die unverständliche Verfolgung der KPD-Funktionäre für ihre Tätigkeit vor dem Verbot, welche Verfolgung dann vom Bundesverfassungsgericht 1961 beseitigt werden musste. Bei der SRP hat man ähnliches nie versucht, was schon eine gewisse Einseitigkeit verrät«.

Mit dieser Einseitigkeit setzte die Justiz der Bundesrepublik eine Handlungsweise fort, die den Richtern seit jeher den Vorwurf eingehandelt hat, sie seien auf dem rechten Auge blind. Nachdem Rechtsradikale 1922 Außenminister *Walther Rathenau* ermordet hatten, erließ der Reichstag ein »Gesetz zum Schutz der Republik«. Es war zur Abwehr des Rechtsextremismus gedacht, diente aber in Wirklichkeit als Waffe gegen die Kommunisten. Dreiviertel aller Urteile, die der Staatsgerichtshof 1924 auf der Grundlage dieses Gesetzes gefällt hat, betrafen Kommunisten.

Die Beibehaltung dieser Justiztradition durch die Bundesrepublik hat wesentlich damit zu tun, dass eine bestimmte geistig-politische Grundhaltung weiterlebte, die *Gotthard Jasper* in seinen Studien zur rechtsstaatlichen Sicherung in der Weimarer Republik beschreibt. Für ihn hatte die Strenge gegen links bei gleichzeitiger Milde gegen rechts folgende Ursache:

> »Wehr- und außenpolitische Rücksichten mochten diese Schonung zweckmäßig erscheinen lassen. Gebannt von der bolschewistischen Gefahr wird auch mancher offizielle Hüter der republikanischen Ordnung in den Rechtsverbänden weniger den Gegner der Republik, als vielmehr den potentiellen Bundesgenossen in der Bekämpfung des Marxismus gesehen haben. Bei solchen Erwägungen verlor man die Republik als Schutzobjekt aus den Augen und kam zwangsläufig dazu, die innenpolitische Gefährlichkeit des Feindes von rechts zu bagatellisieren und zu ignorieren.«

Das kommunistischer Neigungen völlig unverdächtige Nachrichtenmagazin »Der Spiegel« schrieb am 5.Juli 1961 über die Situation in der Bundesrepublik: »Hinsichtlich des extensiven Gebrauchs politischer Strafgesetze gegen die politische Linke verläuft zwischen dem

Leipziger Reichsgericht und dem Karlsruher Bundesgerichtshof eine ungebrochene Linie der Tradition und Kontinuität.« Das Innenministerium wehrte sich mit der Behauptung, von einer »Einäugigkeit« der Staatsschutzorgane könne die nicht die Rede sein.

Allerdings sahen die Behörden selbst dann keine Veranlassung gegen die NPD vorzugehen, wenn deren Redner ganz unverhüllt die politische Hetze der verbotenen SRP fortsetzten. Übereinstimmend wurden die Widerstandskämpfer als »Landesverräter« verleumdet und die Schuld der Nazis am Zweiten Weltkrieg geleugnet. Der NPD-Redner *Josef Truxa* verstieg sich am 19.Juni 1965 gar zu den Behauptung, Verbrechen habe es während der NS-Zeit in Deutschland nicht gegeben. »Diese Verleumdungen sind nur eine Propaganda des internationalen Judentums und der Judenpresse.«

Mitte der sechziger Jahre bezeichnete Bundesinnenminister *Paul Lücke* (CDU) diese Übereinstimmung als »das wichtigste Indiz für das Vorhandensein verfassungsfeindlicher Tendenzen innerhalb der NPD«. Zu Spekulationen über die Vorbereitung eines Verbotsantrages gegen die Nationaldemokratische Partei erklärte der Minister damals, man sollte abwarten, »ob nicht nationalkonservative, aber doch demokratische Tendenzen, wie sie in dieser Partei auch vorhanden sind, in ihr die Oberhand gewinnen«.

Fast vierzig Jahre hat die Bundesregierung abgewartet, ehe sie sich entschloss, beim Bundesverfassungsgericht ein Verfahren zur Feststellung der Verfassungswidrigkeit der NPD zu beantragen. Sie tat es so unprofessionell, dass sie damit auf geradezu peinliche Weise scheiterte. In der Zwischenzeit haben die Neonazis mit einer nie geahnten Ausweitung ihrer politischen Hetze und mit einer Vielzahl von Gewaltakten deutlich gemacht, wohin Milde und Nachsicht gegenüber Rechtsextremisten führen. So entstand auch der Nährboden für jene populistischen Rattenfänger, die in bürgerlichem Gewand erfolgreich auf Stimmenfang gehen. Insofern sind die unterschiedlichen Resultate der beiden Parteiverbote aus der Zeit des kalten Krieges durchaus lehrreich.

Bedenkenswert sind auch die Überlegungen, die der angesehene Stuttgarter Oberlandesgerichtspräsident a.D. Richard Schmid vor fast fünfzig Jahren anstellte. Mit der Strafjustiz sei gegenüber politischen Bewegungen wenig auszurichten, meinte er 1966 in einer Sendung von Radio Bremen. Ursache des Untergangs der Weimarer Republik sei schließlich gewesen, dass das deutsche Bürger- und Beamtentum und die Reichswehr in weitem Umfang zu den Nazis und ihren Verbündeten übergelaufen seien, wobei eben die Kommunistenangst und Kommunistenhetze das wirksamste und wichtigste Propagandamotiv gewesen sei.

»Diese Situation«, fuhr Richard Schmid damals fort, »ist in leicht geänderter Form noch heute gegeben. So lange es gut geht, mag alles gut gehen. Das deutsche Volk zeigt aber noch immer die alte Mischung von Intoleranz und Autoritätsglauben und neigt zu irrationalen, nationalistischen Anwandlungen. Auch sonst gibt es Anzeichen, dass das deutsche Bürgertum das alte Gift noch nicht ausgeschieden hat.«

* * * * *

Der Radikalenerlaß und seine Folgen*

> O Schilda, mein Vaterland!
> *Heinrich Heine*

Deutsche Gründlichkeit hat unser Land wieder einmal ins Gerede gebracht. Jetzt dämmert es in manchen Köpfen, daß der Radikalenerlaß eben doch nicht als jener Nachweis demokratischer Tüchtigkeit angesehen wird, für den ihn Verschiedene hielten. In den Geschichtsbüchern wird dieser Erlaß wahrscheinlich einmal ebenso verspottet werden wie alle vorausgegangenen Versuche der Obrigkeit, die je-

---

* Aus »Neue Rundschau«, Heft 2/1976, S. Fischer Verlag

weils herrschende Ordnung als die Endstufe der gesellschaftlichen Entwicklung auszugeben und Zweifler oder Kritiker mit dem Vorwurf des politischen Extremismus zu belegen. Als politische Extremisten galten dereinst die Teilnehmer des Hambacher Festes von 1832, das sich gegen die Fürstenherrschaft richtete, und politische Extremisten waren für die Obrigkeit auch die Wortführer der deutschen Arbeiterschaft, die das allgemeine Wahlrecht und den Achtstundentag verlangten.

Gewiß, ja, heute ist alles anders. Wir haben die vollkommenste demokratische Verfassung, und jeder kann nach seiner Façon selig werden. Kann er das? In was für Verhältnisse sind wir eigentlich geraten, daß ein Junglehrer sich scheut, Mitglied der Gewerkschaft zu werden, weil er meint, dies könne übel vermerkt werden und seine Übernahme in den Staatsdienst erschweren? Eigentlich soll der Radikalenerlaß ja nur verhindern, daß politische Extremisten in den öffentlichen Dienst aufgenommen werden. Aber er hat weit über diese Zweckbestimmung hinaus eine verheerende Wirkung. Die schlimmste davon ist im menschlichen Bereich zu suchen und heißt schlicht und einfach Angst. Und *das* dürfte es in einem demokratischen Staatswesen nicht geben: daß jemand Angst hat, sich für eine Sache zu engagieren, die ihm nützlich und richtig erscheint. Aber genau so ist es. Deutsche schützen die Freiheit eben gründlich. Mit dem Radikalenerlaß sollte eine Schutzmauer um die Freiheit gezogen werden. Nun ist eine Kerkermauer daraus geworden.

Die Situation ist wirklich paradox: ausgerechnet in dem Land mit dem stärksten Hang zum sozialen Frieden und dem geringsten Einfluß der Kommunisten auf das politische Geschehen, ausgerechnet in diesem Land übt man sich unentwegt im Kampf gegen den Kommunismus oder das, was man dafür hält. Aber auch darin war die deutsche Obrigkeit immer ein Meister: dem Schwachen hat sie ihren Stiefel stets besonders brutal ins Genick gesetzt. Einen wirklich ernst zu nehmenden Grund für den Radikalenerlaß hat es nämlich nicht gegeben. An keiner Stelle war der Staatsapparat in Gefahr, von politischen Extremisten unterwandert und ausgehöhlt zu werden. Die Zahl der sogenannten Radikalen im öffentlichen Dienst war zu allen

Zeiten verschwindend gering. Ermittlungen haben ergeben, daß auf mehr als 2300 öffentlich Bedienstete ein Radikaler entfällt, und zwar ein sogenannter Linksextremist. 2300 verfassungstreue Staatsdiener sollten eigentlich stark genug sein, die Bedrohung der freiheitlichen demokratischen Grundordnung durch einen extremistischen Einzelkämpfer in erträglichen Grenzen zu halten. Zur Not könnte man zusätzlich das Publikum in die Bemühungen zur Verteidigung der demokratischen Grundordnung einspannen, etwa durch einen Aushang in Finanzämtern mit dem Text: ›Vorsicht! In Zimmer 13 füllt ein Radikaler Steuerformulare aus.‹ – Solche Ironie verfängt möglicherweise nicht, denn immerhin – man bedenke – leben wir in unmittelbarer Nachbarschaft zu zwei kommunistischen Staaten, von denen der eine von deutschen Kommunisten und damit besonders gründlich regiert wird. Aber können diese Staaten, in denen Armut und Dürftigkeit nach landläufiger Meinung das menschliche Dasein bestimmen, unserem Wirtschaftswunderland überhaupt gefährlich werden? Und die Mauer, stabilisiert sie am Ende nicht auch die politischen Strukturen in der Bundesrepublik Deutschland?

Nein, die Existenz der DDR bietet keine hinreichende Rechtfertigung des Radikalenerlasses. Die Ursachen dieses merkwürdigen Dokuments sind ganz anderer Natur. Um ihnen auf die Spur zu kommen, muß man sich vergegenwärtigen, in welcher Situation die Ministerpräsidenten der Länder und der damalige Bundeskanzler Brandt ihre Unterschrift unter jene gemeinsame Erklärung vom 28. Januar 1972 setzten, die später als Radikalenerlaß Furore machte: Zum erstenmal in der Nachkriegsgeschichte lenkte ein sozialdemokratischer Regierungschef die Geschicke der Bundesrepublik. Im Bündnis mit den Freien Demokraten unternahm er das Wagnis, die Auseinandersetzungen um die von Hitler verspielten Ostgebiete zu beenden und die Ordnung des Verhältnisses zur DDR in die Wege zu leiten. Die gesamte Nachkriegsentwicklung war an einem Wendepunkt angelangt. Unter dem Zwang des atomaren Patts arrangierten sich die Westmächte mit der Sowjetunion. Das Berlin-Abkommen vom September 1971 schaffte einen gefährlichen Streitpunkt aus der Welt. Warschauer Pakt und NATO befürworteten eine ausgewogene Verminderung der Truppen und Rüstungen in Mitteleuropa, und die Idee einer europäischen Sicherheitskonferenz nahm immer mehr Gestalt an. Parallel dazu begannen Verhandlungen zwischen den USA und der Sowjetunion mit dem Ziel, die strategischen Waffen zu begrenzen und die Gefahr eines alles zerstörenden Atomkrieges zu verringern.

In voller Übereinstimmung mit diesem weltweiten Trend zur Entspannung schloß Bonn Verträge mit Moskau und Warschau, die – nach dem längst vollzogenen Ausgleich mit dem Westen – zu einer Normalisierung des Verhältnisses der Bundesrepublik auch gegenüber dem Osten führen sollten. Als Versöhnungskanzler gefeiert nahm Willy Brandt im Dezember 1971 den Friedensnobelpreis entgegen. Dies geschah wenige Tage, bevor Bonn und die DDR mit dem Abkommen über den Transitverkehr den ersten völkerrechtlich verbindlichen Vertrag untereinander abschlossen. Kaum jemals zuvor befand sich unser Land in einem so harmonischen Verhältnis zur Umwelt wie zu Beginn der siebziger Jahre. Außenpolitisch sah sich die Regierung keiner Gefahr gegenüber. Um so bedrohlicher aber war für sie die innenpolitische Szenerie. Im Bundestag schmolz die Mehrheit der Regierungsparteien durch Fraktionswechsler immer mehr zusammen. Im Lande draußen schürten die Oppositionsparteien den Argwohn, die neue Ostpolitik der sozialliberalen Koalition könnte zu einem Vormarsch des Kommunismus im Innern führen. Argumentationshilfe erhielten sie dabei von den versprengten Resten der Studentenrevolte des Jahres 1968, die mit vollem Bauch und leeren Köpfen scheinrevolutionäre Parolen droschen und sich schließlich mit Terror und Gewalt als Herostraten der Neuzeit präsentierten. CDU und CSU, deren Weltbild seit dem Verlust der Regierungsverantwortung in Bonn ohnedies ins Wanken geraten war, reaktivierten sämtliche antisozialistischen Ressentiments. Mit einer ins Monströse gesteigerten Propagandakampagne verunsicherte die konservative Opposition nicht nur die Bevölkerung, sondern auch die von der SPD beherrschte Regierung. Die verantwortlichen Politiker in Bonn spürten, wie unter dem Trommelfeuer von rechts der Boden unter ihren Füßen wegzurutschen begann. Von ihrer Ostpolitik über Gebühr in Anspruch genommen, hielt die Regierung einen Schritt zur Absicherung ihrer innenpolitischen Position für geboten, der wenig Kraft in Anspruch zu nehmen schien. Ihr Chef unterzeichnete am 28. Januar 1972 gemeinsam mit den Ministerpräsidenten der Länder den Radikalenerlaß.

Führende SPD-Politiker verknüpften damit die Hoffnung auf ein Nachlassen der Vorwürfe, unter ihrer Verantwortung sei die Autorität des Rechtsstaates verfallen und die radikalen politischen Bestrebungen hätten zugenommen. Doch diese Hoffnung erwies sich als Trugschluß. Die konservativen Parteien zweifelten nicht nur weiterhin die Bereitschaft der sozial-liberalen Koalitionspartner zum gemeinsamen Vorgehen gegen radikale politische Kräfte an, sondern sie setzten auch in verstärktem Maße ihre Bemühungen fort, Sozialdemokraten und Freie Demokraten immer mehr in die Nähe linksextremistischer Gruppen zu rücken oder gar als Helfershelfer der Kommunisten schlechthin auszugeben. Alle Beteiligten hatten sich mit dem Radikalenerlaß auf rechtlich schwankenden Boden begeben. Ihr Postulat nämlich, die Zugehörigkeit eines Bewerbers zu einer Partei mit verfassungsfeindlichen Zielen begründete in der Regel Zweifel an der Verfassungstreue und rechtfertige die Ablehnung eines Anstellungsvertrages, berührte eine Reihe der in der Verfassung niedergelegten Grundrechte. Daraus ergaben sich denn auch alsbald erhebliche Differenzen, die immer noch nicht ausgeräumt werden konnten und die voraussichtlich auch gar nicht auszuräumen sind.

Vor allem der Artikel 3 des Grundgesetzes steht den Absichten des Radikalenerlasses wie auch denen der davon abgeleiteten Regelungen im Weg. Er bestimmt nämlich: »Niemand darf wegen seines Geschlechtes, seiner Abstammung, seiner Rasse, seiner Heimat und Herkunft, seines Glaubens, seiner religiösen oder politischen Anschauungen benachteiligt oder bevorzugt werden.« Diese Klippe sehen auch die Befürworter des Radikalenerlasses auf der politischen Rechten. Deshalb betonen sie immer wieder, daß sich der Rechtsstaat in seinem Verhalten gegenüber einem Bürger niemals von dessen Gesinnung leiten lassen dürfe, sondern daß zur Beurteilung stets nur Handlungen herangezogen werden könnten. Aber die Praxis sieht leider anders aus. Wir kommen noch darauf.

Selbstverständlich ist es das Recht eines jeden Staates, Maßnahmen zur Sicherung seiner Existenz und seiner Handlungsfähigkeit zu ergreifen. Die Aufstellung einer militärischen Streitmacht gehört – wenn auch in weiterem Sinne – ebenso dazu wie etwa die Überprüfung der Zuverlässigkeit jener Personen, die mit geheimen Staatspapieren zu tun haben. Solche und ähnliche Sicherheitsvorkehrungen sind überall auf der Welt üblich. Es ist auch das gute Recht eines jeden Staates, sich auf eine loyale Beamtenschaft stützen zu können. An einer solchen Beamtenschaft hat es in Deutschland nie gemangelt. Ab und an legte sie allerdings eine gewisse Trägheit gegenüber den demokratischen Freiheitsrechten an den Tag. Hitler konnte 1933 seinen Unrechtsstaat nur deshalb so rasch und so reibungslos aufrichten, weil sich die Masse der Beamten beschämend indifferent verhielt und den Unterschied zwischen Staatstreue und Verfassungstreue überhaupt nicht wahrnahm.

Insofern gibt es einiges zu lernen aus den Erfahrungen der Geschichte, und das Ende der Weimarer Republik wird ja auch immer wieder beschworen, wenn von der Notwendigkeit des Staatsschutzes und der Bekämpfung des politischen Extremismus die Rede ist. Beklagenswerterweise läßt man jedoch weitgehend unberücksichtigt, daß blinde Autoritätsgläubigkeit und Mitläufertum die schlechtesten Verbündeten bei der Verteidigung demokratischer Freiheiten sind. Weimar ging doch nicht zugrunde, weil es zu viel linke Lehrer, Staatsanwälte, Richter und Polizeibeamte gab, sondern weil auf der rechten Seite des politischen Spektrums und bei der Mitte die Meinung vorherrschte, ein bißchen Diktatur könnte den Deutschen angesichts der wirtschaftlichen und parlamentarischen Schwierigkeiten nicht schaden. An Bemühungen zum Schutz der Republik hat es zu keiner Zeit gefehlt, aber sie verkehrten sich in der Regel in ihr Gegenteil – Verordnungen zur Bekämpfung rechtsradikaler Umtriebe wurden am Ende hauptsächlich gegen links angewendet. Schuld daran war nicht zuletzt das reaktionäre Beamtenheer, aus dem später Hitler seine Mitläufer und Mitstreiter rekrutierte.

Die Verantwortlichen für den Aufbau eines neuen demokratischen Staates hatten das fatale Ungleichgewicht der Weimarer Anstrengungen zum Schutz der freiheitlichen Ordnung sehr wohl vor Augen, als es galt, einen neuen Beamtenapparat ins Leben zu rufen. Aber sie befolgten die Lehren der Geschichte nur halbherzig. Anders ist es nicht zu erklären, daß sich im öffentlichen Dienst der Bundesrepublik bis hinauf in die höchsten Ränge alsbald die alten Kameraden aus der Nazizeit ein Stelldichein gaben. Den erforderlichen Nachweis demokratischer Zuverlässigkeit lieferten sie in Gestalt antimarxistischer Gesinnung. Aber das eine ist nicht a priori mit dem anderen identisch. Begründet wurde die Öffnung des demokratischen Staatsapparates für ehemalige Diener des Unrechtsstaates mit dem Hinweis, dieser Schritt diene der inneren Aussöhnung unseres Volkes. Es war eine Aussöhnung gemäß deutscher Tradition nur nach rechts hin. Das Mißtrauen gegenüber den Linken blieb. Zunächst schien es, als würden davon nur die Kommunisten betroffen, aber sehr bald zeigte sich, daß man einen Teil des Volkes, und sei er noch so klein, nicht unter Ausnahmerecht stellen kann, ohne zugleich das Recht des gesamten Volkes und seine Freiheit in Mitleidenschaft zu ziehen.

Freilich darf nicht übersehen werden, daß die Bundesrepublik in einer Phase der Ost-West-Konfrontation entstand. Dennoch hielten die Verantwortlichen in Bund und Ländern eine dem Radikalenerlaß vergleichbare Maßnahme nicht für erforderlich, jedenfalls geschah nichts, was unserem Land den Vorwurf eingehandelt hätte, es bediene sich zu politischen Zwecken einer Praxis der Berufsverbote. Gewiß, die von der CDU geführte Bundesregierung beantragte damals das Verbot der Kommunistischen Partei Deutschlands, und das Bundesverfassungsgericht entsprach diesem Antrag auch. Damit waren klare Verhältnisse geschaffen. Kein junger Mensch lief Gefahr, wegen der Mitgliedschaft in einer als verfassungsfeindlich angesehenen Partei den ersehnten Beruf eines Lehrers nicht ausüben zu können; eine solche Partei gab es fortan nicht, und folglich konnte ihr auch niemand beitreten. Was haben wir dagegen 20 Jahre nach dem Verbot der KPD und der Zulassung einer neuen Kommunistischen Partei für verworrene Verhältnisse! Dabei wurde auch in den Gründerjahren der Bundesrepublik darauf geachtet, daß der öffentliche Dienst frei blieb von Gegnern der demokratischen Grundordnung. Alle öffentlich Bediensteten mussten einen Revers unterschreiben, den sogenannten Adenauer-Erlaß, mit dem sie sich ausdrücklich noch einmal zur Treue gegenüber dem demokratischen Staat verpflichteten. Zahlreiche Kommunisten brachten das damals nicht übers Herz und schieden aus dem öffentlichen Dienst aus. Andere unterschrieben das Gelöbnis, und der Dienstherr war zufrieden.

Ein Vierteljahrhundert später hätte man eigentlich, zumal da die Zeit des Kalten Krieges einer Epoche der Entspannung Platz gemacht hatte, eine noch kulantere Lösung ins Auge fassen können, zumal es ja auch noch das Disziplinarrecht gibt. Immerhin ist die Bundesrepublik ihren Kinderschuhen entwachsen und agiert mit strammen Waden als Vorturner auf der weltpolitischen Bühne. Die wirtschaftliche Basis unseres Landes ist gesund, und die Bevölkerung zeigt keinerlei Anfälligkeit für politischen Extremismus. Was um Himmels willen zwingt uns eigentlich zu Maßnahmen, mit denen wir uns auf eine Stufe mit totalitären Staaten stellen? Es handelt sich ja nicht allein darum, daß unser Selbstverständnis jegliche Unterdrückung oder Benachteiligung von Menschen aus politischen Gründen verbieten müßte, hinzu kommt noch, und darin liegt eine gewisse Logik, daß es immer noch nicht gelungen ist, für die angestrebte Abwehr politischer Extremisten vom öffentlichen Dienst eine einwandfreie gesetzliche Regelung in Kraft zu setzen. Der vieldiskutierte Radikalenerlaß ist nämlich rechtlich ein Nullum, und ein von der SPD/FDP-Koalition im Bundestag verabschiedetes ›Extremistengesetz‹ scheiterte an der CDU/CSU-Mehrheit des Bundesrates.

Unter dem Eindruck der Fragwürdigkeit des Radikalenerlasses rückten sowohl die Sozialdemokraten als auch die Freien Demokraten davon ab, schon die Mitgliedschaft in einer als verfassungsfeindlich angesehenen Partei als hinreichenden Grund für Zweifel an der Eignung eines Bewerbers anzusehen. Sie verlangen jetzt die Prüfung jedes einzelnen Falles und lehnen eine Art Pauschalverdammung ab. Natürlich nehmen CDU und CSU den entgegengesetzten Standpunkt ein. Das gilt auch für die Frage, wer den Nachweis der Verfassungsfeindschaft oder der Verfassungstreue zu führen hat. Die Sozialdemokraten wie auch die FDP haben sich dazu durchgerungen, die Beweislast dem Staat aufzuerlegen und in jedem Fall zunächst einmal von der Verfassungstreue eines jeden Bürgers auszugehen. Die Unionsparteien hingegen möchten den Bewerber beweispflichtig machen.

Das Ergebnis dieser Differenzen ist eine unterschiedliche Verfahrensweise. In den von der Union regierten Ländern wird nach der Grundidee des Radikalenerlasses verfahren, während die von SPD und FDP regierten Länder diesen Erlaß nach dem Scheitern des ›Extremistengesetzes‹ als hinfällig betrachten und nach einem neuen Acht-Punkte-Konzept verfahren, das eine halbwegs liberale Handschrift erkennen läßt. Beispielsweise sollen nicht mehr alle Berufsgruppen einer Überprüfungspflicht unterliegen, sondern nur noch jene, die eine besondere staatspolitische Verantwortung übernehmen. Nach diesen Grundsätzen könnte ein Lokführer auch dann Beamter auf Lebenszeit werden, wenn er DKP-Mitglied ist, und einem Verkehrspolizisten wird das Recht auf eine solche Mitgliedschaft ebenfalls zugebilligt. Erfahrungen über die Wirkungsweise des neuen Acht-Punkte-Konzeptes liegen allerdings noch nicht vor.

Interessanterweise haben es auch die höchsten Gerichte der Bundesrepublik Deutschland nicht fertiggebracht, eine einheitliche Meinung zu diesem Thema zu formulieren. Der II. Senat des Bundesverwaltungsgerichtes entschied, daß die Mitgliedschaft in einer radikalen Partei zu Zweifeln an der Verfassungstreue berechtige, und bei solchen Zweifeln sei die Ablehnung eines Bewerbers notwendig. Damit bestätigte das Gericht quasi die von der CDU/ CSU geübte Praxis. Das Bundesverfassungsgericht dagegen machte sich nicht den Standpunkt zu eigen, die Mitgliedschaft in einer Partei mit verfassungsfeindlichen Zielen rechtfertige von vornherein Zweifel an der Verfassungstreue. Der II. Senat dieses Gerichts entschied vielmehr, daß eine solche Mitgliedschaft nur ein Teil des Verhaltens sei, das für die Beurteilung der Persönlichkeit eines Beamtenanwärters Gewicht habe. Das Urteil über einen Bewerber müsse sich auf eine von Fall zu Fall wechselnde Vielzahl von Elementen und deren Bewertung gründen. Auf diese Ansicht des Bundesverfassungsgerichtes, das im übrigen eine besondere politische Treuepflicht des Beamten gegenüber dem Staat und der Verfassung postulierte, stützten sich SPD und FDP bei ihrem am Widerstand der Union gescheiterten Gesetz. Im Lager der konservativen Opposition stieß die Karlsruher Entscheidung auf heftige Kritik. Bemängelt wurde unter anderem, daß der II. Senat in seiner »geistig-politischen Zerrissenheit« nicht klar genug zu sagen gewußt habe, wie und nach welchen Kriterien der Dienstherr zu einer entsprechenden Gewißheit bei den einzelnen Bewerbern kommen sollte.

In der Tat hat sich das Bundsverfassungsgericht recht gewunden ausgedrückt, aber auch das ist symptomatisch für die Konfusion, in die selbst Rechtsgelehrte geraten, wenn sie über die in Rede stehenden Absichten der Staatsschützer nachzudenken beginnen. Es ist eben nicht leicht, die auf der Verfassung beruhende freiheitliche demokratische Grundordnung mit verfassungsrechtlich nicht einwandfreien Mitteln schützen zu wollen. Nicht von ungefähr hat ein Mitglied des II. Senats am Bundesverfassungsgericht, nämlich die Verfassungsrichterin Wiltraud Rupp von Brünneck, sein Gewissen schlagen hören und ein Sondervotum abgegeben, in dem es heißt, es verstoße gegen den Artikel 21 des Grundgesetzes, wenn die Mitgliedschaft in einer vom Bundesverfassungsgericht nicht für verfassungswidrig erklärten Partei – wenn auch nur in Verbindung mit anderen Tatsachen – zum Nachteil eines Bewerbers ausgelegt werde. Der Artikel 21 garantiert die Freiheit, Parteien zu gründen und sichert das Recht der ungestraften Mitarbeit in einer Partei, solange diese nicht als verfassungswidrig verboten ist. »Über die Frage der Verfassungswidrigkeit entscheidet das Bundesverfassungsgericht.«

Hier liegt ein ganz entscheidendes Problem, um das sich die Politiker und die meisten Juristen herumzumogeln versuchen. Sie sprechen nicht von Verfassungswidrigkeit, sondern von Verfassungsfeindlichkeit. Damit benutzen sie einen juristisch nicht definierbaren Begriff und entziehen den ganzen Vorgang somit einer einwandfreien rechtlichen Würdigung. Über verfassungsfeindliche Parteien oder Parteien mit verfassungsfeindlichen Zielen wird im Grundgesetz nichts ausgesagt. Der willkürlichen Auslegung sind anscheinend keine Grenzen gesetzt. Unter welchen Umständen wird ein Kritiker der Verfassung zum Gegner der Verfassung, und unter welchen Bedingungen wird der Verfassungsgegner zum Verfassungsfeind? Wo verläuft schließlich die Grenze zwischen Verfassungsfeindlichkeit und Verfassungswidrigkeit, und wie verhält es sich mit dem Recht auf Irrtum? Einem Minister wird man ganz sicher ein hohes Maß an Verfassungstreue und Rechtskenntnis unterstellen können, aber auch er kann sich irren und an einer verfassungs- und rechtswidrigen Entscheidung mitwirken, so wie jener Bundesjustizminister, der 1960 an dem Gesetz über die Einrichtung eines ›Regierungsfernsehens‹ mitgearbeitet hat, das dann vom Karlsruher Gericht als verfassungswidrig verworfen wurde. Selbst das höchste Organ der Volkssouveränität, der Bundestag, ist nicht gegen das Risiko gefeit, verfassungswidrig zu handeln. Wie sonst wäre es möglich, daß das Bundesverfassungsgericht bis Anfang 1969 nicht weniger als 98 vom Parlament beschlossene Gesetze für verfassungswidrig erklärte!

Noch niemals ist einem Abgeordneten Schaden daraus entstanden, daß er sich zu einem Gesetz bekannt hat, das anschließend vom Bundesverfassungsgericht als verfassungswidrig verworfen wurde. An seinem Bekenntnis zur freiheitlichen demokratischen Grundordnung hat deswegen niemand gezweifelt. Für einen Zwanzigjährigen hingegen kann es höchst fatale Folgen haben, wenn er Mitglied einer völlig legal zustande gekommenen Partei wird und sich für die Ziele dieser Partei einsetzt. Überall herrscht ein Klima allgemeiner Verdächtigungen und der Gesinnungsschnüffelei. Wenn einem Bewerber für den öffentlichen Dienst in einem sozialdemokratisch regierten Land vorgehalten wird, er habe undifferenziert die Überführung der Produktionsmittel in sozialistisches Eigentum gefordert und sich damit in Widerspruch zum Grundgesetz gestellt, dann entspringt dies der gleichen Dummheit und Kleinkariertheit wie die Behauptung einer bayerischen Schulbehörde, wer sich auf *August Bebel* berufe, biete keine Gewähr, jederzeit für die freiheitliche demokratische Grundordnung einzutreten, denn August Bebel gehöre nicht zur deutschen Demokratiegeschichte, weil er für den Sozialismus eingetreten sei. Im Prinzip macht es allerdings auch keinen Unterschied aus, wenn die bayerische Regierung eine der SPD angehörende Assessorin nicht in den höheren Justizdienst übernehmen will, weil diese der angeblich kommunistisch beherrschten Vereinigung demokratischer Juristen angehört, und wenn eine SPD-Gliederung einem betagten Widerstandskämpfer gegen das NS-Regime den Ausschluß aus der Partei androht, falls er nicht seine Mitgliedschaft in der angeblich kommunistisch beherrschten Vereinigung der Verfolgten des Naziregimes aufkündigt.

Was Carl von Ossietzky 1927 gesagt hat, gilt immer noch: Erst geht es gegen den Bolschewismus, nachher ist alles ein Aufwaschen, und jeder ehrliche Demokrat erscheint als Bolschewist. Aber diese Warnung eines Antifaschisten und Pazifisten kann einen Deutschen von echtem Schrot und Korn vermutlich kaum beeindrucken. Ossietzky war ja ein Intellektueller, und gewisse feinsinnige Verteidiger der abendländischen Freiheit machen ja schon durch die russische Schreibweise ›Intelligentsija‹ deutlich, wessen Geschäfte jener Personenkreis nach ihrem Dafürhalten zu allen Zeiten betrieben hat. Unablässig haben die Intellektuellen während der Weimarer Zeit angeblich ›vaterländisch gesinnte Bevölkerungskreise‹ provoziert und dadurch Hitler den Weg geebnet. Und geändert haben sich diese Burschen bis auf den heutigen Tag nicht. Auch heute wieder, so belehrt uns die konservative Publizistik, ziehen die Intellektuellen ›alles in Zweifel‹.

Nun ja, der Literaturnobelpreisträger *Heinrich Böll* und der Friedensnobelpreisträger *Willy Brandt* könnten, stellvertretend für andere, ein Lied davon singen, was es heißt, Tabus zu brechen. An ihrem Beispiel wird deutlich, wie rasch sich Intellektuelle und Marxisten in einem Topf wiederfinden, wenn reaktionärer Ungeist differenziertes Denken vertreibt. Nur die Juden, von Joseph Goebbels dereinst mit Intellektuellen und Marxisten in einem Atemzug genannt, die Juden bleiben diesmal aus dem Spiel. Aber den anderen wird eingeheizt: den Marxisten mit einem Radikalenerlaß und den Intellektuellen mit einem neuen Paragraphen im Strafgesetzbuch. Dem Wortlaut nach handelt es sich nur darum, die Befürwortung schwerer Gewalttaten mit Strafe zu bedrohen, wenn durch eine solche Befürwortung andere zu Handlungen bewegt werden können, die den Bestand oder die Sicherheit der Bundesrepublik gefährden. Aber was da – angeblich als zusätzliches Mittel zur Bekämpfung von Terrorismus – auf den Tisch gelegt worden ist, kann sich leicht zu einem Prügel gegen die Freiheit des Wortes auswachsen und ein Klima der Einschüchterung und des Opportunismus hervorrufen. Als ob es einer solchen Strafandrohung gegen Schriftsteller und Journalisten überhaupt bedürfte! Sie sind doch durch die Kommunisten- und Terroristenriecherei so eingeschüchtert, daß sie sich eine Selbstzensur auferlegen, wie weiland die Literaten zu Metternichs Zeiten. Stück für Stück ist in den vergangenen Jahren die Meinungsfreiheit eingeschränkt worden. Und wieder einmal nimmt das eigene Volk keine Notiz davon. Staatliche Zwangsmaßnahmen treffen ja immer nur eine Minderheit, und die Deutschen solidarisieren sich allenfalls mit einer deutschen Fußballmannschaft, nicht aber mit Vertretern des deutschen Geisteslebens.

So bleibt es wieder einmal dem Ausland vorbehalten, Alarm zu schlagen und den Deutschen den Spiegel vorzuhalten. In Frankreich, Holland, Italien, England, Dänemark und Schweden fühlt man sich an Zeiten erinnert, da in Deutschland kein Platz mehr war für die Anhänger der demokratischen Grundfreiheiten, es sei denn im KZ. In keinem der befreundeten westlichen Länder gibt es Regelungen, die dem deutschen ›Gewaltparagraphen‹ oder dem Radikalenerlaß auch nur ähnelten. Länder mit großen kommunistischen Parteien wie Frankreich und Italien kennen keinerlei politische Beschränkungen für die Tätigkeit im Staatsdienst. Dort sind Kommunisten in großer Zahl nicht nur im Schul- und Justizwesen, sondern auch in Regierungsdienststellen tätig. In Großbritannien werden Bewerber für den Staatsdienst nicht nach ihrer politischen Überzeugung gefragt. Sie gilt als Privatangelegenheit. Die Kritik am Verfahren in der Bundesrepublik kommt deshalb von allen Seiten und nicht etwa nur aus der linken Ecke der ausländischen Publizistik. Allmählich beginnt sie an den Nerven verantwortlicher deutscher Politiker zu zerren, und das ist gut so.

Heute ist nicht mehr vorstellbar, daß ein Sozialdemokrat in den Chor konservativer Stimmen einfiele, um unisono die Kritik *Alfred Grossers* am Radikalenerlaß zu schelten. Seit Oktober 1975, als der Träger des Friedenspreises des deutschen Buchhandels die Frage stellte, ob manche Bürger der Bundesrepublik dem Staat mehr huldigten als dem Recht, hat sich einiges verändert. Die Totschweigetaktik gegenüber dem Radikalenerlaß wurde durchbrochen. Dabei spielt sicher eine Rolle, daß immer mehr Menschen fürchten, aus den mannigfaltigen Staatsschutzmaßnahmen könnte sich ein Hang zu einem neuen autoritären Regime ergeben. Für die Regierenden in der Bundesrepublik muß es doch peinlich sein, wenn jüdische Widerstandskämpfer und Opfer des Faschismus sich aus Israel zu Wort melden und erklären, der Radikalenerlaß und die Berufsverbote erinnerten sie an Hitlers Gesetz zur Wiederherstellung des Berufsbeamtentums vom 7. April 1933, das die Entlassung aller Beamten anordnete, »die sich in Zukunft im marxistischen (kommunistischen oder sozialdemokratischen) Sinne« betätigen. So weit hätte es niemals kommen dürfen; aber wer sich auf den Weg des tumben Antikommunismus begibt, gerät nun einmal sehr leicht in anrüchige Nachbarschaft.

Andererseits wäre es grundfalsch, den Radikalenerlaß als Sinnbild des inneren Zustandes der Bundesrepublik zu betrachten. Letzten Endes sagt er ebensoviel und ebensowenig über unser Land aus wie die Berliner Mauer über die DDR und die Guillotine über die Französische Revolution. Wer im Zusammenhang mit der Abwehr von politischen Extremisten eine ›neue Gestapo‹ am Werk sieht, wie *Alfred Andersch* in seinem Gedicht ›Artikel 3 (3)‹, der verniedlicht auf der einen Seite die Schreckensherrschaft der Nazis und auf der anderen Seite bestärkt er einen Fatalismus, der, gemessen an den Chancen der Gegenwart, unangebracht ist. So leicht sollte man die demokratischen Freiheiten nicht fahrenlassen. Natürlich kann man nur mit Beklemmung davon Kenntnis nehmen, daß die Verfassungsschutzämter in zweieinhalb Jahren, nämlich vom 1. Januar 1973 bis zum 30. Juni 1975, nicht weniger als 454 585 Bewerber für den öffentlichen Dienst auf ihre politische Zuverlässigkeit hin überprüft haben. Eine so groß angelegte Aktion bewirkt zwangsläufig Unsicherheit bei den Betroffenen und züchtet Duckmäusertum und Leisetreterei weit über diesen Kreis hinaus. Und wenn sich am Ende herausstellt, daß unter fast einer halben Million Personen nur 235 ›unsichere Kantonisten‹ waren, denen man den Zutritt zum Staatsdienst verwehrte, dann führt sich ein solcher Kraftakt selbst ad absurdum, und der Radikalenerlaß erscheint überflüssig wie ein Kropf. Die vielbeschworene Gefahr einer Aushöhlung des demokratischen Staates durch Verfassungsfeinde verliert auch angesichts neuer Daten aus dem Bereich der Bundesbehörden jegliche Überzeugungskraft. Die Zahl der Fälle, in denen Anstoß genommen wurde, macht weniger als ein Prozent aus.

Für übertriebene Staatsschutzmaßnahmen besteht wirklich kein Grund. Worüber man in Sorge sein muß, ist die schleichende Aushöhlung der Rechtssicherheit und der zunehmende Trend zum Opportunismus vor allem bei jungen Menschen. Selbst konservative Politiker halten es für selbstverständlich, daß die Jugend aufmuckt und Anstoß nimmt an bestehenden Strukturen. Aber wer muckt denn noch auf? An den Universitäten und anderen Ausbildungsstätten, ja sogar bei der Bundeswehr fragen die Verantwortlichen nach den Ursachen der Anpassungswilligkeit und Unterwerfungsbereitschaft junger Menschen. Das alles kann leicht nach rechts hin ausschlagen. So tot ist Weimar schließlich nicht, als daß nicht aus diesem Gebräu von politischer Kastration und Angst vor der eigenen beruflichen Zukunft eine Generation von Untertanen hervorgehen könnte, die eines Tages die Unterdrückung des Schwächeren als normales Verhalten betrachtet. Solche Barbarenlogik darf sich nicht entfalten.

Viel Zeit ist nicht mehr zu verlieren, wenn der Vergiftung des politischen Klimas Einhalt geboten werden soll. Es ist ja nicht der Radikalenerlaß allein, aus dem der Mief der Intoleranz aufsteigt. Eine Tendenz zu öffentlicher Denunziation macht sich breit, die eine vernunftbezogene politische Auseinandersetzung immer mehr untergräbt. Wenn die CSU-Presse glaubt, den Ruf eines führenden Politikers der Freien Demokraten dadurch in Zweifel ziehen zu können, daß sie behauptet, die verzerrte Optik dieses Mannes[1] könne darauf zurückgehen, daß er 1948 sein Abitur in Magdeburg unter dem SED-Regime abgelegt habe, dann ist Gefahr im Verzug. Wo sind denn manche Leute geistig beheimatet, wenn ihnen das Engagement eines CDU-Bundestagsabgeordneten für eine soziale Neuorientierung der Union bereits Anlaß genug ist, den Betreffenden[2] als »linksradikalen

Politiker« zu denunzieren? Da verwundert es kaum noch, daß die größte Einzelgewerkschaft der Welt, die IG Metall in der Bundesrepublik, als »linksradikal« diffamiert und daß von »Wühlarbeit der Systemveränderer in der SPD« gesprochen wird. Wer sich um eine Stelle im öffentlichen Dienst bewirbt, wird nie auf die Idee verfallen, Kritik am Grundgesetz als zulässig zu bezeichnen. Dabei steht das so in einem Westberliner Verwaltungsgerichtsurteil. Oder ließe sich jemand bei einer Anhörung gar zu der Anmerkung hinreißen, das heutige Wirtschaftssystem und die moderne Gesellschaft müßten sich beträchtlich verändern, wenn sie überleben wollten? So etwas kann nur ein angesehener Wissenschaftler wie der amerikanische Nationalökonom Professor *John Kenneth Galbraith* risikolos öffentlich erklären. In Wahrheit dürfte selbst dem kein Schaden entstehen, der unverblümt Verstaatlichungen verlangt oder ähnliche Forderungen postuliert. Er verhielte sich nämlich verfassungskonform. »Die gegenwärtige Wirtschafts- und Sozialordnung ist zwar eine nach dem Grundgesetz mögliche, keineswegs aber die allein mögliche. Sie beruht auf einer vom Willen des Gesetzgebers getragenen wirtschafts- und sozialpolitischen Entscheidung, die durch eine andere Entscheidung ersetzt oder durchbrochen werden kann.« Niemand anderer als das höchste Gericht der Bundesrepublik Deutschland, nämlich das Bundesverfassungsgericht, hat dies in einem Grundsatzurteil vom 20. Juli 1954 verkündet.

In unserem Land wird allzu schnell jemand als linksradikal eingestuft und muß mit entsprechenden Nachteilen rechnen, als daß die Lust an kritischer Reflexion überhandnehmen könnte. Wer als rechtsradikal gilt, braucht vom Radikalenerlaß allem Anschein nach nichts zu fürchten. Das schleswig-holsteinische Innenministerium bestätigte einer Oberlehrerin, die Mitglied des Parteivorstandes der NPD ist, daß aktiver Einsatz für diese Partei nicht die beamtenrechtlichen Treuepflichten verletze. Im übrigen: was heißt denn schon rechtsradikal? Vor fünf Jahren kreidete das Bundesinnenministerium der NPD an, daß sie einen »starken Staat mit Autorität« wolle. Heute würde niemand daran Anstoß nehmen. Einen starken Staat wollen alle. Der Radikalenerlaß soll ihn ja schaffen und sichern helfen. Ach, würden unsere Politiker doch ab und zu einen Blick in die rechtsradikale Presse werfen; manche Parole geränne ihnen zu Säure im Mund!

Unter dem Vorzeichen des Kampfes gegen linken Extremismus ist in Deutschland schon einmal die Demokratie zuschanden gemacht worden. Eigentlich sollte unser Land gegen allzuviel Eifer auf diesem Gebiet gefeit sein. Die notwendige Bekämpfung des Terrorismus darf nicht zu einer schleichenden Vergiftung des Vertrauens führen, ohne das ein Zusammenwirken von Demokraten unmöglich ist. Was für Sorgen hat Großbritannien mit dem Terrorismus in der Provinz Nordirland! Aber einen Radikalenerlaß gegen linke Lehrer kennen die Briten nicht. Ein sehr maßgeblicher Führer der Unionsparteien hat einmal – zum Schutz der Unternehmer in der Bundesrepublik gesagt: »Die Aufwiegelung der öffentlichen Meinung gegen einzelne Gruppen unserer Gesellschaft ist eine der gefährlichsten Erscheinungen und verrät faschistoides Denken.« Man sollte doch gefälligst diesen Satz allgemein gelten lassen. Damit wäre schon viel geholfen, und niemand brauchte mehr zu befürchten, wir Deutsche verteidigten die Freiheit auch um den Preis der Freiheit.

Anmerkungen

1 gemeint ist Dr. Burkhard Hirsch

2 gemeint ist Dr. Norbert Blüm

III.
Auf ein Neues! – Auf ein Neues?

Das deutsche Trauma vom verlorenen »Platz an der Sonne«

*Europa als Zwischenstation bei der »Neuverteilung der Welt«**

I.

Wieder einmal schießt der deutsche Nationalismus ins Kraut, so wie er vor dem Ersten und vor dem Zweiten Weltkrieg ins Kraut schoß. Abermals werden die Deutschen aufgerufen, der Aufteilung der Welt nicht tatenlos zuzusehen, nur daß diesmal der Nationalismus ein anderes Gewand trägt: er kleidet sich europäisch. Europa, so verlangte der CSU-Vorsitzende Strauß, dürfe sich nicht länger mit der Rolle des ohnmächtigen Zuschauers begnügen, während die beiden Supermächte die Welt unter sich aufteilen; es dürfe sich von der übrigen Weit nicht mehr herumstoßen lassen.[1] Die beiden »weltverteilenden Großmächte« seien am Status quo in Europa interessiert, klagte Straußens persönlicher Referent Marcel Hepp, sie betrachteten Europa als »Schacherobjekt«.[2] Der Genfer Akkord der Großmächte – gemeint ist die Vereinbarung über den Atomwaffensperrvertrag – signalisiere die »bevorstehende Neuverteilung der Welt«.[3]

Damit Europa nicht zu kurz komme, müsse es sich dem Abkommen gegen die Weiterverbreitung von Atomwaffen entgegenstemmen, – dies ist, auf einen Nenner gebracht, der Inhalt aller Aufrufe gegen den Sperrvertrag. Der Hinweis auf angeblich gefährdete europäische Interessen verhüllt indes nur dürftig die eigentlichen Beweggründe. Wie schon so oft in jüngster Zeit, sprach auch in diesem Fall die NPD offen aus, was Konservative in anderen Parteien nur denken oder hinter vorgehaltener Hand wispern. »Das Atom ist die Grundlage des Weltgeschäfts der Zukunft«, erklärte der Vorsitzende der NPD-Frak-

---

* Aus »Blätter für deutsche und internationale Politik«, Heft 10/1968

tion im bayrischen Landtag, *Dr. Pöhlmann.* »Die Bundesrepublik schaltet sich aus diesem Weltgeschäft selbst aus, wenn sie (den Sperrvertrag) unterschreibt«.[4]

Das ist das Kernproblem: um Absatzmärkte für die deutsche Reaktorindustrie geht es, um den Anteil des Umsatzes auf dem Weltmarkt, um den Wunsch nach Teilhabe an den Gewinnen aus dem Geschäft mit »schnellen Brütern« – und natürlich noch um einiges mehr, nämlich um die Möglichkeit, sich eine Tür zur Entwicklung nuklearer Waffen offenzuhalten.

II.

Die Erfahrungen der Welt mit deutscher Dynamik lassen es nicht zu, in ähnlicher Weise zu verfahren wie seinerzeit der Alldeutsche Verband, der den Deutschen einredete, sie gehörten einem »Herrenvolk« an, »das seinen Anteil an der Welt sich selber nimmt und nicht von der Gnade und dem Wohlwollen eines anderen Volkes zu empfangen sucht«. Damals, am Ende des 19. Jahrhunderts, schied die Europa-Idee als Vehikel des deutschen Nationalismus aus, denn der Hauptwidersacher England gehörte selbst zu Europa.

Ihrer Flotte verdankten die Briten Kolonien in allen Teilen der Welt und damit Rohstoffquellen und imperiale Bedeutung. Die aufstrebende deutsche Industrie wähnte sich ausgeschlossen von der Aufteilung der kolonialen Beute. Mit dem Bau einer mächtigen Schlachtflotte versuchte Kaiser Wilhelm II. jenes stählerne Instrument zu schaffen, das Deutschland doch noch zu einem gleichberechtigten »Platz an der Sonne« verhelfen sollte. »Wir leben nicht im Paradies«, so Reichskanzler *Bernhard von Bülow* am 13. 1. 1903 im Preußischen Abgeordnetenhaus, »sondern wir leben auf dieser harten Erde, wo es heißt, Hammer oder Amboß sein«. Als dann elf Jahre später der Erste Weltkrieg begann und das Eisen geschmiedet werden sollte, versicherte Wilhelm II.: »Uns treibt nicht Eroberungslust, uns beseelt der unbeugsame Wille, den Platz zu bewahren, auf den Gott uns gestellt hat, für uns und alle kommenden Geschlechter...«.

Die erste Runde im Kampf um einen Platz an der Sonne endete mit einer Niederlage. Sie führte zum Sturz der Monarchie und zur Errichtung eines bürgerlich-demokratischen Staates. Doch bald verbreitete sich ein Mann, der später als Diktator die Niederlage wettzumachen versuchte, in einem »kapitalen« Werk über das Problem, dem geschlagenen Deutschland, »einen Platz an der Sonne« wiederzugeben. *Adolf Hitler* verlangte in seinem Buch »Mein Kampf«, es müsse nun zu einem letzten Entscheidungskampf mit Frankreich kommen. Danach sei es notwendig, Deutschland nach Osten auszudehnen. Aufgabe der nationalsozialistischen Bewegung sei es, »das Mißverhältnis zwischen unserer Volkszahl und unserer Bodenfläche zu beseitigen«. Der Verwirklichung des Verlangens nach mehr »Lebensraum« stand freilich ein Hindernis im Wege: der Boden in Europa war bereits vergeben. Doch Hitler und die auf Rohstoff- und Absatzmärkte im Osten spekulierende deutsche Großindustrie sahen darin kein Hemmnis. War schon die Neuaufteilung der Welt mißglückt, sollte wenigstens die »Neuordnung Europas« gelingen.

Die zweite Runde im Kampf um einen Platz an der Sonne endete wie die erste, nur daß diesmal die Niederlage weit vernichtender war. Große Gebiete im Osten gingen verloren, und anstelle *eines* deutschen Staates entstanden deren zwei. Die Operationsbasis des kapitalistischen Deutschland, das einst weit in die Welt ausgreifen und sich Europa untertan machen wollte, war eingeengt wie niemals zuvor. Im Bündnis mit dem Westen, vor allem mit Amerika, versuchten deutsche Politiker, die entstandene Lage, den Status quo, zu ändern. Aber die Nachkriegskonfrontation der Siegermächte verlief anders als erwartet. Das Vorhandensein von atomaren Massenvernichtungsmitteln auch im Osten zwang zum Waffenstillstand im Kalten Krieg und führte schließlich zu der stillschweigenden Übereinkunft, den Status quo in Europa auch gegen den Widerstand der unruhigen Deutschen am Rhein unverändert zu lassen.

Die Erkenntnis vom zunehmenden Auseinanderklaffen der Interessen der westlichen Vormacht Amerika und konservativ orientierter deutscher Politiker bestimmte den Beginn einer neuen Phase bundesdeutscher Entwicklung und die Koordinaten einer grundlegenden

Umorientierung maßgeblicher Vertreter des politischen und wirtschaftlichen Lebens der Bundesrepublik Deutschland. Eine dritte Runde im Kampf um »einen Platz an der Sonne« hatte begonnen.

Höhnisch verwarf der Strauß-Referent *Marcel Hepp* im CSU-Organ »Bayern-Kurier« den Vorschlag, die Bundesrepublik könnte im Verhältnis zu den USA die allmählich freiwerdende Position Englands einnehmen und zumindest auf dem »für die amerikanischen Weltpolizisten zweitrangigen Schauplatz Europa« die Rolle des wichtigsten Verbündeten Washingtons übernehmen. Niemand werde gegen die Theorie der Eingliederung der deutschen Politik in die Gesamtinteressen der amerikanischen Weltmacht etwas einzuwenden haben, meinte Hepp, »solange und soweit die amerikanischen Weltinteressen sich mit unseren Interessen auch decken«. Und genau das war nach Meinung Hepps nicht der Fall. Als Beispiel führte er den Atomwaffensperrvertrag an, bei dem die »fundamentalen Interessen beider Partner« differierten. Das könne nur dem verborgen geblieben sein, »der auf die Sprachregelung hereingefallen ist, nach der es sich um eine veritable Abrüstungsmaßnahme handelt«.[5]

III.

Die letzte Bemerkung war Ausdruck der Taktik, einerseits das alte Mißtrauen gegen die Sowjetunion wachzuhalten und andererseits neues Mißtrauen gegenüber den USA und Großbritannien zu schüren. Voraussetzungen für einen neuen »Aufbruch« der Deutschen war nämlich, ihnen das Gefühl des Verlassenseins von allen Freunden einzuimpfen. Auf diese Weise wurden alte Ressentiments neu belebt. Zwar war das Schlagwort, Deutschland sehe sich einer »Welt von Feinden« gegenüber, auf der politischen Rechten expressis verbis noch nicht wieder aufgetaucht, aber die Agitation gegen die »Großen der Welt« bewegte sich nichtsdestoweniger auf dem gleichen politischen Boden, der jenes Schlagwort einst hervorgebracht hat. Schon heute gebe es ernstzunehmende Strategen, »die auf amerikanische Garantieversprechen keinen Pfifferling mehr geben«.[6] Die Existenz der NATO wurde als nicht mehr ausreichend angesehen, sondern als Garantiefaktor nur noch belächelt. Zynisch bemerkte Marcel Hepp: »Ob die Genfer Kumpanei der beiden Supergroßen die ohnedies minderwertigen Bündnisversprechungen der USA weiter entwertet hat, bleibt nur noch für den NATO-Fan eine Frage«.[7] Daß es sich hier nicht um die Meinung eines Einzelnen handelte, beweist eine Entschließung der CSU-Landesversammlung, in der es heißt: »Die von den drei Atommächten USA, Sowjetunion und Großbritannien den nichtnuklearen Staaten zugestandene Garantie gegen atomare Bedrohung und Erpressung ist fragwürdig« (CSU-Landesversammlung 12./13.7.1968).[8]

Ein zusätzliches Beispiel für das Bemühen, das Ansehen der NATO zu schmälern und das Tor zu einer Ersatzlösung möglichst unter deutscher Vorherrschaft aufzustoßen, lieferte das CSU-Organ »Bayern-Kurier« mit einer wütenden und deshalb entlarvenden Polemik gegen die Londoner »Times«. Das britische Blatt hatte geäußert, die Anwesenheit der Rheinarmee in der Bundesrepublik sei auch deshalb erforderlich, weil andernfalls die Dinge in Deutschland außer Kontrolle geraten könnten und weil es eine von Deutschland ausgehende Bedrohung ebenso abzuwehren gelte wie eine sowjetische Aggression. Unter der Überschrift »Britische Unverschämtheit« sprach das Blatt des CSU-Vorsitzenden von »ungeheuerlichen Feststellungen«, um dann zu konstatieren: »In der Tat ist innerhalb des westlichen Bündnisses die Ansicht, daß die NATO ein Instrument zur Kontrolle Deutschlands ist, noch nie ungenierter vertreten worden.« Englische Regierungskreise, so wurde im übrigen angemerkt, dürften an diesem Zeitungsartikel nicht unschuldig sein.[9] Damit hatte auch das Kabinett *Wilson* seinen Tritt abbekommen, das als zu amerikahörig angesehen wurde, weil es sich einer autonomen europäischen Verteidigungspolitik, wie sie von maßgeblichen Bonner Kreisen angestrebt wurde, widersetzte.

Auf einer Pressekonferenz in Bonn verlangte Franz-Josef Strauß im März 1968, die Europäer müßten selbst die Verantwortung für ihre Sicherheit im Bündnis mit den USA übernehmen. Die Frage, ob dies ohne Kernwaffen möglich sei, verneinte der CSU-Vorsitzende.[10] In diesem Nein verbarg sich einer der beiden entscheidenden Gründe für das Trommelfeuer der politischen Rechten gegen den Atomwaffensperrvertrag. Das Abkommen verpflichtet nämlich die kernwaffenlosen Länder, »von niemandem – wer es auch sei – Kernwaffen oder andere nukleare Sprengvorrichtungen sowie die Kontrolle über solche Waffen oder Sprengvorrichtungen direkt oder indirekt anzunehmen.« Das bedeutet, die Bundesrepublik müßte sich auch die indirekte Kontrolle über Kernwaffen im Rahmen einer »europäischen Atomstreitmacht« versagen.

Eingedenk der wohlfeilen Neigung des deutschen Bürgertums, Niederlagen niemals eigenen Fehlern zuzuschreiben, sondern der besonderen »Heimtücke« des Gegners, setzte schon Konrad Adenauer den Atomwaffensperrvertrag in eine direkte Beziehung zu den Vereinbarungen der Alliierten im Zweiten Weltkrieg für die Zeit nach der Niederwerfung des Faschismus. Er nannte den Atomwaffensperrvertrag ein »neues Jalta«. Diesem Verdikt fügte dann Franz-Josef Strauß das Urteil hinzu, das Abkommen sei »ein Versailles von kosmischen Ausmaßen«, während *Kurt Georg Kiesinger* mit dem fatalen Wort von der »atomaren Komplicenschaft« nachzog.

IV.

Die Gefahr vor Augen, sich für immer des entscheidenden Druckmittels zur Änderung des Status quo in Europa begeben zu müssen, erfanden die Wortführer der Anti-Sperrvertrag-Kampagne ständig neue Parolen, um das Volk in die nötige nationalistische Stimmungslage zu bringen. Da war von einem »Knebelungsvertrag« die Rede, von einem »Unterwerfungsvertrag«, von »Lizenzknechtschaft« und von einer »Abdankungsurkunde Europas«. Die von den Konservativen und den Nationalsozialisten nach dem Ersten Weltkrieg betriebene Agitation gegen den Friedensvertrag von Versailles schien dabei Pate zu stehen. Nachdem Franz-Josef Strauß das Stichwort gegeben hatte, orakelte Marcel Hepp, innenpolitisch werde die »Gefahr eines zweiten Versailles-Komplexes provoziert«. Er spielte damit auf die Anti-Sperrvertrag-Propaganda der rechtsradikalen NPD an, die aus dem Abkommen »viel Kapital schlagen« werde, übersah aber ganz, daß er und eine Reihe von Politikern der CDU/CSU die NPD längst rechts überholt hatten. Um sich eine bessere Ausgangsposition für ihre Forderungen zu verschaffen, setzten deutsche Politiker eine neue Dolchstoßlegende in die Welt. Sie scheuten dabei keineswegs die Nachbarschaft der rechtsradikalen NPD, die das Volk in ihrem Programm zum Kampf gegen die »Lüge« von der »Allein- oder Hauptschuld Deutschlands« aufruft. So verlangte der CSU-Vorsitzende Strauß: »Wir sollten die systematische Diffamierung des deutschen Volkes mit aller Entschiedenheit bekämpfen«. Hitlers Einmarsch in Polen sei schließlich nicht denkbar geworden ohne die Haltung Großbritanniens, das Hitler in seinem Wahn bestärkt habe, es werde Polen im Ernstfall nicht beistehen.[12] »Die Gegner neiden uns den Erfolg unserer Arbeit. Alle offenkundige und heimliche Feindschaft von Ost und West, von jenseits der See haben wir bisher ertragen im Bewußtsein unserer Verantwortung und Kraft. Nun aber will man uns demütigen«, erklärte Kaiser Wilhelm II. am 6. August 1914 in einer Proklamation an das deutsche Volk. Auf bayerisches Niveau reduziert wiederholte Franz-Josef Strauß die Klage Wilhelm II. »Wir sind die Deppen der Welt«, resümierte er im November 1965 in München. »Zwischen uns und dem berühmten Kompaniedeppen besteht nur ein Unterschied: der Kompaniedepp holt das Bier und bekommt dafür eine Brotzeit, wir holen das Bier und bezahlen die Brotzeit«.[13] Der NPD paßte das Wort von den »Deppen der Welt« so gut ins nationalistische Konzept, daß sie damit Versammlungen bestritt.

Noch allezeit haben sich konservative deutsche Politiker wohlgefühlt in der Pose der verfolgten Unschuld, und immer witterten sie Verrat, wenn jemand das Eingeständnis der eigenen Niederlage zum Ausgangspunkt von Überlegungen für eine Neuorientierung der Politik machte. Als Reichskanzler *Joseph Wirth* 1921 in einer Rede zum Friedensvertrag von Versailles vor dem Reichstag verlangte, Deutschland müsse den ernsten und entschlossenen Willen zeigen, die einmal übernommenen Verpflichtungen zu erfüllen, zog er stellvertretend für alle demokratischen Kräfte der Weimarer Republik den Haß der

Konservativen aller Schattierungen auf sich. Mit dem diffamierenden Schlagwort »Erfüllungspolitik« versuchten sie, einen Kurs des Ausgleichs und der Verständigung mit den Siegermächten ebenso zu verhindern, wie das später mit dem Wort »Verzichtspolitik« geschah.

Obwohl niemand glaubhaft darzulegen vermag, wie die als Folge des Hitler-Krieges und der bedingungslosen Kapitulation des NS-Staates in Mitteleuropa eingetretenen Veränderungen rückgängig gemacht werden könnten, nannte Bundeskanzler Kiesinger die »Überwindung des Status quo eine bindende Aufgabe«. Auf der CSU-Landesversammlung in München am 12./13. Juli 1968 beantwortete er die Forderung, vor dem Austausch von Gewaltverzichts-Erklärungen müsse Bonn unter anderem die Existenz der DDR und der Oder-Neiße-Grenze anerkennen mit dem Satz: »Nichts wird mich dazu bringen, diese Kapitulation zu unterschreiben«.[14] Zwar wandte sich der Regierungschef damit in erster Linie an die Sowjetunion, gleichzeitig aber machte er eine Zusage an jenen Mann, der als der entscheidende Exponent einer neuen »nationalen« Politik galt, die das Mißverhältnis zwischen der wirtschaftlichen Macht der Bundesrepublik und ihrem vergleichsweise geringen weltpolitischen Gewicht beseitigen möchte: an Franz-Josef Strauß. Er war es nämlich, der vier Monate zuvor als erster verantwortlicher Politiker das Wort Kapitulation in die Debatte geworfen hatte. In einer Polemik gegen die Entspannungspolitik meinte er, ein besseres Verhältnis zur Sowjetunion sei nur zu erreichen, wenn Bonn alle Forderungen Moskaus akzeptiere, und das käme einer Kapitulation gleich.[15]

Die Einführung des Wortes Kapitulation in die Auseinandersetzung um den Status quo entsprang offenbar demselben Kalkül, das Adenauer im Zusammenhang mit dem Atomwaffensperrvertrag von einem »neuen Jalta« und Strauß von einem »Versailles kosmischen Ausmaßes« sprechen ließ: Alle negativen Assoziationen, die sich mit der bedingungslosen Kapitulation des Jahres 1945 verbinden, sollten zugunsten einer »nationalen« Politik ins Spiel gebracht werden, und zwar zugunsten einer Politik, welche die Niederlage im Zweiten Weltkrieg zu ignorieren und alte Ressentiments gegen die Siegermächte neu zu beleben versucht.

Obwohl der Idee eines Gewaltverzichts unter diesen Vorzeichen eine realpolitische Bedeutung im Sinne echter Koexistenzpolitik nicht zukommt, wird sie von konservativen Kreisen bereits als inopportunes Zugeständnis betrachtet. So erklärte der frühere CDU-Bundesminister *Heinrich Krone*, er fühle sich bei der Frage des Gewaltverzichts beunruhigt, und zwar weil hier eine Lösung angesteuert werde, die »ohne Zweifel die nach dem Krieg entstandenen Machtverhältnisse festlegt« und den Status von heute sanktioniere. Der »Bayern-Kurier« meinte zu diesem Thema, ein Gewaltverzicht durch die Bundesregierung sei nicht die Kernfrage der Ostpolitik.

V.

Die Äußerungen von Kiesinger, Strauß und Krone zum Problem des Status quo bestätigten, daß sich an der Grundkonzeption der Ostpolitik Bonns, wie sie von Konrad Adenauer entworfen wurde, nichts geändert hatte. Nach einem Eingeständnis des Unionsfraktionsvorsitzenden *Rainer Barzel* ging die Große Koalition zwar methodisch, »nicht aber prinzipiell« neue Wege.[16] Im Prinzip war man sich einig, daß der Gürtel sozialistischer Staaten zwischen der Bundesrepublik und der Sowjetunion ein bleibendes Ärgernis sei, dem man zu Leibe rücken müsse. Geändert wurde nur das taktische Konzept. Den Ausschlag gab dabei unter anderem die Erkenntnis, daß die alte Politik des frontalen »roll back« auf die Dauer das Vertrauen der Welt in die Friedfertigkeit Bonns erschüttern und die Bundesregierung des moralischen Rückhalts im Westen berauben würde. Hinzu kam, daß diese Politik im Osten einen Solidarisierungseffekt auslösen mußte, der die Bemühungen um eine »Aufrollung« der sozialistischen Länder vollends zum Scheitern verurteilte. Aus diesem Grund suchte man die Entscheidung fortan nicht mehr auf der gesamten Länge der Front, sondern auf »Nebenkriegsschauplätzen«, deren erster Rumänien werden sollte.

Für die Praktizierung dieser subtileren Methode, bei der ein sozialistisches Land nach dem anderen an seine »europäische Tradition« erinnert und an den Westen herangelobt werden soll, war ein »Mann des Vertrauens« vonnöten. Der ehemalige Emigrant Willy Brandt, der auf Grund seiner Gegnerschaft zum NS-Regime einen gewissen moralischen Kredit bei den einst vom Nationalsozialismus unterdrückten Völkern besaß, brachte die notwendigen Voraussetzungen mit. Nun mag es zwar sein, daß Brandt subjektiv andere Intentionen hatte – immerhin sahen führende Unionspolitiker ständig Anlaß ihn zu korrigieren –, objektiv vollstreckte er aber als Außenminister der Großen Koalition die von der CDU/CSU vorgezeichnete Ostpolitik. Als die Sowjetunion an das Potsdamer Abkommen der Siegermächte erinnerte, erwiderte die Bundesregierung am 9. April 1968: »Was die wiederholt geäußerten Auffassungen der sowjetischen Regierung über die Bedeutung der Potsdamer Abmachungen von 1945 betrifft, ist es nach Ansicht der Regierung der Bundesrepublik Deutschland nicht ihre Sache, sich über Gültigkeit, Auslegung und Geltungsbereich von Vereinbarungen zu äußern, an denen sie nicht beteiligt ist.« Diese Distanzierung von der für ganz Deutschland gültigen Viermächtevereinbarung konnte nur als der Versuch aufgefaßt werden, die aus der Kapitulation Hitlerdeutschlands herrührenden Fesseln zu sprengen, um freie Hand zur Durchsetzung eigener Ansprüche zu bekommen.

In einer Rede anläßlich des 50jährigen Bestehens der Deutschen Handelskammer für Spanien beklagte Strauß Ende Oktober 1967 in Madrid, daß die Bundesrepublik »mit gefesselten Händen im Strom der Entspannung mitschwimmt«. Nach seiner Ansicht müßte »zur rechten Zeit die richtige Entscheidung auch einmal gegen den Wind getroffen« werden, weil dies, wie er vor der CSU-Landesversammlung 1968 im Zusammenhang mit dem Atomwaffensperrvertrag sagte, »mehr Ansehen, Achtung und Zukunftssicherheit (schafft) als feiges Nachgeben, kleinliches Schwanken und opportunistisches Sichfügen«.[17] Da war es wieder, das trotzige, die eigenen Möglichkeiten überschätzende Wort, daß es gelte, »Hammer oder Amboß« zu sein. Wieder einmal sollten die Deutschen gegen den Strom schwimmen und sich von dem Wunsch nach Verständigung und Entspannung nicht beeindrucken lassen. Einer »Illusion« liefen nach Meinung von Strauß alle nach, die da glaubten, es ließe sich mit Entspannungspolitik gegenüber dem Osten etwas gewinnen. Schon im Sommer 1965 verlangte Strauß während einer Rede in der amerikanischen Stadt Milwaukee, der Westen solle gegenüber der Sowjetunion nicht Entspannungspolitik betreiben, sondern einen ständigen Druck auf sie ausüben, was, wie er hinzufügte, »logischerweise eine Politik der Spannung gegenüber Moskau bedeutet«

VI.

Weshalb Strauß so wenig von Entspannungspolitik hielt, enthüllte im September 1967 der italienische Abgeordnete *Mario Pedini* ungewollt in einem Bericht des Europäischen Parlaments in Straßburg an die Beratende Versammlung des Europarates. In diesem Bericht hieß es, der Übergang der Weltmächte von einer Politik des Kalten Krieges zur Entspannung sei eine der Ursachen dafür, daß die politische Integration Europas nicht mehr mit der wirtschaftlichen Schritt halte. Der weltpolitische Klimawechsel habe eine Lockerung und Auflösung der bis dahin in hohem Maß durch äußeren Druck bewirkten Einigung Europas zur Folge. Die an sich hochwillkommene Entspannung zeige Nebenfolgen, deren man sich erst langsam und auf Kosten des Gemeinschaftsgeistes bewußt werde. Aus den genannten Gründen seien die einzelnen Staaten immer weniger geneigt, Handlungskompetenzen an supranationale Organe abzugeben.[19] Daraus folgte, daß eine Wiederbelebung des Kalten Krieges und eine Politik der Spannung notwendig war, um über die politische Integration Westeuropas zu einer europäischen atomaren Verteidigungsgemeinschaft (EVG) zu gelangen, wie sie Franz-Josef Strauß vorschwebte. Nun meinte zwar Strauß-Intimus Hepp, es habe nichts mit »atomaren Gelüsten der Bundesrepublik zu tun«, wenn für die »EVG der Zukunft« das Recht einer »atomaren Option« verlangt werde, aber der »Bayern-Kurier« fand es nichtsdestoweniger beklagenswert, »daß die deutschen Möglichkeiten, im Ernstfall die Eventualitäten des Nuklearwaffen-Einsatzes wesentlich mitzubestimmen, gleich Null sind«.[20] Der CSU-Vorsitzende nannte es »Volksverdummung«, sein Nein zum Atomwaffensperrvertrag als ein Ja zur deutschen Atombewaffnung auszulegen, doch sein Parteiblatt fragte vielsagend, wo denn geschrieben stehe, »daß die Vermehrung der Nuklearmächte die Gefahr für den Weltfrieden erhöht«.

»Mitbestimmung in der Weltpolitik«, wie sie der Vorsitzende der CSU-Landesgruppe im Bundestag, *Richard Stücklen*, gefordert hat [21], setzte freilich einiges voraus. Die gegenwärtige Organisation der NATO mit einer amerikanischen Supermacht und »europäischen Zwergen« sei auf die Dauer nicht haltbar, räsonierte Franz-Josef Strauß im Februar 1966.[22] Und Marcel Hepp bemängelte, das atlantische Bündnis sei von den USA stillschweigend in einen Kontrollmechanismus über Westeuropa, in einen Bändigungsvertrag umgewandelt worden 22a). Die Europäer müßten selbst die Verantwortung für ihre Verteidigung im Bündnis mit den Vereinigten Staaten übernehmen, forderte Strauß, und die Junge Union assistierte ihm mit dem Verlangen, die deutsche Sicherheits- und Bündnispolitik müsse für die nahe Zukunft darauf aus sein, die »Vormachtpostion der USA« durch ein europäisches, den Vereinigten Staaten partnerschaftlich verbundenes Verteidigungssystem zu ersetzen.[23]

Natürlich war man sich dessen bewußt, daß dieses Ziel nicht von heute auf morgen erreicht werden konnte. Deshalb wurden Zwischenlösungen ins Auge gefaßt, und der Wechsel in der NATO-Führung schien eine günstige Gelegenheit zu bieten, die Allianz stärker auf »Europakurs« zu bringen. Der »Bayern-Kurier« schrieb: »Wir glauben, daß es an der Zeit ist, für die europäischen NATO-Partner einen Oberkommandierenden aus ihren Reihen zu fordern. Und zwar ganz entschieden«.[24] Etwas diplomatischer, im Kern aber um keine Nuance schwächer, äußerte sich Bundeskanzler Kiesinger in seinem »Bericht über die Lage der Nation«: »So stark unsere Bindungen im atlantischen Bündnis, so freundschaftlich unsere Beziehungen zu den Vereinigten Staaten auch sind, so dürfen wir doch unsere eigene Zukunft und, wie wir meinen, auch die Zukunft eines vereinigten westlichen Europas nicht im festen Gefüge eines nordatlantischen Imperiums suchen ... Ein starkes, geeinigtes Europa könnte einen Teil der Last von den Schultern Amerikas nehmen und stärker in die Verantwortung für die eigene Sicherheit eintreten«.[25] Zwei Jahre zuvor hatte Strauß in einer amerikanischen Zeitschrift geäußert, er stehe seit Jahren auf dem Standpunkt, »daß Europa einen großen Teil der Verteidigungslasten von den Schultern der Vereinigten Staaten nehmen könne«.[26] Franz-Josef Strauß war es auch, der als erster »nationale Akzente« setzte und damit einen Kurs steuerte, der vom Wiederaufleben des Nationalismus und vom Aufkommen der NPD gekennzeichnet ist. Die NPD wurde nach den Worten ihres Vorsitzenden Adolf v. Thadden gegründet »als es soweit war«. Sie segelte von Anfang an im Wind der Parolen von Strauß. »Die politische Behandlung der Deutschen steht in einem grotesken Mißverhältnis zu der wirtschaftlichen Kraft der Deutschen«, erklärte Strauß im August 1966, und sechs Monate später echote das NPD-Blatt »Deutsche Nachrichten«: »Wirtschaftlich ist die Bundesrepublik eine Weltmacht, doch politisch ist sie ein Nichts, ein Spielball der Interessen fremder Mächte.«

Noch bevor Strauß und die NPD sich öffentlich dafür einsetzten, das Mißverhältnis zwischen der wirtschaftlichen Kraft der Bundesrepublik und ihrem vergleichsweise geringen politischen Gewicht zu beseitigen, hatte bereits die deutsche Industrie die Marschrichtung gewiesen. In der offiziellen Zeitschrift der Bundesvereinigung der Deutschen Arbeitgeberverbände, »Der Arbeitgeber«, hieß es am 20. April 1966: »Alle Beteuerungen, alle Beschönigungen nützen nichts: innerhalb Europas (und nicht nur hier) sind wir in eine Rolle gerutscht, die kaum noch in einem Verhältnis vor allem zu den finanziellen Leistungen steht, mit denen wir das europäische Wohlverhalten der Nation in unserer Nachbarschaft bezahlen sollen.« Zwei Jahre später griff Strauß dieses Thema wieder auf. »Wir geben uns auch gar keinen Illusionen hin«, meinte er im Juli 1968, »daß wir etwa wegen unserer blauen Augen ... ein besonderes Schoßkind der Weltpolitik oder aller Völker in der Welt heute wären. Da sieht es gar nicht so zum besten aus. Eines trägt uns Respekt und, wenn schon nicht Liebe, so wenigstens aus Zweckmäßigkeit Sympathie ein: unsere wirtschaftliche Leistungsfähigkeit«[27]

VII.

Wie kaum jemals zuvor sonnte sich die Bundesrepublik 1968 in einem Gefühl der Überlegenheit gegenüber den westlichen Siegermächten des Zweiten Weltkrieges. In Frankreich brachten schwere soziale Kämpfe Wirtschaft und Währung in Bedrängnis, das britische Pfund hielt sich nur dank internationaler Hilfe, und am Dollar zehrte der Vietnamkrieg. Triumphierend wie Feldgeschrei schallte es rund um den Globus: Die Deutsche Mark ist die stabilste Währung der Welt! Eine günstigere Gelegenheit war kaum denkbar, sich auch politisch in Szene zu setzen. »Wir sind nicht die Schulmeister oder Ärzte Europas«, meinte Strauß, »wohl aber der wichtige Partner, der in der Stunde der Not helfen muß«.

Dieser Partner wollte sich mit seiner führenden Position in Westeuropa nicht bescheiden. Er strebte nach Einfluß im Weltmaßstab, nach »Mitbestimmung in der Weltpolitik«, einem gleichberechtigten »Platz an der Sonne« neben den beiden »weltverteilenden Großmächten«, einer günstigen Position im Kampf um Absatzmärkte und Profit. Wenn man den Vorsprung der USA einholen und sich dem weltweiten industriellen Wettbewerb stellen wolle, erklärte der CSU-Abgeordnete und geschäftsführende Gesellschafter der *Friedrich Flick* KG., *Dr. Wolfgang Pohle*, im Bundestag, dann müsse in stärkerem Maße investiert werden, und zwar mit staatlicher Hilfe.

Die Bundesregierung und die Parteien der Großen Koalition kamen der Wirtschaft großzügig entgegen. Sowohl um der inneren Stabilität als auch der äußeren Mobilität willen räumten sie ihren Investitionswünschen den Vorrang vor konsumtiven Ausgaben des Staates ein. Die Sozialaufwendungen wurden gekürzt. Auf Kosten der Rentner, der Arbeiter und Angestellten sollte der Handlungsspielraum der Industrie vergrößert werden. Was angesichts des Konkurrenzkampfes auf dem Weltmarkt gebraucht werde, erklärte Bundesfinanzminister Strauß, sei eine Steigerung der nationalen Produktionskraft. Deshalb dürfe die Arbeitszeit nicht weiter verkürzt werden und die Lohnforderungen sollten sich in Grenzen halten.[28] Der Bundesverband der deutschen Industrie wandte sich in seinem Jahresbericht in scharfer

Form gegen die Pläne des SPD-Wirtschaftsministers Schiller, im Rahmen der sogenannten sozialen Symmetrie eine stärkere Anhebung der Löhne und Gehälter ins Auge zu fassen, um einen gewissen Ausgleich zu den steigenden Unternehmergewinnen zu schaffen.

Die Forderung von Strauß, die deutschen Arbeitnehmer sollten aus Gründen des Konkurrenzkampfes auf dem Weltmarkt mit Lohnwünschen kurz treten, wie auch seine Anmerkung, nur wirtschaftliche Leistungsfähigkeit verschaffe der Bundesrepublik Respekt in der Welt, kennzeichneten eine politische Tendenz, die auch um die Wende vom 19. Zum 20. Jahrhundert zu beobachten war. Damals benutzten die Unternehmer die Idee von der grundsätzlichen deutschen Überlegenheit, um die organisierte Arbeiterschaft, die höhere Löhne und einen größeren Anteil an den Früchten ihrer Tüchtigkeit verlangte, der »undeutschen Einstellung« zu bezichtigen. Nicht mehr die Anteile am Sozialprodukt, sondern die gemeinsamen Leistungen der Deutschen standen hiernach zur Debatte. Im Inneren konnte alles so bleiben, wie es war, wenn nur die fremde Konkurrenz überrannt wurde. Der Klassengegensatz wurde so nach außen abgewälzt.[29]

Die Wiederbelebung dieser Strategie durch den CSU-Vorsitzenden machte im Nachhineien deutlich, weshalb seine Rückkehr ins Bundeskabinett vor allem von einigen der Industrie nahestehenden Abgeordneten betrieben wurde. Die »Frankfurter Allgemeine« nannte seinerzeit neben dem geschäftsführenden Gesellschafter des Flick-Konzerns Pohle das geschäftsführende Präsidialmitglied des Bundesverbandes der deutschen Industrie, *Gustav Stein.* Pohle hatte eine »verstärkte Koordinierung von Wirtschaft und Staat« als unerläßlich bezeichnet, wenn die deutsche Wirtschaft die Herausforderung durch die USA abwehren wolle. »Trotz der großen Leistungen unserer Volkswirtschaft«, schrieb der CSU-Abgeordnete am 25. Mai 1968 im »Bayern-Kurier«, »bewegt uns die Sorge über die schnell anwachsende Überlegenheit der amerikanischen Wirtschaft und die Frage, wie die technische Lücke zwischen Europa und den USA gestopft werden kann«. Pohle führte diese Überlegenheit hauptsächlich auf die größenmäßige Überlegenheit der US-Unternehmen, auf deren höhere Arbeitsproduktivität sowie auf die stärkere staatliche

Unterstützung von Großunternehmen bei Forschungsaufgaben zurück. Für die Bundesrepublik zog er daraus den Schluß: »Die Wirtschaft braucht für die notwendige Verbesserung ihres Leistungsstandes ständig neue Impulse aus Wissenschaft und Forschung. Es ist daher Sache des Staates, der Forschung die für ihre Arbeit notwendige Unterstützung zu gewähren.« Zwar seien die entsprechenden Mittel im Haushalt 1968 bereits um 15 Prozent erhöht worden, »dennoch werden wir uns überlegen müssen, ob die für diesen Bereich ergriffenen Maßnahmen wirklich ausreichen«. Außerdem empfahl der Flick-Vertreter, die in der Bundesrepublik bestehenden steuerlichen Hindernisse bei der Zusammenfassung einzelner Firmen zu größeren Unternehmen zu beseitigen und die »Umwandlung von Unternehmen in andere Unternehmensformen steuerlich« zu erleichtern.

Der Wunsch blieb nicht ungehört. Im Juli 1968, also bereits zwei Monate nach Erscheinen des Pohle-Artikels im »Bayern-Kurier«, billigte das Bundeskabinett einen unter Federführung von Finanzminister Strauß entstandenen Entwurf eines neuen Umwandlungs-Steuergesetzes, das Fusionen und Unternehmensumwandlungen steuerlich wesentlich erleichterte. Resigniert stellte das DGB-Organ »Welt der Arbeit« am 26. 7. 68 fest: »Das Umwandlungssteuergesetz wird die Mitbestimmung in der Montanindustrie aushöhlen; manche Unternehmen können sich der qualifizierten Mitbestimmung durch Verschmelzung mit ihrer nur nach dem Betriebsverfassungsgesetz völlig unzulänglich mitbestimmten Muttergesellschaft entziehen; Aktiengesellschaften werden sich unter Umständen in Personalgesellschaften umwandeln und damit jegliche Mitbestimmung auf Unternehmensebene abschütteln.« Mit anderen Worten: Der »Herr-im-Hause-Standpunkt« der Unternehmer wurde durch dieses Gesetz zusätzlich abgesichert, wie dies auf staatlicher Ebene durch die Notstandsgesetze, mit denen die Bundesregierung nach den Worten des Unionsfraktionsvorsitzenden Barzel »Herr im eigenen Hause« geworden ist, bereits geschehen war. Zwei wichtige Voraussetzungen für eine strenge Zucht im Innern, ohne die Beweglichkeit nach außen bei der erstrebten »Mitbestimmung in der Weltpolitik« nicht zu erreichen ist, waren damit geschaffen. Abgerundet wurde dieses Bemühen durch die Finanzpolitik von Franz-Josef Strauß, als deren Auftrag der »Bayern-Kurier« die »Bewegungsfreiheit nach außen« bezeichnete. »Die Finanzordnung des Grundgesetzes«, bemerkte dazu das CSU-Organ, »wurde auf Wunsch der Alliierten seinerzeit mit dem Ziel geschaffen, Deutschland nicht wieder stark werden zu lassen, – ein Ziel, das in der Bundesrepublik heute wohl niemand mehr im Auge haben kann«.[30] Damit Deutschland »wieder stark« werde, sollte nicht nur das als hinderlich empfundene föderalistische Prinzip abgebaut, reduziert werden sollten auch die Sozialausgaben des Staates; denn die Finanzpolitik müsse »gewappnet sein für den Tag X: für jenen Tag, an dem es für die Bundesrepublik gelten könnte, bereit zu sein für den Weg zu einem politisch aktionsfähigen Europa«, wie der »Bayern-Kurier« es formulierte.[31] Der »dauernde häßliche politische Streit«, so Strauß, sollte aufhören.[32]

VIII.

Im Zeichen des Kampfes um einen »Platz an der Sonne« wollte die deutsche Industrie künftig stärker am großen Rüstungsgeschäft partizipieren. Unter der Überschrift: »Industrie will mehr Bundeswehraufträge – Bonn soll weniger Waffen und Ausrüstung im Ausland kaufen«, berichtete »Die Welt« am 8.6. 1968 in großer Aufmachung über die Wünsche des Bundesverbandes der deutschen Industrie. Im Jahresbericht des BDI für 1967/68 hieß es dazu auf Seite 175: »Der Zustand, daß eine der größten Industrienationen sich den Hauptteil des Großgerätes für ihre Streitkräfte in anderen Ländern beschaffen muß, sollte überwunden werden.« Die deutsche Industrie erwarte, wie dies der Bundesverteidigungsminister am 6. Dezember 1967 im Bundestag auch zugesagt habe, daß sie »noch stärker als bisher für Rüstungsaufgaben herangezogen werden wird.«

Die Weichen für diese Entwicklung hat Franz-Josef Strauß gestellt. Mitte Februar 1967 erklärte er vor der Vollversammlung des Deutschen Industrie- und Handelstages, auf dem Gebiet der Rüstungspolitik dürfe es nicht bei der einseitigen Abhängigkeit bleiben, »in die wir auf diesem Gebiet geraten sind«.[33] Die Devisenausgleichszahlungen an die USA und Großbritannien, die in NATO-Kreisen als »Absatzgarantien für die amerikanische Rüstungsindustrie« bezeichnet wurden, sollten reduziert bzw. ganz eingestellt werden. Die verstärkte Eigenproduktion von Rüstungsgut sollte nicht nur der Selbstversorgung dienen, sondern der deutschen Industrie auch die Möglichkeit eröffnen, als Lieferant auf dem internationalen Markt aufzutreten. »Der hohe Stand der Entwicklungen unserer Industrie brachte erste Früchte«, konstatierte der BDI-Bericht von 1967/68. »In zunehmendem Maße finden deutsche Geräte wieder das Interesse anderer NATO-Partner und neutraler Länder.«

Um ihre Interessen zu wahren, hat die deutsche Industrie gefordert, rechtzeitig und weitgehend in die entsprechenden Planungen einbezogen zu werden; mehr noch, sie will informiert werden, »bevor Beschlüsse gefaßt werden«. Ein beträchtlicher Teil der aus Steuergeldern stammenden staatlichen Zuwendungen dürfte der Reaktorindustrie zukommen, bei der sich die Möglichkeiten zur Nutzung der Atomkraft für friedliche und militärische Zwecke unentwirrbar überschneiden. Die »schnellen Brüter« erzeugen als Abfallprodukt Plutonium 239, das zur Herstellung von Kernwaffen verwendet werden kann. Hier liegt auch das Geheimnis, weshalb Bonn im Zusammenhang mit dem Atomwaffensperrvertrag nicht die Kontrolle durch die Internationale Atomenergiebehörde in Wien akzeptieren will, sondern nur die Kontrollen nach dem EuratomVertrag. In Artikel 84 Absatz 3 des Euratom-Vertrages heißt es nämlich: »Die Überwachung erstreckt sich nicht auf Stoffe, die für Zwecke der Verteidigung bestimmt sind ... oder ... gemäß einem Optionsplan in eine militärische Anlage eingesetzt oder dort gelagert werden.«

»Der Atomsperrvertrag ist das Hauptproblem der deutschen Politik«, erklärte Marcel Hepp im »Bayern-Kurier«. »Vielleicht scheiden sich an ihm eines Tages die Geister und die Koalitionen«.[35] Und wenig später schrieb er: »Vielleicht ist diese erste fundamentale Differenz, die sich innerhalb der Großen Koalition zu einem zentralen Problem deutscher und europäischer Politik ergeben hat, tatsächlich nichts anderes als das Vorspiel der Zukunft«.[36]

Wieder einmal werden die Deutschen aufgerufen, der Aufteilung der Welt nicht tatenlos zuzusehen und sich einen »Platz an der Sonne« zu erkämpfen. Und wieder einmal wird ihnen verschwiegen, daß das, was als »nationale Größe« ausgegeben wird, nur der Tarnmantel für Interessen ist, die nicht die Interessen des kleinen Mannes sind. Sein Wohlergehen hängt nicht vom Anteil der Industrie am internationalen Rüstungsgeschäft und nicht von der »Überwindung des Status quo« ab. Die Welt läßt sich nicht neu verteilen. Nationale Größe heißt heute Einsicht in die gegebenen Möglichkeiten. Der Zweite Weltkrieg läßt sich nicht nachträglich gewinnen, nicht im Bündnis mit den USA und erst redet nicht gegen sie. Unser Land muß sich endgültig abwenden vom Denken der Hegemonie, der Großmächte und des Imperialismus. Das heißt nicht Verzicht auf einen geachteten Platz in der Familie der Völker; im Gegenteil. Aber diesen Platz wird es nur einnehmen können, wenn es seine Bestätigung nicht in militärischer Größe sucht, und wenn es darauf verzichtet, im Ost-West-Gegensatz das Lebenselexier der Zukunft zu erblicken. Nur durch friedlichen Ausgleich nach allen Seiten lassen sich persönliches Wohlergehen, eine blühende Wirtschaft, nationales Ansehen und wirkliche Souveränität auf einen Nenner bringen. Das Trauma vom verlorenen »Platz an der Sonne« darf Deutschlands Weg nie mehr bestimmen.

Anmerkungen

1 vgl. AP vom 6. 4. 1968.
2 vgl. Bayern-Kurier vom 26. 9. 1968.
3 vgl. Bayern-Kurier vom 22. 6. 1968.
4 vgl. Deutsche Nachrichten vom 16. 8. 1968.
5 vgl. Bayern-Kurier vom 13. 7. 1968.
6 vgl. Bayern-Kurier vom 22. 6. 1968.
7 vgl. Bayern-Kurier vom 22. 6. 1968.
8 vgl. Bayern-Kurier vom 20. 7. 1968.
9 vgl. Bayern-Kurier vom 13. 4. 1968.
10 vgl. AP vom 12. 3. 1968,
11 Harry Pross, Die Zerstörung der deutschen Politik, Frankfurt 1959.
12 vgl. FAZ vom 8. 2. 1965.
13 vgl. Die Zeit vom 25. 11. 1965.

14 vgl. Bayern-Kurier vom 20. 7. 1968.
15 vgl. Frankfurter Rundschau vom 27. 3. 1968.
16 vgl. Weser-Kurier vom 9. 12. 1967.
17 vgl. Bayern-Kurier vom 20. 7. 1968.
18 vgl. Frankfurter Rundschau vom 13. 6. 1965.
19 vgl. AP vom 19. 9. 1967.
20 vgl. Bayern-Kurier vom 18. 5. 1968.
21 vgl. Bayern-Kurier vom 13. 7. 1968.
22 vgl. Frankfurter Rundschau vom 24. 2. 1966.
22a vgl. Bayern-Kurier vom 22. 6. 1968.
23 vgl. AP vom 19. 11. 1967.
24 vgl. Bayern-Kurier vom 23. 3. 1968.
25 vgl. UPI vom 12. 3. 1968.
26 vgl. Frankfurter Rundschau vom 12. 4. 1966.
27 vgl. Bayern-Kurier vom 20. 7. 1968.
28 vgl. AP vom 22. 2. 1968.
29 vgl. Harry Pross, Vor und nach Hitler, S. 148 f., Freiburg 1962.
30 vgl. Bayern-Kurier vom 18. 5. 1968.
31 vgl. Bayern-Kurier vom 10. 8. 1968.
32 vgl. Bayern-Kurier vom 20 .7. 1968.
33 vgl. Weser-Kurier vom 16. 2. 1967.
34 vgl. AP vom 22. 2. 1967.
35 vgl. Bayern-Kurier vom 27. 1. 1968.
36 vgl. Bayern-Kurier vom 30. 3. 1968.

* * * * *

Kein Freibrief

*Parlament und Regierung ignorieren Urteil zu Auslandseinsätzen**

Es ist eines der längsten, wenn nicht überhaupt das längste Urteil, das ein deutsches Gericht nach dem zweiten Weltkrieg jemals gefällt hat. Denkwürdige 108 Druckseiten brauchte das Bundesverfassungs-

* Erstveröffentlichung

gericht, um zu begründen, dass sich aus dem Grundgesetz etwas herauslesen lässt, was nicht drinsteht, nämlich dass deutsche Soldaten unter gewissen Voraussetzungen außerhalb Deutschlands, ja sogar außerhalb des Natogebietes, für Zwecke eingesetzt werden dürfen, die nichts mit der Landesverteidigung zu tun haben

In dem sogenannten Out-of-Area-Urteil vom 12. Juli 1994 ging es um die Bereitstellung von Soldaten der Bundeswehr für eine Friedensmission der Vereinten Nationen im afrikanischen Somalia (1993) sowie um die deutsche Beteiligung an der Überwachung eines Embargos gegen Jugoslawien im Jahr 1992. Strittig war ferner die Teilnahme an AWACS-Flügen zur Durchsetzung eines Flugverbotes über Bosnien-Herzegowina im Jahr 1993.

Verglichen mit den späteren Angriffshandlungen und Kampfeinsätzen in Jugoslawien und Afghanistan waren das harmlose Operationen. Allerdings gab es da gewisse Probleme mit der Verfassung. Sowohl die Regierungsparteien CDU/CSU und FDP als auch die oppositionelle SPD sowie die Grünen und die PDS hielten wegen der Auslandseinsätze eine Änderung bzw. Ergänzung des Grundgesetzes für notwendig. Alle Fraktionen legten 1992/93 jeweils eigene Gesetzentwürfe vor, mit denen der »Streit über die verfassungsrechtliche Zulässigkeit eines von den Vereinten Nationen autorisierten Einsatzes deutscher Streitkräfte« beendet werden sollte, wie das Bundesverfassungsgericht sich später ausdrückte.

Die Vorlagen wurden damals zur Beratung an die Ausschüsse überwiesen; dort waren sie zum Zeitpunkt der Urteilsverkündung noch anhängig. Auch nach fünfzehn Jahren hat sich daran nichts geändert. Weshalb die Sozialdemokraten nicht darauf bestanden, dass der Bundestag als Verfassungsgeber auf parlamentarischem Wege die von allen für notwendig erachtete Änderung des Grundgesetzes vornimmt, sondern vor das Bundesverfassungsgericht zogen, haben sie zu keinem Zeitpunkt erläutert.

In dem Verfassungsstreit ging es im wesentlichen um die Artikel 24 und 87a des Grundgesetzes, in denen es heisst: »Der Bund kann sich zur Wahrung des Friedens einem System gegenseitiger kollektiver Sicherheit einordnen.« Und: »Der Bund stellt Streitkräfte zur Verteidigung auf... Außer zur Vereidigung dürfen die Streitkräfte nur eingesetzt werden, soweit dieses Grundgesetz es ausdrücklich zulässt.« Und zwar darf die Bundeswehr im Verteidigungs- oder Spannungsfall zivile Objekte schützen und Aufgaben der Verkehrsregelung wahrnehmen. Einsätze wie in Somalia oder über dem Mittelmeer waren und sind im Grundgesetz nicht vorgesehen.

Die acht Richter des zweiten Senats bekamen mit der verfassungsrechtlichen Prüfung von Auslandseinsätzen der Bundeswehr eine harte Nuss zu knacken. Das belegt allein die ungewöhnliche Länge des Urteils. Vier von ihnen meinten, die Regierung habe sich nichts vorzuwerfen, vier teilten die Bedenken der Kläger. So kam die Entscheidung schließlich mit Stimmengleichheit zu stande – Spiegelbild einer gespaltenen Gesellschaft. Einerseits gebot es die Staatsräson, die neue militärische Rolle des wiedervereinten Deutschlands nach dem Zusammenbruch des Kommunismus verfassungsrechtlich abzusichern, andererseits musste das Urteil möglichen Befürchtungen vor einer deutschen Dominanz in einem erweiterten Europa Rechnung tragen.

Einer der Kernsätze des Urteils lautet: »Die von der Bundesregierung beschlossenen Einsätze deutscher Soldaten, denen jeweils ein vom Sicherheitsrat der Vereinten Nationen erteiltes Mandat zugrunde liegt, finden ihre verfassungsgsrechtliche Grundlage in Art. 24 Abs. 2 GG, der den Bund ermächtigt, sich einem System gegenseitiger kollektiver Sicherheit einzuordnen.« So ein System seien die Vereinten Nationen und die Nato. In Somalia hätten die deutschen Soldaten der Befehlsgewalt eines Kommandeurs der Vereinten Nationen, bei den anderen Einsätzen dem Kommando von Nato-Behörden unterstanden, die ihrerseits im Rahmen einer Aktion der Vereinten Nationen tätig geworden seien.

Im Urteil heißt es weiter: »Hat der Gesetzgeber der Einordnung in ein System gegenseitiger kollektiver Sicherheit zugestimmt, so ergreift diese Zustimmung auch die Eingliederung von Streitkräften in integrierte Verbände des Systems oder eine Beteiligung von Soldaten an militärischen Aktionen des Systems unter dessen militärischem Kommando.« Und: »Die deutsche Beteiligung an friedenssichernden

Operationen der Vereinten Nationen ist durch Art. 24 Abs. 2 GG verfassungsrechtlich legitimiert.«

Auslandseinsätze der Bundeswehr sind demnach nur dann von der Verfassung gedeckt, wenn es sich um friedenssichernde Operationen handelt. Auf jeden Fall muss ihnen ein Mandat des Sicherheitsrates der Vereinten Nationen zugrundeliegen. Zudem müssen die Soldaten integrierten Verbänden angehören, die dem Kommando der Vereinten Nationen oder der Nato unterstehen, wenn diese im Auftrag der Vereinten Nationen tätig wird. Daraus ergibt sich, dass die Beteiligung der Bundeswehr an den Luftangriffen auf Jugoslawien, für die es kein Mandat des Sicherheitsrates gab, sowohl gegen das Völkerrecht als auch gegen das Grundgesetz verstieß. Dasselbe gilt für den Auslandseinsatz zur Bekämpfung des Terrorismus im Rahmen der Operation Enduring Freedom, für den ebenfalls kein Mandat des Sicherheitsrates vorlag.

Bezeichnender Weise erwähnte die Regierung das Urteil des Bundesverfassungsgerichts von 1994 weder bei der Rechtfertigung des Angriffs auf Jugoslawien 1999 noch bei der Entsendung deutscher Soldaten nach Afghanistan und auf die Arabische Halbinsel im Jahr 2001. Sie erklärte lediglich, die deutschen Streitkräfte handelten bei der Operation Enduring Freedom »nach den Regeln eines Systems der gegenseitigen kollektiven Sicherheit im Sinne des Artikels 24 Absatz 2 Grundgesetz.« In beiden Fällen gingen Regierung und Bundestagsmehrheit darüber hinweg, dass für solche militärischen Zwangsmaßnahmen eine Ermächtigung des Sicherheitsrates nach Artikel 42 der UN-Charta notwendig ist. Die Resolutionen 1368 und 1373 des Sicherheitsrates ersetzen diese Ermächtigung ebensowenig wie Artikel 51 der UN-Charta oder Artikel 5 des Natovertrages, in denen von »militärischen Zwangsmassnahmen« nicht die Rede ist.

Die SPD selbst betonte in ihrer Klage vor dem Bundesverfassungsgericht: »Wollte man Militäraktionen, zu deren Durchführung keine Verpflichtung nach der Satzung der Vereinten Nationen besteht, generell durch Art. 24 Abs. 2 GG rechtfertigen, wären die Grenzen des Zulässigen kaum mehr erkennbar.« (BVerfG-Urteil S. 318). Als Regierung und Bundestagsmehrheit bewaffnete Einsätze beschlossen, bei denen es sich zweifelsfrei um militärische Zwangsmaßnahmen handelte, für die es kein Mandat nach Art. 42 der UN-Satzung gab, verletzten sie die Vorgaben des Bundesverfassungsgerichts, dessen Auslegung des Grundgesetzes für alle verbindlich ist.

Dass sich das Gericht mit dem out-of-area-Urteil über eigene Aussagen zu den Aufgaben der Bundeswehr hinwegsetzte, steht auf einem anderen Blatt. In seinem Urteil über die Verfassungsmässigkeit des Wehrpflichtgesetzes hatte das Bundesverfassungsgericht 1978 den »unmissverständlichen Willen des Gesetzgebers« hervorgehoben, »dass die Streitkräfte der Verteidigung gegen bewaffnete Angriffe dienen sollen«. (BVerfGE 48). Selbst die Teilnahme an sogenannten Friedensmissionen, etwa wie in Somalia, lässt sich schwerlich als Verteidigung gegen einen bewaffneten Angriff auslegen.

Sinn und Zweck der Streitkräfte beschreibt Artikel 87a des Grundgesetzes. Er ist die eigentliche Klippe bei der rechtlichen Bewertung von Auslandseinsätzen. Der als verbindlich geltende Grundgesetzkommentar (Maunz-Düring) versteht unter »Verteidigung« die Abwehr eines Gegners, der die Bundesrepublik von außen her mit Waffengewalt angreift, mit militärischen Mitteln. Allerdings stelle der Artikel keine verfassungsrechtliche Schranke gegen einen Auslandseinsatz der Bundeswehr dar.

Das Bundesverfassungsgericht zog sich in diesem Punkt elegant aus der Affäre. Es erklärte, die »mannigfachen Meinungsverschiedenheiten« darüber, wie der Begriff Verteidigung auszulegen sei, bedürfe in den vorliegenden Verfahren keiner Entscheidung. »Denn wie immer dies zu beantworten sein mag, jedenfalls wird durch Art. 87a GG der Einsatz bewaffneter deutscher Streitkräfte im Rahmen eines Systems gegenseitiger kollektiver Sicherheit, dem die Bundesrepublik gemäß Art. 24 Abs. 2 GG beigetreten ist, nicht ausgeschlossen.«

In einem Punkt räumte das Gericht ein Versäumnis der Regierung ein, und zwar hätte sie den Bundestag bei den Auslandseinsätzen nicht übergehen dürfen. Das Grundgesetz verpflichte die Bundesregierung, für einen Einsatz bewaffneter Streitkräfte die – grundsätzlich vorherige – konstitutive Zustimmung des Deutschen Bundestages einzuholen. Ein Freibrief war und ist das – wie übrigens das gesamte Urteil

– nicht, denn diese Zustimmung kann sich laut Bundesverfassungsgericht natürlich nur auf Einsätze beziehen, die durch ein Mandat des Sicherheitsrates legitimiert sind.

Darüber haben sich Regierung und Bundestagsmehrheit bei der Beteiligung an den Kriegseinsätzen in Jugoslawien und in Afghanistan – die von den KFOR- und ISAF-Einsätzen streng zu unterscheiden sind – hinweggesetzt. Das war so wenig im Sinne des out-oft-area-Urteils wie die Behauptung von Bundesverteidigungsminister Peter Struck, die Sicherheit Deutschlands werde heute am Hindukusch verteidigt. Oder sagte er Tibetisches Hochland? Das kommt vielleicht noch.

* * * * *

Über die Kausalität von Vertreibung und Krieg

*Den Vergesslichen ins Stammbuch**

In der Einleitung zu einem Funkessay über die komplizierten Abläufe des europäischen Agrarmarktes habe ich einst gesagt, mit der europäischen Agrarpolitik verhalte es sich wie mit der Relativitätstheorie: Jeder habe schon von ihr gehört, aber keiner verstehe sie. In gewisser Weise gilt das auch für die Vertreibung und den heutigen Umgang mit ihr – 60 Jahre nach dem Ende des Zweiten Weltkriegs.

Als einer, der Vertreibung am eigenen Leibe erlebt hat, fühle ich mich allen verbunden, die ihre Heimat – aus welchen Gründen auch immer – verlassen mussten. Vertriebene waren auch jene Menschen, die während der NS-Zeit ihre Heimat aus politischen oder rassischen Gründen verlassen mussten. Meine Kritik an der politischen Instrumentalisierung von Millionen Vertriebenenschicksalen nach dem

* Aus »Blätter für deutsche und internationale Politik«, Heft 12/2004

Zweiten Weltkrieg resultiert aus dem Schmerz, der auch mir mit der Vertreibung aus meiner Heimat in der Tschechoslowakei zugefügt worden ist. Noch heute schrecke ich nachts aus quälenden Träumen hoch, bis ein leiser Zuruf meiner Frau mich in die Gegenwart zurückholt.

Ich war Neunzehn, als ich meine Heimat im Nordosten von Böhmen am Fuße des Riesengebirges verlassen musste. Am 20. September 1946 schrieb ich in mein Tagebuch: »Es ist so weit. Zum letzten Mal sitze ich an diesem Fenster. In mir ist ein so starker Schmerz, dass ich ihn körperlich spüre. Noch zwei Tage bin ich daheim. Noch 48 Stunden höre ich unsere alte Uhr ticken. Noch zweimal werde ich hier den Tag kommen und gehen sehen – dann werde ich gehen.«

Am 1. Oktober 1946 hatte unser Aussiedlungstransport nach mehrtägiger Fahrt Neu-Ulm erreicht. Dort notierte ich während eines Zwischenaufenthaltes: »Noch immer kann ich nicht fassen, dass ich von daheim fort musste. Ein Wahnsinn ist das Ganze, ein zum Himmel schreiendes Verbrechen.«

Der erzwungene Weggang hatte mich, der ich nach gefahrvoller Flucht aus sowjetischer Gefangenschaft ungeachtet aller Warnungen nach Kriegsende in die Heimat zurückgekehrt war, in mehrfacher Weise getroffen; ich wurde nicht nur aus der vertrauten Umgebung herausgerissen, sondern musste mich auch von einem Teil der Familie trennen. Immerhin konnte ich damals noch hoffen, dass meine Mutter, meine Großmutter und meine Schwester mit einem der nächsten Transporte nachkommen; doch aus der vermeintlich befristeten Trennung wurde eine Trennung für immer.

Hinzu kam, dass mein Vater, mit dem ich vorausgefahren war, als Sozialdemokrat zu den sudetendeutschen Hitlergegnern gehörte. Er war nach dem deutschen Einmarsch seiner Gesinnung treu geblieben und hatte zusammen mit tschechischen Antifaschisten Widerstand gegen das NS-Regime geleistet. Ihm war die tschechische Sprache fast so geläufig wie die deutsche Muttersprache. Ich selbst empfinde sie noch heute als ein Stück Heimat. Dass auch die sudetendeutschen Antifaschisten ihre angestammte Heimat verlassen mussten, lässt sich nicht anders denn als grausame Ironie der Geschichte bezeichnen.

Nie werde ich vergessen, wie mein Vater, den ich noch nie weinen gesehen hatte, beim Verlassen des Hauses mit knirschenden Zähnen vergeblich versuchte, seine Tränen zurück zu halten. 60 Jahre später räumte der Präsident des tschechischen Senats, *Petr Pithart*, ein, die deutschen Gegner des Nazismus hätten »als unschuldige tschechische Deutsche durch die Vertreibung am meisten verloren«.[1]

Nur widerstrebend fasste ich Fuß in der neuen Heimat am Rande der Schwäbischen Alb. Krank vor Heimweh entschloss ich mich nach einem Dreivierteljahr zur Rückkehr in die Tschechoslowakei. Ich löste eine Fahrkarte nach Furth im Walde, von wo aus ich an einer abgelegenen Stelle gegen alle Vernunft die »grüne Grenze« überqueren wollte. Dort saß ich an einem regnerischen Tag lange unter dem Vordach einer einsamen Kapelle, blickte auf die wolkenverhangenen Berge des Böhmerwaldes jenseits der Grenze und ließ meinen Tränen freien Lauf. Dann fuhr ich niedergeschlagen wieder zurück.

An mangelnder Liebe zur Heimat lag es wahrlich nicht, dass ich auf Distanz blieb zum organisierten Flüchtlingsbetrieb. Ich sah die Wortführer der Vertriebenen auf einem Weg, dem ich nicht folgen wollte. Für mich waren nicht in erster Linie die Tschechen schuld an der Vertreibung, sondern die Urheber des Zweiten Weltkriegs. Hätte es den Krieg nicht gegeben, wäre ich heute noch zu Hause, lautete mein ganz persönliches Fazit. Niemals sollte sich Derartiges wiederholen.

Ich bekämpfte die deutsche Wiederbewaffnung und die damit verbundene Reaktivierung der Förderer und Nutznießer des Naziregimes, ich verteidigte Willy Brandts Politik der Verständigung mit den Ländern im Osten und musste Jahrzehnte später bestürzt hinnehmen, dass Deutschland – ausgerechnet unter einem sozialdemokratischen Kanzler – gegen alle geschichtlichen Erfahrungen und unter Bruch des Völkerrechts mit den Luftangriffen auf Jugoslawien Krieg und militärische Gewalt erstmals wieder als Mittel zur Durchsetzung politischer Ziele akzeptierte.

Dass eine humanitäre Katastrophe abgewendet werden sollte, konnte mich nicht überzeugen; unbeschadet aller Repressalien gegenüber der kosovarischen Minderheit erinnerte mich die Kampagne gegen den jugoslawischen Präsidenten *Slobodan Milosevic* an die Sudetenkrise, als Hitler den tschechischen Staatspräsidenten *Eduard Benesch* als Wahnsinnigen beschimpfte, dem nicht gestattet werden dürfe, die sudetendeutsche Minderheit noch länger zu drangsalieren. Nicht dass ich Gewaltlosigkeit in jedem Fall für den richtigen Weg halte – wenn es überhaupt so etwas gibt wie eine Lehre aus der Geschichte, dann kann sie nur lauten, dass die internationale Staatengemeinschaft über ein wirksames Instrumentarium verfügen muss, mit dem sie jeden Aggressor in die Schranken verweisen und jede Gefährdung des Friedens im Keime ersticken kann. Aber militärische Gewalt muss an ein Mandat der Vereinten Nationen gebunden sein. Nur so kann die Bestie Krieg im Zaume gehalten werden. Dieses Mandat gab es bei den Luftangriffen auf Jugoslawien nicht.

Benesch wäre niemals mit seinem Plan durchgedrungen, die Sudetendeutschen als unverbesserliche Störenfriede abzuschieben, wenn ihm Hitler mit seinem Krieg nicht den Weg geebnet hätte. Von dieser Kausalität zwischen Vertreibung und Krieg wollen die meisten nichts hören, insbesondere jene nicht, die Hitler in seinem Machtrausch bestärkt und als Retter bejubelt haben, als er mit der Besetzung des Sudetenlandes das Vorspiel zur Germanisierung Europas inszenierte.

Welche Rolle die sudetendeutschen Volkstumspolitiker als fünfte Kolonne Hitlers gespielt haben, enthüllte ihr Anführer, der Gauleiter von Hitlers Gnaden, *Konrad Henlein* am 5. März 1941, immer noch siegestrunken, unverblümt mit den Worten: »Um uns vor tschechischer Einmischung zu schützen, waren wir gezwungen zu lügen und unsere Ergebenheit für die Sache des Nationalsozialismus zu leugnen. Lieber hätten wir uns offen zum Nationalsozialismus bekannt. Es ist jedoch eine Frage, ob wir dann imstande gewesen wären, unsere Aufgabe zu erfüllen – die Tschechoslowakei zu vernichten.« [2]

Diesem Manne haben, ein halbes Jahr vor Hitlers Einmarsch, neunzig Prozent der wahlberechtigten Sudetendeutschen bei der Kommunalwahl im Mai 1938 ihre Stimme gegeben. Nicht alle machten sich damit auch die Ziele der Nazis zu eigen; manch einer reagierte nur seinen Ärger über tschechische Bevormundung ab. Es gab ja genügend nationalistisch verblendete Tschechen, die im Widerspruch zum Toleranzgebot des Staatsgründers *Thomas Masaryk* den Deutschen heimzahlen wollten, was sie selbst als unterdrückte Minderheit in der Vergangenheit an Demütigungen hatten hinnehmen müssen

Damit leiteten sie immer wieder Wasser auf die Mühlen der Scharfmacher im Lager der Deutschen, die ohnehin am liebsten den Ausgang des Ersten Weltkriegs und die Gründung der Tschechoslowakei rückgängig gemacht hätten. Ihrer Meinung nach hatten die Siegermächte als Taufpaten des neuen Staates den Deutschen das Selbstbestimmungsrecht vorenthalten. Aber das Rad der Geschichte lässt sich bekanntlich nicht zurück drehen. Ob die Tschechen je mit einem eigenen Staat beschenkt worden wären, wenn es den Ersten Weltkrieg und den Zerfall des österreichischen Vielvölkerstaates nicht gegeben hätte, kann niemand mit Sicherheit sagen. Jedenfalls hätte die Idee einer Tschechoslowakei ohne Deutsche ohne den Zweiten Weltkrieg nie in die Tat umgesetzt werden können. Erst der Krieg ebnete dem Undenkbaren den Weg

Die Wurzeln der deutschen Ressentiments gegenüber den Tschechen reichen tief. In einem Artikel aus dem Jahr 1880 über die »Deutschen in Böhmen« heisst es, die Tschechen sollten endlich einsehen, dass es ihnen zum Heile gereiche, »willig die Überlegenheit der Deutschen anzuerkennen.«[3] Von dieser Herrenmenschen-Mentalität waren auch die Parteigrundsätze der »Deutschen Nationalsozialistischen Arbeiterpartei« geprägt, deren programmatische Einleitung die angeblich »überragenden Vorzüge des deutschen Volkes« und sein vermeintliches Interesse »an der Erweiterung des Lebensraumes« hervorhob.[4] Daraus wurde später das Schlagwort vom »Volk ohne Raum« als ideologische Begleitmusik für den Raubkrieg der Nazis gegen die Länder Europas.

Dass diese Parole je wiederbelebt werden könnte, hat nach der bedingungslosen Kapitulation Hitlerdeutschlands niemand für möglich gehalten. Aber es kam anders. »Wir brauchen mehr Land«, verkündete Anfang August 1954 – seit Kriegsende waren erst neun Jahre vergangen – der Vertriebenenpolitiker *Walter Stain.* Die Vertriebenen würden ihren »Rechtsanspruch auf die Heimat« nie aufgeben. »Wir müssen die Zuversicht haben, eines Tages diese Gebiete Mitteleuropas wieder besiedeln zu können.«[5] Sechs Jahre später forderte er abermals »mehr Lebensraum«; und er sagte auch gleich, wo er zu finden sei, nämlich »bei Nachbarn, die diesen Raum nicht brauchen«.[6]

Walter Stain, ehemals Mitglied der Sudetendeutschen Partei und der NSDAP, gehörte damals als Minister der bayerischen Staatsregierung an. Die Sudetendeutsche Partei war Nachfolgerin der Sudetendeutschen Heimatfront. Die wiederum war 1933 nach dem Verbot der Deutschen Nationalsozialistischen Arbeiterpartei ins Leben gerufen worden, um nationalistisch gesinnten Sudetendeutschen eine politische Heimat zu bieten.

Demselben deutsch-völkischen Milieu entstammte auch der Vertriebenfunktionär *Frank Seiboth*, der unbeschadet seiner Nazivergangenheit als Gauamtsleiter der NSDAP nach dem Krieg Karriere als Staatssekretär in der hessischen Landesregierung machte. Von ihm ist der Satz überliefert, der deutsche Osten müsse »wieder die Kornkammer des Reiches« werden, »damit wir in der Enge des halben Deutschland nicht ersticken«.[7] Die Sudetendeutschen würden allerdings, wie Bundesverkehrsminister *Hans-Christoph Seebohm* 1963 erklärte, niemals »in einen Raum zurückkehren, der in beneschistischer oder bolschewistischer Form« gestaltet sei.[8]

Wie fatal diese Äußerung an Hitlers Beschwerde gegenüber dem tschechischen Außenminister *Chvalkovsky* bei dessen Besuch 1939 in Berlin erinnerte, die tschechoslowakische Öffentlichkeit sei immer noch »von Juden, Bolschewisten und Beneschisten beherrscht«[9], war dem Minister vermutlich nicht bewusst. Aber 30 Jahre später bediente sich auch der sudetendeutsche Vertriebenenpolitiker *Dr. Walter Becher* dieser Wortwahl, als er Ende der neunziger Jahre die deutsch-tschechische Versöhnungserklärung als eine »groß angelegte Täuschungsaktion der Prager Beneschisten« bezeichnete.[10] Eine bemerkenswerte Kontinuität.

Welchen Reim soll man sich darauf machen? Niemand käme heute auf die Idee, die Deutschen pauschal als Hitleristen zu bezeichnen. Warum werden dann die Tschechen in Kollektivhaftung genommen und Beneschisten genannt? Niemand bestreitet, dass Benesch nach Hitlers Überfall auf die Tschechoslowakei die Sudetendeutschen los sein wollte. Aber die Vertreibung war nicht sein Werk allein, sie entsprach dem gemeinsamen Willen der Siegermächte des Zweiten Weltkriegs.

Die Alliierten betrachteten die Vertreibung der Sudetendeutschen »als eine Form kollektiver Bestrafung«,[11] als »eine Sanktionsform, die vor dem Hintergrund der nationalsozialistischen Schreckensherrschaft und dem Leiden der Kriegsjahre verständlich wird«,[12] wie *Marion Frantzioch* in ihrem Buch »Die Vertriebenen« anmerkt. Welchen verheerenden Schaden die tschechische Volkswirtschaft mit der Vertreibung eines Drittels der Bewohner von Böhmen und Mähren erlitt und wie nachhaltig sich diese Selbstverstümmelung ausgewirkt hat, offenbaren noch heute verödete Städte und Dörfer in den Randgebieten des Landes.

Wer die Aufhebung der sogenannten Beneschdekrete verlangt, mit denen die Vertreibung und die damit verbundenen Verbrechen nachträglich sanktioniert wurden, der verlangt die Annullierung von Entscheidungen, die die USA, Großbritannien und die Sowjetunion nach der Niederwerfung des deutschen Faschismus gemeinsam gefällt haben. Aber niemand kann doch allen Ernstes erwarten, die Siegermächte würden, nachdem sie die Mörder von Lidice, Oradour, Babi Jar, Belzec, Treblinka, Maidanek, Sobibor und Auschwitz geschlagen haben, ein halbes Jahrhundert später ihr Urteil korrigieren und am Ende gar einer Aufrechnung der Vertreibungsopfer gegen die Gaskammeropfer zustimmen.

Schlimm genug, dass ein sudetendeutscher Kinder- und Jugendbuchautor die Situation in der Tschechoslowakei unmittelbar nach Kriegsende mit den Worten beschreibt: »Die Deutschen werden nicht alle umgebracht, nur weil sie Deutsche sind, so wie die Juden umgebracht wurden, nur weil sie Juden waren«. Dass die Deutschen nicht mit der Eisenbahn fahren durften, kommentiert er mit den Worten: »Wie früher die Juden. Hitler ließ sie auch nicht mit der Eisenbahn fahren. Außer nach Auschwitz.«[13] Solche unsäglichen Äußerungen haben die Sudetendeutsche Landsmannschaft nicht davon abgehalten, dem Verfasser 2003 ihren Kulturpreis für Literatur zu verleihen. Ganz offensichtlich haben allzu viele vergessen, dass von den am 1. Oktober 1939 in Böhmen und Mähren gemeldeten 90.147 Juden Mitte 1943 nur noch 8.695 übrig waren.[14]

Im Gegensatz zur Forderung des Vorsitzenden der Sudetendeutschen Landsmannschaft, *Jörg Kudlich*, die Sudetendeutschen wollten friedlich zurückkehren und ihr altes »Heimatland tatsächlich besitzen«[15], waren die Vertriebenen selbst nie sonderlich darauf erpicht, ihr mühsam aufgebautes neues Zuhause im Westen gegen eine ungewisse Zukunft mit niedrigerem Lebensstandard in der alten Heimat einzutauschen. Bei einer Emnid-Umfrage erklärten sich 1985 nur 48 Prozent der befragten Sudetendeutschen bereit, in die alte Heimat zurückzukehren, und selbst das nur unter der Voraussetzung, dass dort die gleichen Lebensbedingungen herrschen wie im Westen.

Als fünf Jahre später der Eiserne Vorhang verschwand, strömten die Vertriebenen zwar in Scharen über die Grenze, aber kaum jemand hatte das Bedürfnis, in der alten Heimat zu bleiben. Auch mir ging es so. Ein Besuch bei meiner Schwester, die zusammen mit unserer Mutter und der Großmutter in der Tschechoslowakei geblieben war, führte mir eindringlich vor Augen, wer von uns beiden trotz allem das bessere Los gezogen hat. Wie die verstaubte Kulisse eines abgesetzten Bühnenstücks wirkte die alte Heimat auf mich. In einem Rundfunkbeitrag sagte ich später: »Wenn jetzt ein neuer Anlauf unternommen wird, das Verhältnis zwischen der Tschechoslowakei und Deutschland dauerhaft zu regeln, sollte sich die Landsmannschaft zurückhalten.«[16]

Doch deren Störfeuer hörte nicht auf. Als der Beitritt der Tschechischen Republik zur Europäischen Union bevorstand, wurden abermals die Beneschdekrete strapaziert und als Beweis dafür ausgelegt, dass die Tschechen für Europa nicht reif seien. Und vielleicht wird eines Tages die deutsche Zustimmung zu diesem Beitritt ebenso als »Versagen der deutschen Diplomatie«[17] angeprangert werden, wie das beim Abschluss der deutsch-tschechischen Versöhnungserklärung der Fall war.

Meine Kritik an dieser intransigenten Politik rührt aus der Erkenntnis, dass die Nachfahren der nationalistischen Scharfmacher, die das Elend des Krieges und der Vertreibung mit heraufbeschworen haben, mit ihrer ewigen Nörgelei und Rechthaberei einer Aussöhnung im Wege stehen. Nur weil der kalte Krieg das Unterste nach oben kehrte, weil antikommunistische Gesinnung als ausreichender Nachweis demokratischer Zuverlässigkeit angesehen wurde, konnten die sudetendeutschen Wegbereiter Hitlers überhaupt politisch wieder eine Rolle spielen. Als Mitstreiter im Kampf gegen den Kommunismus waren sie ebenso willkommen wie die Generale Hitlers bei der westdeutschen Wiederbewaffnung.

Welche Schlange die bundesdeutsche Gesellschaft an ihrem Busen genährt hat, bekamen Politiker fast aller demokratischen Parteien zu spüren, als ihnen wegen der Anerkennung der Oder-Neiße-Grenze der blanke Hass der organisierten Vertriebenen entgegenschlug. Schon 1961 hatte sich die »Allgemeine Wochenzeitung der Juden in Deutschland« in scharfer Form gegen das Auftreten mancher Vertriebener und ihrer Exponenten gewandt. »Da werden Töne laut«, schrieb das Blatt, »die in jedem aufmerksamen Beobachter die berechtigte Befürchtung aufkommen lassen, dass sich hier ein Nährboden für Radikalismus und Militarismus bildet.«[18] Aber da wurden gern beide Augen zugedrückt.

Über Jahrzehnte hinweg gab es zwischen den Vertriebenenverbänden und der offiziellen Politik eine Art Rollenverteilung. Nach den Worten des Sprechers der Sudetendeutschen, Walter Becher, lief das Zusammenspiel so ab: »Die Bundesregierung hat ihre Aufgabe, der Bund der Vertriebenen seine. Aber der Bund der Vertriebenen muss zwei Lautstärken lauter sein, als die Bundesregierung, damit die Bundesregierung einen Ton stärker werden kann.«[19] Auf diese Weise wurde bewusst ein Klima der Spannung geschaffen und aufrecht erhalten. Noch 1986 beschwerte sich der Bundesverband der Vertriebenen zum Beispiel darüber, dass die Wetterkarten von ARD und ZDF die Grenzen Deutschlands von 1937 nicht kenntlich machten,[20] und der CSU-Vorsitzende Franz-Josef Strauß behauptete, die Ostverträge enthielten »keine rechtlichen oder politischen Bindungswirkungen«.[21] Einen Höhenpunkt erreichte dieses Zusammenspiel am 9. April 2003, als alle von der CSU ins Europäische Parlament entsandten Abgeordneten in Übereinstimmung mit den Wünschen der Sudetendeutschen Landsmannschaft gegen die Aufnahme der Tschechischen Republik in die Europäische Union stimmten. Sie stellten sich damit gegen die Europäische Kommission, die am 17. Oktober 2003 die Beneschdekrete als mit europäischem Recht für vereinbar erlärte.

Mit der Forderung nach einem Zentrum gegen Vertreibungen in Berlin setzte die Dachorganisation der Landsmannschaften, der Bund der Vertriebenen, in Gestalt seiner Präsidentin, der CDU-Bundestagsabgeordneten *Erika Steinbach*, den osteuropäischen Nachbarn einen neuen Stachel ins Fleisch. Wie wenig Erika Steinbach, die 1942 als Kind eines deutschen Besatzungssoldaten in Polen zur Welt kam, sich in die Seelenwelt der von den Nazis gedemütigten Völker versetzen kann, offenbarte ihre Äußerung, sie habe kein Problem mit der ersten Strophe des Deutschlandliedes, auch wenn sie öffentlich gesungen werde.[22] Dass alle demokratischen Parteien das von den Nationalsozialisten so fatal missbrauchte »Deutschland, Deutschland über alles« den europäischen Völkern nicht zumuten wollen, weil es die Erinnerung an den Machtrausch Hitlers heraufbeschwört, ficht die CDU-Politikerin offensichtlich nicht an. Viele Polen und Tschechen, aber auch nicht wenige Deutsche, sehen in der geplanten Einrichtung einen Versuch, die deutsche Schuld an dem millionenfachen Leid, das der Zweite Weltkrieg über die Völker Europas gebracht hat, zu relativieren und der jüngsten Geschichte eine neue Deutung zu geben. Sie argwöhnen, das Kriegs- und Nachkriegsgeschehen solle einseitig aus der Sicht der deutschen Vertriebenen geschildert und als eine Art Mahnmal für die Opfer der Vertreibung dem Mahnmal für die Opfer des Holocaust gegenüber gestellt werden.

In der Tat wurde aus den Reihen einer Vertriebenenorganisation zur Durchsetzung von Rückerstattungsansprüchen, und zwar der in Düsseldorf ansässigen »Preußischen Treuhand«, schon die Behauptung laut, Polen sei am Krieg »genauso schuld«. Die Polen hätten sich nach Kriegsende stets »die Rolle des Opfers zugeschrieben« und könnten bis heute nicht damit umgehen, im Zusammenhang mit der Vertreibung der Deutschen selbst Täter geworden zu sein.[23] Die Dreistigkeit dieser Äußerung liess der Präsidentin des Bundes der Vertriebenen keine andere Wahl, als sich umgehend von der »Preußischen Treuhand« zu distanzieren.

Bei ihren Plänen für ein Zentrum gegen Vertreibungen weiß die CDU-Politikerin Erika Steinbach einen Mann auf ihrer Seite, der sich für das Thema Vertreibung erst sehr spät zu interessieren begann, und zwar nachdem er 1980 in das Präsidium der SPD gewählt und zum Sachverständigen für die Tschechoslowakei bestimmt worden war. *Peter Glotz* heißt der Mann, der – wie die Historiker *Eva Hahn* und *Hans Hennig Hahn* in ihrem Essay »Peter Glotz und seine Geschichtsbilder« schreiben – wie seine deutsch-völkischen Vorgänger für den östlichen Teil des europäischen Kontinents »wenig Sympathien« aufbringen könne.[24] Ähnlich wie Erika Steinbach verfügt der 1939 in Eger geborene Peter Glotz kaum über eigene Erinnerungen an seine ehemalige Heimat. Allenfalls erinnert sich nach seiner eigenen Schilderung an den Prager Stadtteil Letná, wo sein Vater »damals der ›Besitzer‹ eines kleinen arisierten Betriebes für Gasmasken« war.[25] Nach den Wahlerfolgen der Rechtsextremen bei den Landtagswahlen in Sachsen und Brandenburg im September 2004 war Glotz sich nicht zu schade für eine Fernsehdiskussion mit dem NPD-Vorsitzenden *Udo Voigt*. Als der behauptete, Bundeskanzler Schröder habe bei den Feiern zum 60. Jahrestag der Landung der Alliierten in der Normandie keinen Kranz an deutschen Soldatengräbern niedergelegt und damit das notwendige Verständnis für das Leid der Deutschen im Zweiten Weltkrieg vermissen lassen, rechtfertigte sich Glotz mit dem Hinweis, sein Eintreten für ein Zentrum gegen Vertreibungen sei der Gegenbeweis.

Wieviel Vertriebene Frau Steinbach überhaupt hinter sich hat, kann niemand verbindlich sagen. Nach Angaben ihres Verbandes sollen es angeblich zwei Millionen sein. Tatsächlich tappen alle Interessierten im Dunkeln. 1985 regte das Statistische Bundesamt beim Bundesinnenministerium einen Forschungsauftrag an, der Klarheit über die Zahl der Vertriebenen und ihren Anteil an der Gesamtbevölkerung bringen sollte; er gelangte jedoch nach Darstellung von offizieller Seite »wegen Undurchführbarkeit nicht zur Ausführung«.[26] Bis auf den heutigen Tag sehen staatliche Stellen sich außerstande, die Zahl der Vertriebenen zu beziffern. Das Bundesinnenministerium teilte dem Verfasser zu Beginn des Jahres 2004 auf Anfrage mit, »dass keine Statistik existiert, aus der sich die Zahl der in Deutschland lebenden Vertriebenen herleiten« lasse.[27] Das Statistische Bundesamt seinerseits wusste ebenfalls keinen Rat und verwies an den Bund der Vertriebenen.[28] Der jedoch konnte die Zahl seiner Mitglieder selbst schriftlich auch nicht benennen, sondern verwies auf Literatur aus den Jahren 1989 und 1991.[29]

Bei der letzten statistischen Erhebung im Jahr 1974, also vor dreißig Jahren, wurden in der Bundesrepublik von Amts wegen 9,4 Millionen Vertriebene gezählt. Lediglich ein Prozent der Vertriebenen gehörte Mitte der achtziger Jahre nach einer Allensbach-Umfrage einer Landsmannschaft an.[30] Somit betrug die Zahl der organisierten Vertriebenen vor zwanzig Jahren etwa rund 94.000. Ungeachtet dessen will allein die Sudetendeutsche Landsmannschaft zu Beginn des Jahres 2004 über zirka 250.000 Mitglieder verfügt haben.[31] Eine kühne Behauptung, selbst wenn man einen gewissen Zustrom aus den neuen Bundesländern unterstellt.

Die Vertriebenen sollten sich nicht damit abfinden, immer wieder als imaginäre Hilfstruppe für politische Zwecke herhalten zu müssen und mit den Landsmannschaften in einen Topf geworfen zu werden, so etwa als die Tagesschau des Ersten Deutschen Fernsehens 1997 nach dem Pfingsttreffen der Sudetendeutschen Landsmannschaft behauptete, »die Sudetendeutschen« lehnten die deutsch-tschechische Versöhnungserklärung ab, obwohl sich in Wirklichkeit nur die Landsmannschaft in diesem Sinne geäußert hatte. Angesprochen auf journalistisch unsaubere Arbeit, versprach der Chefredakteur von ARD-aktuell: »Wir werden uns Mühe geben, dass wir den Fehler nicht wiederholen«, doch zwei Jahre später ging es im alten Trott weiter.[32]

Das rührt vielleicht auch daher, dass die Mehrheit der Bevölkerung den Aktivitäten der Vertriebenen gleichgültig gegenüber steht. Als nach der Wende im Osten die vormals utopisch klingende Forderung, die Sudetendeutschen wollten ihre Heimat »tatsächlich besitzen«, eine neue Qualität bekam, berührte das die meisten Vertriebenen nur wenig. In den Chefetagen deutscher Unternehmen hingegen verschlug es wahrscheinlich manchem vor Freude fast den Atem, wie leicht und geräuschlos nach dem Zusammenbruch des Kommunismus ganze Wirtschaftsbereiche in Ost- und Mitteleuropa unter westliche Kontrolle gebracht werden konnten. Eine große deutsche Zeitung schrieb mit Blick auf die Tschechische Republik: »Ausländische Unternehmen lieben das Land. Die Direktinvestitionen erreichten 2002 den Rekordwert von knapp neun Milliarden Euro.«[33] Im Jahr darauf beliefen sich die deutschen Exporte in die Tschechische Republik nach Angaben der Bundesregierung auf 16,7 Milliarden Euro.[34]

Von der Rückkehr der deutschen Vertriebenen in die alte Heimat ist nicht mehr die Rede. Das hat sich erledigt; daraus lässt sich nicht länger Kapital schlagen. Jetzt gilt das Interesse den Kindern und Enkeln der sogenannten Vertreibungsverursacher. Ihnen muss jetzt ganz schnell beigebracht werden, dass mit dem Geld aus dem Westen keineswegs eine neue Fremdherrschaft über ihr Land kommt. Und die Betroffenen fügen sich, hin und her gerissen zwischen Bewunderung für deutsche Tüchtigkeit und Angst vor dem furor teutonicus, in der Hoffnung auf ein besseres Leben mehrheitlich in das vermeintlich unabänderliche Walten des Schicksals. Auf ewig jedoch werden sie den fremden Lackschuh so wenig küssen wollen wie einst den genagelten Stiefel der Besatzer.

Bin ich ein schlechter Deutscher, weil ich mich immer wieder in die Lage der jeweils anderen zu versetzen versuche? Fehlt es mir vielleicht an Nationalgefühl? Es gibt in Klaus Manns Roman »Mephisto« eine Stelle, die – bei aller Unvergleichbarkeit der äußeren Umstände – meine innere Verfassung sehr schön beschreibt. Ein von Hitler Vertriebener sagt dort: »Es ist so bitter und auf die Dauer so lächerlich, den Don Quichote zu spielen«.[35] Oder sollte ich mich doch lieber an *Helmut Qualtingers* Satz halten: »Nationalgefühl hat man, wenn man sich für seine Nation schämt«?

Anmerkungen

1 Süddeutsche Zeitung 15./16.5.2004

2 »Der Neue Tag«, 5. 3. 1941

3 »Die Gartenlaube«, Nr. 51, 1880, S. 836

4 Herausgegeben im Januar 1919 von der nationalsozialistischen Parteikanzlei, Wien. S. 1, 5.

5 Kurt Nelhiebel, Die Henleins gestern und heute, Frankfurt/Main, 1962, S.13

6 Frankfurter Allgemeine Zeitung, 12. 5. 1960

7 Joachim Reimann, »Wir missionieren bis an die Memel«, in »Die Vertriebenen«, Rowohlt Taschenbuch, 1995, S. 76.

8 Neue Zürcher Zeitung, 5. 6. 1963.

9 Informationen für politische Bildung, Februar 1969, S. 27, herausgegeben von der Bundeszentrale für politische Bildung.

10 Sudetendeutsche Zeitung 10. 1. 1997.

11 Vgl. Bundesministerium für Vertriebene, Dokumentation der Vertreibung, Bd. I/1, S. 23 E.

12 Marion Frantzioch, Die Vertriebenen, Dietrich Reimer Verlag Berlin 1987, S. 51

13 Josef Holub, Schmuggler im Glück, Beltz Verlag Weinheim und Basel, 2001, S. 81.

14 Die Juden in Böhmen und Mähren, Verlag C.H.Beck. München 1986, S. 338.

15 Ausspruch des Vorsitzenden der Sudetendeutschen Landsmannschaft, Jörg Kudlich, laut Süddeutsche Zeitung vom 5. 3. 1985

16 Verstaubte Kulisse Heimat, Radio-Bremen-Sendung, 4. November 1991

17 Sudetendeutsche Zitung 10. 1. 1997

18 Zitiert nach »Frankfurter Allgemeine Zeitung«, 20. Mai 1961.

19 Heinz Brüdigam. »Der Schoß ist fruchtbar noch«, Frankfurt/Main, 1965, S. 106.

20 Deutsche Presse-Agentur 29. 4. 1986

21 Frankfurter Rundschau 20. 5. 1986

22 Frankfurter Rundschau 26. 6. 2000

23 Frankfurter Rundschau 2. 4. 2004.

24 Zeitschrift für Geschichtswissenschaft, 52. Jahrgang 2004, S. 78

25 Peter Glotz, Die Jahre der Verdrossenheit. Politisches Tagebuch 1993/94, Stuttgart 1996, S. 191, zit. nach Hahn/Hahn, S. 74/75

26 Schreiben vom 22.6.1988. (Text beim Verfasser).

27 Schreiben vom 26. 1. 2004 . (Text beim Verfasser).

28 Schreiben vom 23. 1. 2004. (Text beim Verfasser).

29 Schreiben vom 5. 2. 2004 (Text beim Verfasser).

30 Die Zeit, 25. 1. 1985

31 Schreiben vom 19. 1. 2004. (Text beim Verfasser).

32 Schreiben des Chefredakteurs ARD-aktuell vom 22. 7. 1997 und 11. 8. 1999.

33 Frankfurter Rundschau 30. 4. 2004

34 Der Spiegel 26. 4. 2004

35 Klaus Mann, Mephisto, Rowohlt Taschenbuch Verlag 1986, S. 267

Namensregister

Andere über Conrad Taler

Harry Pross im Vorwort zu »Rechts wo die Mitte ist – Der neue Nationalismus in der Bundesrepublik« (S. Fischer Verlag)

Aus Conrad Talers Darstellung der gleichartigen Argumentation von CDU, CSU und NPD ist eine Kampfschrift geworden, motiviert von der Sorge um den verdrängten Fortschritt und getragen von einem Pathos, auf das am ehesten Helmut Qualtingers Satz passt: Nationalgefühl hat man, wenn man sich für seine Nation schämt.« Beschämendes genug wird berichtet. Das Buch zeigt, dass in der Mitte der bundesrepublikanischen Szenerie argumentiert wird, wie die Totengräber der Weimarer Republik argumentiert haben. (1972)

Ivo Frenzel zu »Über die Unvernunft des Wettrüstens« – Neue Rundschau (S. Fischer Verlag)

Wenn man in alten Jahrgängen von S.Fischers Neuer Rundschau stöbert, findet man in Heften aus der Mitte der zwanziger Jahre hervorragende politische Essays, die über das Klima und die Probleme der Weimarer Republik, aber auch über die damalige außenpolitische Situation mehr an Hintergrund verraten, als manches heutige Geschichtsbuch. Autor dieser Beiträge war fast immer Samuel Saenger, dem man aus der Distanz eines halben Jahrhunderts einen besonderen Scharfsinn bescheinigen muss. Große Begabungen in der politischen Publizistik sind selten geworden. Doch gibt es Glücksfälle wie diesen: Conrad Talers Beitrag »Über die Unvernunft des Wettrüstens« in Heft 2/78 der Neuen Rundschau steht für Kontinuität der politischen Tradition dieser ruhmreichen literarischen Zeitschrift. (Süddeutsche Zeitung 15.7.1978)

Ralph Giordano zu »Die Verharmloser – Über den Umgang mit dem Rechtsradikalismus (Donat Verlag Bremen)

Großartig und packend. Das Beste über das Thema, was ich seit langem gelesen habe. (1996)

Heinrich Hannover zu dem Buch »Zweierlei Maß – Oder: Juristen sind zu allem fähig« (PapyRossa Verlag Köln)

Conrad Talers Buch ist eine Provokation, es steht quer zur Strömung des Zeitgeistes, der über Recht und Unrecht und über die Staaten, wo das eine und wo das andere zu suchen ist, Bescheid zu wissen glaubt. Es gibt einen sehr großen Nachholbedarf an Aufklärung über die Rechtsungleichheit in der politischen Justiz und deren Gründen. Wer dieses Buch mit der Bereitschaft liest, Justizunrecht auch dort zur Kenntnis zu nehmen, wo die herrschende Medienöffentlichkeit den beruhigenden Glauben zu erzeugen wusste, dass bei uns »alles rechtsstaatlich« zugegangen sei, dem werden einige Zweifel kommen, ob Anspruch und Wirklichkeit unseres Rechtsstaates tatsächlich übereinstimmen. (2002)

Conrad Taler

Manfred Mayer-Schwinkendorf, Vorsitzender der Deutsch-Tschechischen Gesellschaft Bremen/Bremerhaven, zu »Das Vorspiel – Die Sudetenkrise und der zweite Weltkrieg« (Donat Verlag Bremen)

Conrad Taler ist es mit der vorliegenden Schrift gelungen, an den Sinngehalt einer noch nicht völlig bewirkten Aussöhnung (zwischen Deutschen und Tschechen) anzuknüpfen und die Ebene des persönlichen Erlebens mit der historischen Betrachtung zu verbinden und damit den Grund für eine vernünftige, zukunftsweisende Auseinandersetzung mit der eigenen Vergangenheit zu legen. (1998)

Marcel Atze zu »Asche auf vereisten Wegen. Eine Chronik des Grauens – Berichte vom Auschwitzprozess« (PapyRossa Verlag Köln)

Die Berichte von Conrad Taler sind auch deshalb außerordentlich lesenswert, weil der Autor eine brilliante Beobachtungsgabe besitzt. Talers Buch sei jedem empfohlen, der sich rasch über den Verlauf des Auschwitzprozesses, über dessen Höhepunkte und die im Gerichtssaal ausgetragenen Konflikte ein Bild machen möchte. Jeder Leser wird zudem durch Conrad Talers außerordentliches sprachliches Darstellungsvermögen belohnt. (Newsletter Nr. 25, 2003 des Fritz Bauer Instituts 2003)

Eva Hahn – Hans Henning Hahn über Conrad Talers Veröffentlichungen

Conrad Talers Texte weisen alle Züge des geistigen Erbes der deutschen Antifaschisten im Sinne von Erika und Klaus Mann auf, das heisst all jener, »die sich einig sind in ihrer unbedingten, leidenschaftlichen Ablehnung des Naziungeistes«. (2005)